基层法院典型商事案例
裁判规则解析

北京市丰台区人民法院　编

中国人民公安大学出版社
·北　京·

图书在版编目（CIP）数据

基层法院典型商事案例裁判规则解析 / 北京市丰台区人民法院编. —北京：中国人民公安大学出版社，2017.2
ISBN 978-7-5653-2765-0

Ⅰ.①基… Ⅱ.①北… Ⅲ.①商法—案例—中国 Ⅳ.①D923.995

中国版本图书馆 CIP 数据核字（2016）第 257350 号

基层法院典型商事案例裁判规则解析
北京市丰台区人民法院 编

出版发行：中国人民公安大学出版社
地　　址：北京市西城区木樨地南里
邮政编码：100038
经　　销：新华书店
印　　刷：北京兴华昌盛印刷有限公司

版　　次：2017 年 2 月第 1 版
印　　次：2017 年 2 月第 1 次
印　　张：12.125
开　　本：880 毫米×1230 毫米 1/32
字　　数：310 千字

书　　号：ISBN 978-7-5653-2765-0
定　　价：40.00 元

网　　址：www.cppsup.com.cn　www.porclub.com.cn
电子邮箱：zbs@cppsup.com　zbs@cppsu.edu.cn

营销中心电话：010-83903254
读者服务部电话（门市）：010-83903257
警官读者俱乐部电话（网购、邮购）：010-83903253
公安业务分社电话：010-83905672

序

“法律的生命不在于逻辑，而在于经验。”案例作为审判经验最直观的体现，是展现法律活力的最佳方式。加强司法案例研究工作，对于提升立法水平、优化审判质效、促进法学教育意义重大。

当前，我国正处于经济转型升级期，经济下行压力持续加大，商事主体之间矛盾凸显，大量经济运行中的问题转化为商事案件。同时，伴随着立案登记制改革的实施，商事案件收案量大幅度提升，如何发挥司法担当职能，审慎审理好商事案件，为区域经济社会发展提供坚强有力的司法保障，这给法院审判执行工作带来一系列挑战。

丰台区人民法院作为首都六城区基层法院之一，商事案件收结案量位居全市法院前列。该法院结合商事审判实际，从大量的商事案件判例中选取一些具有典型意义的案件，分析提炼裁判要点，总结出最为精髓的法律规则、裁判方法和裁判理念，汇编为《基层法院典型商事案例裁判规则解析》一书。此书的出版，逢其时，顺其势，应所需，对推进司法案例研究工作大有裨益。此书收录了商事案件审判实践中最“接地气”的案例，又融入了富有理论性、前瞻性的裁判规则，是基层法院近年来商事审判实践的生动写照，也是该法院输出优质司法产品的表现，有助于我们进一步认识和把握基层法院商事案件的特点，总结和提升审判工作经验。希冀此书的出版既能够为统一商事案件审判标准作出积极的贡献，也能从裁判者的视角构筑法律职业共同体互动平台，以个案正义促进法律思维共享。此外，通过理论与实务的良性互动，为高校学者、法学家群体提供有价值的素材和研究思路，繁荣法学理论研究。同时寓深刻法理于案例之中，辅之“接地气”的法言法语，也能发挥以案例为载体的普法优势，让每一位公民在个案解决中感受到公平正义，从而实现司法规范、指导、评价、引领社会价值的作用。

“路漫漫其修远兮，吾将上下而求索。”此书是丰台法院法官们在繁重的结案压力下辛勤劳动的成果，每一个案例凝聚的司法智慧和经验规则都体现了该法院法官们厚重的理论底蕴和娴熟的业务技能。司法改革的号角已经吹响，希望贵院以此为契机，继续加强对于典型案件的调查研究与成果转化，进一步创新和完善审判机制，大力推进司法案例研究工作，不断推陈出新，为创建一流法院、提高审判质效、深化司法改革谱写新的篇章。

是为序。

2016年12月16日

赵旭东　中国法学会商法学研究会会长，中国政法大学教授、博士生导师、商法研究中心主任

编者的话

裁判，是一种艺术。在司法实践中，法官运用裁判的艺术将抽象的法律与具体的案件相结合，由此产生一个个鲜活的案例。优秀的案例不仅体现了法官的司法智慧，为我们参酌审理类似案件开阔了思路，而且作为活生生的法律教材，有助于人民群众学习法律知识、提高法律素养，亦可以为法学研究和法治宣传提供许多有价值的素材。我院历来高度重视案例研究，在完成繁重的审判工作的同时，注重通过案例总结审判工作，指导和规范实践，营造法学研究氛围，不断提高审判人员为民司法、公正司法的能力和水平。近年来，我院商事案件数量连年攀升，尤其是立案登记制改革后，收案数量更是大幅度增加。随着经济改革深入推进，我国经济发展进入新常态，各种复杂疑难新型商事案件不断涌现，对商事审判工作提出了更高的要求。面对这样的形势，我们必须加强商事审判的调研与指导工作，着力解决商事审判工作中遇到的难点问题。为总结凝练有益经验、统一裁判规则，进一步提升我院商事案件审判质效，我院立足于人民需求、区域发展和审判工作实际，成立专门的编委会，组织既有丰富的审判实务经验，又注重法学理论研究的法官们，针对审判实践中的疑难复杂问题和前沿问题开展案例研究。通过反复筛选、严格把关，共收集典型商事案例40余篇集结成《基层法院典型商事案例裁判规则解析》一书。

本书在案例的选取上，突出问题导向与需求导向，紧扣时代形势、切合基层实践、回应社会关注，收录的案例多为我院商事审判实践中的新型案例以及疑难复杂、群众关切的典型案例。为增强实用性和学术性，本书附以法官解说，对案例中的相关问题进行阐释说明、论法析理，总结提炼裁判规则，深入剖析法官适用法律的思维逻辑。本书是我院对商事审判工作的有益探索，是我院集体智慧的生动展示，也是我院智力创新的良好实践。希望本书的出版能为商事案件的裁判提供有价值的经验，为法学理论研究提供丰富的素材。同时，通过“以案释法”，发挥案例的法治宣传教育作用，使人民群众在鲜活的案例中感受到法的精神与司法公正，不断营造尊崇法治、信仰法治的良好社会氛围。

本书的作者多为一线办案的法官，他们在繁忙的工作之余撰写案例，十分辛苦，在此向他们表示感谢。在本书的编撰过程中，我们得到了北京市高级人民法院的指导，丰台区人民法院原党组书记、院长王宜生同志的大力支持，以及中国人民公安大学出版社同人的帮助，在此一并感谢。

由于时间仓促，加之编者水平有限，书中难免存在诸多不足，敬请读者予以指正。

编　者

2016 年 12 月

凡 例

由于本书涉及法律法规较多，且法律法规名称过长、出现频次较高，为方便读者阅读，故对法律法规名称采用简写的形式，列举如下：

全称	简称
《中华人民共和国民法通则》	《民法通则》
《中华人民共和国合同法》	《合同法》
《中华人民共和国劳动合同法》	《劳动合同法》
《中华人民共和国物权法》	《物权法》
《中华人民共和国担保法》	《担保法》
《中华人民共和国侵权责任法》	《侵权责任法》
《中华人民共和国食品安全法》	《食品安全法》
《中华人民共和国消费者权益保护法》	《消费者权益保护法》
《中华人民共和国婚姻法》	《婚姻法》
《中华人民共和国公司法》	《公司法》
《中华人民共和国合伙企业法》	《合伙企业法》
《中华人民共和国保险法》	《保险法》
《中华人民共和国商业银行法》	《商业银行法》
《中华人民共和国公路法》	《公路法》
《中华人民共和国道路交通安全法》	《道路交通安全法》
《中华人民共和国著作权法》	《著作权法》
《中华人民共和国商标法》	《商标法》
《中华人民共和国反不正当竞争法》	《反不正当竞争法》
《中华人民共和国民事诉讼法》	《民事诉讼法》

续表

全称	简称
《最高人民法院关于贯彻执行〈中华人民共和国民法通则〉若干问题的意见（试行）》	《民通意见》
《最高人民法院关于适用〈中华人民共和国合同法〉若干问题的解释（二）》	《合同法司法解释二》
《最高人民法院关于适用〈中华人民共和国担保法〉若干问题的解释》	《担保法司法解释》
《最高人民法院关于审理食品药品纠纷案件适用法律若干问题的规定》	《食品药品案件若干规定》
《最高人民法院关于适用〈中华人民共和国婚姻法〉若干问题的解释（二）》	《婚姻法司法解释二》
《最高人民法院关于适用〈中华人民共和国公司法〉若干问题的规定（二）》	《公司法司法解释二》
《最高人民法院关于适用〈中华人民共和国公司法〉若干问题的规定（三）》	《公司法司法解释三》
《最高人民法院关于适用〈中华人民共和国保险法〉若干问题的解释（二）》	《保险法司法解释二》
《最高人民法院关于在审理经济纠纷案件中涉及经济犯罪嫌疑若干问题的规定》	《经济纠纷案件中涉及经济犯罪嫌疑若干规定》
《最高人民法院关于适用〈中华人民共和国民事诉讼法〉的解释》	《民事诉讼法司法解释》
《最高人民法院关于民事诉讼证据的若干规定》	《民事诉讼证据规定》
《最高人民法院关于审理民间借贷案件适用法律若干问题的规定》	《民间借贷若干规定》
《最高人民法院关于审理商标民事纠纷案件适用法律若干问题的解释》	《商标案件适用法律若干解释》
《最高人民法院关于审理不正当竞争民事案件应用法律若干问题的解释》	《不正当竞争案件应用法律若干解释》
《最高人民法院关于审理注册商标、企业名称与在先权利冲突的民事纠纷案件若干问题的规定》	《注册商标、企业名称与在先权利冲突案件若干规定》

目　录

第一章　公司类纠纷

第二章 合同类纠纷

第三章　民间借贷纠纷

第四章　知识产权纠纷

第一章　公司类纠纷

受让人的股东资格原则上自股权对外转让协议生效且其他股东同意之时取得[①]

——某投资发展有限公司诉某房地产开发有限公司、王某某等股东资格确认纠纷案

一、首部

（一）案由

股东资格确认纠纷。

（二）诉讼双方

原告：某投资发展有限公司（以下简称投资公司）。

法定代表人：舒某某，投资公司董事长。

委托代理人：代某，律师。

被告：某房地产开发有限公司（以下简称房地产公司）。

法定代表人：李某某，房地产公司董事长。

委托代理人：杨某，律师。

第三人：王某某。

委托代理人：陈某，律师。

第三人：某科技有限公司（以下简称科技公司）。

法定代表人：苏某某，科技公司经理。

① 此处“同意”是指公司其他股东放弃行使优先购买权。

委托代理人：吕某，律师。

（三）审级

一审。

（四）审判机关和审判组织

一审法院：北京市丰台区人民法院。

合议庭组成人员：审判长，刘军；人民陪审员，王连弟、曹旭亮。

二、诉辩主张

（一）原告诉称

王某某原为被告公司持股30%的股东。2013年9月5日，王某某与科技公司约定转让该30%股权，且直接向原告办理股权转让登记。9月10日，科技公司与原告及被告另一股东置业公司签订协议，约定科技公司将上述30%股权全部转让给原告。此后，原告支付了转让款。9月14日，科技公司与被告办理了股权变更登记。2014年，王某某提起行政诉讼，以申请文件（包括股权转让协议、股东会决议）中"王某某"签字系伪造为由，请求撤销股权变更登记，法院判决予以支持。原告认为，相关涉案协议生效后，原告已按约定支付相关价款，原告自9月10日起已经在法律上享有该股权。现因该股权变更登记被撤销，各方对股权归属产生争议，且目前涉及9月10日之后股东的盈余分配问题，故请求法院判令：原告自9月10日起即系被告股东，对王某某所持30%的股权拥有所有权。

（二）被告辩称

认可原告的诉讼请求，希望尽快确定股权归属，保证公司运转正常，股东盈余分配应尽快开展。

（三）第三人述称

科技公司述称：同意原告的诉讼请求。

王某某述称：不同意原告诉求，王某某仍然是持股30%的房地产公司股东。第一，股权转让协议的签订未经过房地产公司全体股东同意，科技公司尚未取得该30%股权。第二，9月7日协议签订后，并未收到全额转让款，在受让方未支付全额转让款的情形下，其当然不能成为房地产公司股东。第三，本案所涉工商变更登记上王某某的签字均为伪造，根据目前的登记情况，公司股东仍是王某某。

三、事实和证据

北京市丰台区人民法院经公开审理查明：房地产公司原有股东为置业公司和王某某，分别持股70%、30%。2013年9月5日，王某某（甲方）与科技公司（乙方）签订《9·5股权转让协议》，主要约定：1. 甲方同意将其持有房地产公司的30%股权转让给乙方，乙方同意受让。2. 甲方向乙方指定的投资公司办理股权转让手续。3. 本协议生效5日内，甲乙双方共同完善向投资公司转让股权的手续，生效10日内办理完毕。4. 乙方向甲方支付股权转让款1350万元，甲方应向置业公司支付的974万元债务转移给科技公司。5. 甲、乙、投资公司三方股权转让签订后，取得工商机关核发的准予设立变更登记（备案）通知书起5个工作日内，乙方向甲方支付第一笔价款220万元，余款待投资公司第二次向乙方付款后，乙方到账5日内一次性向甲方付清。如超过15日未付款，股权回转甲方。9月7日，科技公司（甲方）与投资公司（乙方）签订《9·7股权转让协议》，主要约定：甲方将其持有的房地产公司30%的股权转让给乙方，并同意由王某某直接向乙方办理股权转让手续，乙方同意接受上述股权。9月10日，投资公司（丙方）与置业公司（甲方）、科技公司（乙方）签订《9·10股权转让价款协议》，主要约定：乙方已购买王某某持有的房地产公司30%的股权，同意由王某某将该股权直接向丙方转让，丙方同意受让；丙方向乙方支付股权转让款2324万元，甲方同意上述股权变动。9月14日，工商登记将王某某30%的股权变更至投资公司名下。9月15日，投资公司进驻房地产公司，掌管了该公司公章、营业执照、财务账册等物品，并与置业公司共同管理房地产公司。9 月 21 日，投资公司向科技公司支付转让价款 912 万元。9 月 24 日，科技公司向王某某支付首笔转让价款 220 万元。2014 年 3 月，王某某提起行政诉讼，以工商申请材料虚假为由要求撤销股东变更登记，恢复其持有房地产公司 30% 股权的原状。法院判决支持了王某某的诉求，工商机关将股东登记恢复为置业公司（持股 70%）和王某某（持股 30%）。目前，房地产公司由投资公司管控。

上述事实，有原告、被告及第三人提供的《9·5 股权转让协议》、《9·7 股权转让协议》、《9·10 股权转让价款协议》、工商登记材料、法院生效行政裁判文书及当事人陈述等在案佐证。

四、审理结果

本案在审理过程中，经北京市丰台区人民法院主持调解，双方当事人自愿达成如下协议：

1. 某投资发展有限公司、某房地产开发有限公司、王某某及某科技有限公司共同确认，某投资发展有限公司于二〇一三年九月十日起即为某房地产开发有限公司股东，持股比例为百分之三十（即原王某某持有的全部股权比例）。

2. 某投资发展有限公司于二〇一五年八月十日前，向王某某支付补偿款八十万元。

3. 某房地产开发有限公司、王某某及某科技有限公司共同配合为某投资发展有限公司办理股权变更登记。

上述协议，符合有关法律规定，本院予以确认。本调解书经双方当事人及第三人签收后，即具有法律效力。

五、解说

本案是一起因股权转让而引发的股东资格确认纠纷。特殊之处在于，当事人不仅要求确认其享有的股东资格，而且要求确认其享有股东资格的具体时间点，以便准确界定其对公司主张盈余分配的起始时间。实践中，因股权转让引发的纠纷在公司类诉讼中最为常见，但因股权的特殊性，其在转让交付上与一般财产权不同，因而如何认定股权变动，如何确定股权变动的具体节点，并在此基础上认定各方权利义务，一直是理论和实践上的难点。本案即是要解决这两个问题：1. 王某某的股权是否已转让给投资公司；2. 如果已转让，投资公司于何时取得股东身份？因此，本质上所要解决的问题是，就有限公司内部而言，[1] 股权对外转让时，判断股权变动的法律标志到底是什么？股权变动的节点是股权转让合同生效之时，还是受让人或转让人向公司告知股权转让完成之时，抑或是股东名册、工商登记变更之时，股权转让款支付完成之时？本案虽最终以调解方式审结，但案件所引发的上述问题值得研究。对此，我们予以全面分析。

（一）关于股权变动的四种不同意见

《公司法》对有限公司股权外部转让时股权变动的法律节点并未有明确规定，[2] 因此理论和实践上有四种不同观点。根据不同观

---

① 这里的“公司内部”具体是指，包括公司法人、转让股东、拟受让股东和公司其他股东在内的这一范围，而不包括除此之外的其他任何第三方。此外，本文如无特别说明，“公司内部”的含义仅限于此。

② 与本文所探讨的股权变动问题联系最为紧密的法律规定当属《公司法》第三十二条。根据该条规定，有限公司应当置备股东名册，记载于股东名册的股东，可以依股东名册主张行使股东权利。通说认为，这是对股东名册权利推定效力的规定，即在没有相反证据的情况下，应当以股东名册的记载来认定股东身份，公司只承认在册股东。同时第三十二条规定，公司应当将股东姓名或名称向公司登记机关登记；登记事项发生变更的，应当办理变更登记；未经登记或者变更登记的，不得对抗第三人。通说认为，这是对股权依法转让后应当继续履行的手续之规定，即股权被依法转让后，公司还应当履行法定的手续，使股权转让的结果在《公司章程》、股东名册等文件中得到明确记载。从上述规定中可发现：第一，股东名册仅具有权利推定的法律效力，解决不了股权实质性变动的问题，也解决不了实践中大量公司不置备股东名册时的股权变动问题。第二，对公司内外部变更登记的规定，是股权转让完成后的程序性规定。就本案而言，正是因为这些后续手续未办理才最终引发了诉讼，所以，关于股权实质性变动的法律临界点问题，该规定无法为我们提供一个清晰明确的解决思路，需要进一步研究分析。

点，本案的裁判思路、裁判理由和裁判结果均有较大差异。

1. 内部登记生效说，原告未取得股东资格

此观点认为，[①] 依据《合同法》规定，股权转让合同原则上自成立即生效，但合同生效时间与合同项下权利（物权和股东权）的变动时间是不同概念。生效的股权转让合同仅产生转让方将其股权交付给受让方的合同义务，而非导致股权当然变动，倘若转让方拒绝或怠于将合同项下的股权过户给受让方，股权仍属于转让方，受让方可追究转让方的合同责任。具体到有限公司，股权变动应采取公司内部登记生效主义，即公司股东名册变更登记之时即为股权交付、股东身份转移之时；股东名册变更的直接后果是股权发生变动，即原股东股东权的消灭和新股东股东权的产生。本案中，房地产公司未置备股东名册，更谈不上变更，同时转让人王某某目前拒绝转让，所以股权目前仍属于王某某，判决驳回原告诉讼请求。

2. 权利行使说，原告自 9 月 15 日起即为持股 30% 的股东

此观点认为，[②] 有限公司股权的交付原则上以股东名册记载的变更登记为标志，但在公司未置备股东名册或因股东名册登记管理不规范，未及时将受让人记载于股东名册，由此引发股权确认争议的，可参照《物权法》中"动产占有人是该动产权利人"的原则来处理。只是与一般动产的占有不同，权利人对股权的占有主要体现为对公司行使股权，如果股权受让人已事实上在公司行使股权（如分取红利、参与公司管理），则可视同对股权的占有。本案中，房地产公司没有股东名册，但自 9 月 15 日起原告已实际管控该公司，掌握公司印章，参与公司管理，事实上已对公司行使股权。因此，应当确认原告自 9 月 15 日起即为房地产公司持股 30% 的股东。

---

① 刘俊海：《股份有限公司股权的保护》，法律出版社 2004 年版，第 148－150 页。

② 周友苏：《新公司法论》，法律出版社 2006 年版，第 301－302 页。

3. 债权行为生效说，原告自 9 月 7 日起即为持股 30% 的股东

此观点认为，[①] 有限公司股权变动采取意思主义模式，即股权转让合同（债权行为）一经生效，就发生股权变动。有关股权变更记载、登记的手续，包括变更股东名册、《公司章程》记载、工商登记等都不是股权转让的生效条件。司法实践中错把其中的某一手续当作股权转让的生效要件，是混淆了“股东”与“对公司行使股权者”这两个概念。[②] 事实上，股权转让合同在当事人之间一经生效，股权即发生变动。受让人也正是基于股东身份请求公司变更股东名册、《公司章程》记载及股东工商登记。本案中，投资公司与科技公司的转让协议于 9 月 7 日生效，自该日起原告即享有持股 30% 的股东身份。

4. 转让条件同时满足说，原告自 9 月 10 日起即为持股 30% 的股东

此观点认为，[③] 根据《公司法》第三十二条及第七十一条的规定，股权对外转让的行为须同时满足两个条件：（1）拟出让股东与拟受让人就股权转让事宜意思表示一致、真实、合法；（2）拟出让股东通知其他股东并征求意见后，其他股东同意或视为同意且不行使优先购买权。此时，无论是公司内部还是外部登记，都必须依法变更。除基于双方解除合同的合意，拟出让股东或受让人均未被赋予任何法律手段来阻止内、外部股权变更登记程序的进行。本案中，《9·10 股权转让价款协议》的签订即满足了上述两个条件，科技公司、投资公司、置业公司均同意涉案股权的流转，股权发生当然变动，因此，自 9 月 10 日起原告即成为房地产公司持股 30% 的股东。

---

① 李建伟：《公司法学》，中国人民大学出版社 2008 年版，第 313 – 315 页。

② 李建伟：《公司法学》，中国人民大学出版社 2008 年版，第 287 – 290 页。

③ 褚红军：《公司基本制度与相关诉讼原理》，人民法院出版社 2007 年版，第 413 – 414 页。

（二）对股权变动理论的分析与确定

综合上述四种意见，我们发现两大共同之处：第一，均承认股权转让合同原则上成立即生效。即使转让方将其持有的同一股权“一股两卖”，这两份股权转让合同的效力也均不受影响，这是基于《合同法》基本原理的必然逻辑。第二，除非当事人特别约定，股权转让款的支付原则上与股权变动没有必然联系。这是因为，股权转让款的支付虽是股权转让协议履行中最为重要的行为，但却只是受让方单方的履行义务，而股权的转让恰好不取决于受让方而取决于转让方义务的履行；如果转让方已将股权交付给受让方，即使受让方未支付股款，也不会改变股权已转让的事实。当然，已交付股权的转让方有充分理由要求受让方向其支付股款并追究违约责任。对于上述两点，我们均予认同，并认为应当以第四种意见为准做出本案的定案结论，即支持原告的诉讼请求，原告自 9 月 10 日起即取得持股 30% 的股东资格。主要理由是：

1．第一种意见与法律规定明显相悖

该意见直接将股东名册的变更视为原股东股权的消灭以及新股东股权的产生。本质上将股东名册界定为具有设权效力的文件，显然与《公司法》关于股东名册仅具有权利推定效力的规定不相符。

2．第二种意见存在明显的逻辑错误

该意见将权利实际行使作为确定权利享有的依据，但享有股权与行使股权是两个完全不同的概念。享有股权是行使股权的前提，以行使股权的事实来推定权利的享有，本身逻辑错位。同时，真正的股东与对公司行使权利者本是两个不同的概念，股权的享有与行使在某一特定时期的分离也是客观存在的。所以，以股权行使的事实来确定股权变动的推理不严谨、不科学。

3．第三种意见排除了股东优先购买权

该意见主张转让合同一经生效受让人即取得股东身份，即股权的变动仅需有效的股权转让合同即可。但实际情况是，在《公司章程》未另作规定的情况下，股权对外转让通常需要经过四步：第一，出让股东与外部拟受让人签订转让协议；第二，出让股东书面通知其他股东征求意见，其他股东同意或视为同意且不行使优先购买权；第三，告知公司上述股权转让情况；第四，公司进行内外部变更登记。按照这一顺序，可以清楚地发现，其他股东的同意权和优先购买权的存在，使当事人转让股权的有效合意并无法直接产生股权当然变动的法律后果。所以，该意见无法作为定案依据。

4. 第四种意见更加契合有限公司的人合性和优先购买权的形成权属性

股权的对外转让不单涉及转让方和受让方，还与公司、公司其他股东密切相关。基于有限公司的人合性，股东同意权和老股东优先购买权的设置，旨在通过保障其他股东优先获得拟转让股权而维护公司内部信赖关系，上述权利的同时行使，除当事人另作约定，足以阻断外部受让人进入公司成为股东、行使股东权利，这是基于优先购买权形成权属性的必然逻辑。优先购买权系特别法上的形成权，① 其形成效力表现在：转让方与第三方成立股权转让关系时，一旦优先权人主张优先购买权，就能使优先权人与转让方之间按同等条件产生买卖合同关系。② 在股权对外转让过程中，转让人在明知其他股东优先购买权存在的情形下而与第三人签订转让协议，此时转让人的行为已经蕴含了向行使优先购买权的股东转让股权的自愿，其实这是一个早已被法律锁定的连环交易。③ 此时，股权对外转让立即变成股权的内部转让，因内部转让无法律设定上的限制，

---

① 关于优先购买权的性质争论较多，最典型的是存在期待权说、请求权说和形成权说，我们认可形成权说。

② 赵旭东：《股东优先购买权的性质和效力》，载《当代法学》2013 年第 5 期，第 19 页。

③ 赵旭东：《股东优先购买权的性质和效力》，载《当代法学》2013 年第 5 期，第 20 页。

当然发生协议生效股权原则上即发生变动的法律后果。遵循这一逻辑演绎，在有优先购买权的股东明确表态之前，股权当然不能仅因对外转让协议的存在而发生变动。这显然不同于一般债权转让中“债务人只能被动接受通知，债权自转让协议生效之时即发生变动”的情形。[①] 股权的对外转让、外部受让人要进入有限公司，必须要经过公司、其他股东的同意，股东优先购买权的行使足以产生影响、阻止股权外流以及外部人进入公司的法律效力。第四种意见既充分尊重了有限公司股东对外转让股权的自由，也兼顾了有限公司人合性的基础，同时认可合同成立即生效的一般原则。依据该意见，可以清晰地推导出，若因受让人或转让人的过错，致使公司不知晓股权转让完成这一事实，未履行上述登记变更行为，受让人的合法股东身份仍不容排斥，只是其尚不能对抗公司，公司有权依据股东名册的记载向在册股东履行分配红利等义务；受让人基于其实质上的合法股东身份有权要求在册转让股东返还其已受领的公司红利，但无权要求公司赔偿。这一结论的得出，既遵循了公司内、外部登记均不是股权变动的生效条件，而是股权变动法律后果的逻辑推理，也明确了股东名册仅具有权利推定的法律效力，完全符合公司立法的规定，从本质上解决了股权实质性变动的法律临界点问题。我们予以赞同。

综上，我们认为，生效的股权对外转让合同原则上仅产生转让方将其股权交付给受让方的合同义务，股权欲发生实质性变动须同时满足转让方与受让方合意有效，且其他股东不行使优先购买权。

① 普通债权转让虽涉及债权人、受让人、债务人三方，但债务人无权阻断债权流转，仅能被动接受通知。这与股权转让同样涉及第三方的公司和其他股东不同，后者具有明显的主动权，绝不是静待通知，而是可以主动行使同意权、优先购买权，该权利的行使足以对股权变动直接产生法律效力。正是基于债务人的这一被动法律地位，债权得以在转让协议生效时即由原债权人变归为新的受让人，只是在债务人未接到转让通知前，新的受让人不能向债务人主张相应的债权，但其可基于新的债权人身份，要求转让人（原债权人）返还此后接收的债务人的债权履行利益。

有关股权变更记载的手续是股权变动后应当继续完成的程序。同时，除另有约定外，股权转让款的支付原则上与股权变动没有必然联系。

编写人：王艳华*

* 王艳华，北京市丰台区人民法院研究室副主任，中国政法大学民商法学硕士。

未经其他股东同意且放弃优先购买权的股权对外转让协议原则上成立即生效

——邵某诉吴某股权转让合同纠纷案

一、首部

（一）案由

股权转让合同纠纷。

（二）诉讼双方

原告（反诉被告）：邵某。

委托代理人：林某，律师。

被告（反诉原告）：吴某。

委托代理人：崔某，律师。

（三）审级

一审。

（四）审判机关和审判组织

一审法院：北京市丰台区人民法院。

合议庭组成人员：审判长，孙玉华；人民陪审员，王俊凤、卢瑞云。

二、诉辩主张

（一）原告（反诉被告）诉称

邵某与吴某签订股权转让协议，约定吴某将其持有的北京某娱乐有限公司中5%的股权转让给邵某，股权转让款30万元。邵某付款15万元后，发现吴某就该股权转让没有征求公司另一位股东张某的意见，未经公司股东会批准。为此，邵某诉至法院，请求确认其与吴某签订的股权转让协议无效，要求吴某返还股权转让款15万元，并支付利息（自2014年12月31日至判决生效之日，按照中国人民银行同期贷款利率计算）。

（二）被告（反诉原告）辩称

股权转让协议没有违反国家法律强制性规定，且经过了合法程序，故不同意邵某的诉讼请求。现由于邵某未按协议履行支付股权转让款的义务，吴某提起反诉：1. 要求邵某支付股权转让款15万元；2. 要求邵某支付违约金3万元。

（三）原告（反诉被告）辩称

双方签订的股权转让协议无效。按照有关法律规定，股权转让方应通知公司其他股东，并取得公司其他股东同意后方可转让，吴某未取得其他股东同意，该协议应自始无效。

三、事实和证据

北京市丰台区人民法院经公开审理查明：北京某娱乐有限公司股东为张某及吴某，两人分别出资10万元和20万元。2014年9月5日，邵某与吴某签订《股权转让协议》，主要约定：1. 吴某将其持有的北京某娱乐有限公司中5%的股权转让给邵某，股权转让款30万元。2. 支付时间为本协议生效之日起1日内，邵某将转让价款按规定的币种和金额以银行转账的方式分2次支付给吴某，余款15万元在2015年1月20日之前支付。3. 如邵某不能按期支付股权转让款，每逾期一天，应向吴某支付逾期未付部分转让款的2%的违约金，此项违约金最高不超过协议金额的10%。4. 因吴某原因导致合同不能履行而解除的，吴某应返还邵某已支付的股权转让款，并向邵某支付已付股权转让款的30%作为损害赔偿金。协议订立后，邵某支付股权转让款15万元，尚欠剩余股权转让款15万元。庭审中，吴某未提供证据证明公司另一股东张某同意该股权转让，且放弃优先购买权的行使。

上述事实，有原告提供的股权转让协议、汇款凭证，被告提供的股权转让协议、公司工商登记材料、公司资产盈余表及当事人陈述等在案佐证。

四、审理结果

本案在审理过程中，经北京市丰台区人民法院主持调解，双方当事人自愿达成如下协议：

1. 解除二〇一四年九月五日邵某与吴某签订的《股权转让协议》。

2. 吴某于二〇一五年九月一日前向邵某返还股权转让款十五万元整，逾期未支付的，按同期银行贷款利率的三倍支付违约金。

3. 邵某、吴某就北京某娱乐有限公司的股权转让再无其他纠纷。

上述协议符合有关法律规定，本院予以确认。本调解书经双方当事人签收后，即具有法律效力。

五、解说

本案是一起典型的股权转让合同纠纷。纠纷发生的直接原因是，原告邵某购买被告吴某持有的北京某娱乐有限公司5%的股权后，发现该公司的效益并不如其预想的可观，因而希望消灭该合同关系。案件反映到法律层面的问题是，转让股权未经公司另一股东张某同意，且在张某是否行使优先购买权尚不确定的情形下，邵某与吴某签订的股权外部转让协议的效力该如何认定。根据《公司法》第七十一条的规定，股东向股东以外的人转让股权，原则上应就其股权转让事项书面通知其他股东以征求意见，其他股东自接到书面通知之日起满三十日未答复的，视为同意转让；其他股东半数以上不同意转让的，不同意的股东应当购买该转让的股权；不购买的，视为同意转让；经股东同意转让的股权，在同等条件下，其他股东有优先购买权。根据该规定，原告邵某认为股权转让协议无效，被告吴某则坚持认为有效。本案虽调解结案，但引发的在未经其他股东同意且放弃优先购买权的情形下，已签订的股权对外转让协议的效力该如何认定这一问题，仍有必要予以明确。

（一）股权对外转让协议效力的观点争鸣

对于本案引发的上述法律问题，理论和实践中长期存在四种典型观点。每种观点下的案件审理思路和裁判结论均有不同，法官在具体审理案件时究竟应依据何种意见予以裁判是司法实践中的难点。

1．无效论，判决支持原告诉求

该观点认为，邵某、吴某签订的股权转让协议当然无效，转让人吴某、受让人邵某、优先购买权人张某均可主张无效。因为《公司法》第七十一条第二项系强制性规定，股东未经其他股东同意擅自对外转让股权的，系对该强制性规定的违反。根据《合同法》第五十二条关于违反法律、行政法规强制性规定的合同无效之规定，该转让协议应属无效。此外，从立法本意看，有限责任公司兼具资合与人合性质，公司规定股东享有优先购买权的目的就是保证股东可以通过优先购买权的行使，实现对公司的控制权，[①]维护公司内部的信赖关系和老股东的既得利益。未经其他股东同意且放弃优先购买权而直接签订的股权对外转让协议显然违背了这一原意，应属无效。

2．可撤销论，判决驳回原告诉求

该观点认为，转让人吴某不能证明其他股东张某放弃优先购买权的，该股权转让协议系可撤销合同，优先购买权人张某可提起撤销之诉，法院予以支持；若优先购买权人张某不提出撤销之诉，则

① 胡晓静：《论股东优先购买权的效力》，载《环球法律评论》2015 年第 4 期，第 42 页。

转让协议有效，邵某无权以侵犯优先购买权为由提出解除合同或确认合同无效之诉。因为《公司法》关于股东优先购买权的规定系任意性规定，不能简单以违反优先购买权的法律规定而确认转让协议无效。但是，此种股权转让行为确实违反了《公司法》有关出让股东行使处分权的法定限制条款，侵害了老股东的法定优先购买权；又鉴于老股东是否有意、是否具有财力行使优先购买权并不确定，那么基于法律的平衡、调和功能，将此类股权转让协议界定为可撤销合同更为妥当，任何享有法定优先购买权的股东均可请求撤销合同。[①] 此外，根据《合同法》第七十四条关于债的保全方式之第三人撤销权的规定，以及《物业管理条例》第十二条关于业主撤销业主（委）会决定的规定，撤销权设定的根本基础在于第三人对争议标的享有某种法律意义上的权利或者期待，对于损害这种权利或期待的合同或决议第三人可行使撤销权。[②] 从这个意义上看，有限公司的股东对于转让的股权亦享有法律意义上的权利或者期待。又因为《公司法》第七十一条规定，包括其他股东半数以上不同意转让的，不同意的股东应当购买该转让的股权；经股东同意转让的，在同等条件下其他股东有优先购买权。所以，当老股东优先购买权受到侵害时，可类比《合同法》、《物业管理条例》对债权人和业主的保护，赋予其撤销权。

3．效力待定论，裁定驳回原告诉求

该观点认为，有限公司股东对其股权不能完全自由地处分，在优先购买权人做出表态之前，股权对外转让协议处于不生效状态；若优先购买权人在有效期间内主张权利，则此协议自始不发生法律效力，恢复到合同订立前的状态，若其未主张权利则该转让协议有

---

① 刘俊海：《论有限责任公司股权转让合同的效力》，载《暨南学报》（哲学社会科学版）2012 年第 12 期，第 6 页。

② 冉崇高、陈璐：《侵犯股东同意权及优先购买权的股权转让协议效力》，载《人民司法》2011 年第 14 期，第 79 页；胡晓静：《论股东优先购买权的效力》，载《环球法律评论》2015 年第 4 期，第 42 页。

效。因此，若转让人吴某在与受让人邵某签订股权转让协议的同时，未能证明其他股东张某已放弃优先购买权，则该股权转让协议尚处于效力待定状态。该观点又形成了两个学派：（1）无权处分说。即类推适用民法有关无权处分及《合同法》第五十一条的规定。[①]《公司法》赋予全体股东以同意权，类似于在共有情况下共有人处分共有物必须经过其他共有人之同意，如未同意则对其他共有人不产生效力，相应的转让协议处于效力未定状态，允许股东会事后追认。[②]（2）限制行为能力说。[③]即未经其他股东放弃优先购买权的股权转让行为应类推适用《合同法》第四十七条关于限制行为能力人订立合同的处理。

4. 有效论，判决驳回原告诉求

该观点认为，张某优先购买权的存在和行使均不是影响邵某、吴某股权对外转让协议效力的因素。只是张某优先购买权的行使将直接导致涉案股权转让协议不能履行，邵某作为合同相对方可向吴某寻求债务不履行的救济。上海市高级人民法院在《关于审理涉及有限责任公司股东优先购买权案件若干问题的意见》（沪高法民二〔2008〕1号）中即采纳了该观点。该意见指出，股东对外转让股权时，其他股东行使优先购买权或因不同意对外转让而购买拟转让股权的，转让股东与第三人签订的股权转让合同不能对抗公司和其他股东工商登记的公示效力，但该股权转让合同在出让股东与第三人之间仍然具有法律效力，只是该股权转让合同应视为履行不

① 张钧、吴钦松：《论未经其他股东放弃优先购买权的股权转让合同之效力》，载《河北法学》2008年第11期，第186页。

② 赵旭东：《股东优先购买权的性质和效力》，载《当代法学》2013年第5期，第21页；尹航：《优先购买权与股权对外转让合同效力》，载《社会科学家》2015年第4期，第103页。

③ 张钧、吴钦松：《论未经其他股东放弃优先购买权的股权转让合同之效力》，载《河北法学》2008年第11期，第186页；赵旭东：《股东优先购买权的性质和效力》，载《当代法学》2013年第5期，第21页。

能，转让股东或第三人可以依据股权转让合同行使除继续履行合同以外的其他权利，而如果其他股东或公司请求人民法院撤销股权转让合同或确认股权转让合同无效的，人民法院不予支持。

（二）股权对外转让协议效力的理论辨析

关于本案涉及的股权转让协议的效力问题，理论和实践中均存在较大争议，我们支持“有效论”，即无论张某是否同意涉案股权的转让，是否主张行使优先购买权，吴某与邵某签订的股权转让协议均自始有效。

1. 无效论、可撤销论及效力待定论均存在明显瑕疵

第一，无效论对优先购买权的保护过于机械。首先，《公司法》第七十一条关于股东优先购买权的规定并非强制性规定，而是选择适用和推定适用的任意性规范。① 因为立法允许公司章程对优先购买权另行作出约定，所以不能以违反法律强制性规定为由认定合同无效。其次，即使股东违反《公司法》第七十一条规定的优先购买权规则与第三人签订转让合同，但其他股东的优先购买权并未被剥夺，其仍可行使。在权利仅是受到侵犯但未丧失的情形下，直接认定转让合同无效，既不符合一般法理也缺乏法律依据。再次，股东优先购买权是一种机会权，行使与否存在不确定性，在未有明确态度之前直接认定转让合同自始、确定、绝对无效，本身不符合经济、效益的商事法则。② 最后，股权对外转让协议的生效与股权变动系两个不同概念。前者是合意行为，后者是处分行为，③ 前者是后者的前提，但并不直接导致后者发生，股权变动仍

---

① 叶林：《公司法研究》，中国人民大学出版社 2008 年版，第 225 页；冉崇高、陈璐：《侵犯股东同意权及优先购买权的股权转让协议效力》，载《人民司法》2011 年第 14 期，第 78 页。

② 赵旭东：《股东优先购买权的性质和效力》，载《当代法学》2013 年第 5 期，第 21 页。

③ 李缴汉：《有限公司股东优先购买权司法争议问题探析》，载《河北法学》2014 年第 10 期，第 171 页。

受制于其他股东的优先购买权等因素。股权对外转让协议的签订并未违背公司设置优先购买权以维护老股东利益、尊重公司人合性这一原则。

第二，可撤销论缺乏法律依据的同时对第三人保护不周。一方面，《合同法》第五十四条规定的可撤销合同，主要是因为合同双方意思表示不真实，允许受损害一方通过行使撤销权而使其归于消灭的合同。未经其他股东同意且放弃优先购买权而签订的股权对外转让合同，明显不存在意思表示不真实的情形。即使存在意思表示瑕疵的问题，也应由合同双方中的一方行使撤销权，而非合同之外的优先购买权人。所以，允许优先购买权人撤销股权转让合同缺乏法律依据。① 另一方面，无论参照债的保全还是业主撤销权的相关规定，根据该理论，股东张某一旦主张行使优先购买权，则转让人吴某与外部受让人邵某的股权对外转让协议即被否定。如此，既剥夺了邵某获得股权的机会，又使其丧失了获得合同保护的可能，将邵某置于极度不利的境地。就对各方当事人利益保护的失衡而言，该理论存在致命的缺陷，称不上是理想的法律构想。②

第三，效力待定论的类推规则无法适用。一方面，无法类推适用无权处分。无处分权首先是处分他人的财产，但股权转让人显然是处分自己的股权，不是无权处分权人，只是处分权行使受到一定限制，股权对外转让合同显然不符合《合同法》第五十一条关于无权处分要件的规定。退一步讲，即使类推适用无权处分的规定，那么股权转让合同的效力也应定性为有效而非效力待定。因为无权处分的合同效力本身即为有效，只是合同可能无法履行，产生违约

---

① 尹航：《优先购买权与股权对外转让合同效力》，载《社会科学家》2015 年第 4 期，第 104 页；李缴汉：《有限公司股东优先购买权司法争议问题探析》，载《河北法学》2014 年第 10 期，第 171 页。

② 赵旭东：《股东优先购买权的性质和效力》，载《当代法学》2013 年第 5 期，第 23 页。

责任。[1] 另一方面，不能比照限制行为能力的规定。股东虽无完全的处分权限，但其具有完全的行为能力，并不缺乏对股权转让行为的识别、判断和控制能力，将之类推于限制行为能力人订立的合同并无合理根据。[2] 此外，该理论在保护外部受让人上存在与可撤销论同样的缺陷。

2. 有效论具有明显的理论和实践优势

在无效论、可撤销论和效力待定论存在上述瑕疵的情形下，我们更支持并赞同有效论。

第一，合同成立即生效是《合同法》的基本原则。对于商事合同，特别是有偿合同，除非法律有明确规定，合同效力应予认定。股权合同效力的认定本质上仍属于《合同法》范畴，理应从《合同法》的规定中寻找答案。根据《合同法》第四十四条规定，依法成立的合同原则自成立即生效。因此，合同未出现《合同法》中规定的无效、可撤销、效力待定等法定情形的，其效力原则上应当予以认定。

第二，肯定合同效力是股权转让自由的应有之义。股权的自由转让是公司立法的重要原则。转让人就拟转让的股权与外部第三人签订转让协议本身即属于股权转让自由。虽然其他股东优先购买权的行使及公司章程特别约定可对股权的对外转让进行限制，但该限制仅能对股权转让合同的履行构成影响，而不应该违反合同自由原则，干涉当事人的合同自治。[3]

---

① 根据《最高人民法院关于审理买卖合同纠纷案件适用法律问题的解释》第三条的规定，当事人一方以出卖人在缔约时对标的物没有所有权或者处分权为由主张合同无效的，人民法院不予支持。出卖人因未取得所有权或者处分权致使标的物所有权不能转移，买受人要求出卖人承担违约责任或者要求解除合同并主张损害赔偿的，人民法院应予支持。

② 张钧、吴钦松：《论未经其他股东放弃优先购买权的股权转让合同之效力》，载《河北法学》2008 年第 11 期，第 187 页。

③ 胡晓静：《论股东优先购买权的效力》，载《环球法律评论》2015 年第 4 期，第 43 页。

第三，有效的转让合同是股东行使优先购买权的基础。根据优先购买权的行使规则，股东在同等条件下可以优先获得拟转让的股权。如此，只有转让股东与第三人成立有效的股权转让合同，“同等条件”才能得以固定，优先权人才能据此主张权利，否则其权利行使等于空谈。所以，为保证股东优先购买权的顺利行使，亦应当承认作为其前提的股权对外转让合同的有效性。①

第四，合同有效不等于权利变动。从法律设定优先购买权的目的和行使规则来看，优先购买权的目的在于通过保障其他股东优先获得拟转让股份而维护公司内部信赖关系。所以，法律所要否定的是非股东第三人优先于公司其他股东取得公司股权的行为，而不是转让股东与第三人之间成立转让协议的行为。要实现保护这一法益的目的，显然并不需要否定合同效力。事实上，合同的效力是可以与权利变动的结果相区分的，法律可通过在权利变动领域施以控制来保护相关利害关系人的权益，而不必在合同效力领域内加以干涉。②

第五，肯定合同有效是平衡转让股东、公司老股东、外部受让人（第三人）三方利益的最佳法律构造。股权对外转让合同的效力无论如何认定，公司其他股东都可以通过优先购买权的行使而实际取得拟转让股权，但对外部受让人而言，合同效力的不同认定对其权利救济有明显差异。因股东优先购买权的行使导致转让人不能向外部第三人履行合同内容时，若转让合同认定为有效，则外部第三人可以据此主张违约责任；反之，外部第三人只能向转让方主张缔约过失责任。显然，无论从举证责任，还是损害赔偿范围上，违

---

① 尹航：《优先购买权与股权对外转让合同效力》，载《社会科学家》2015 年第 4 期，第 105 页。

② 赵旭东：《股东优先购买权的性质和效力》，载《当代法学》2013 年第 5 期，第 22 页。

约责任对第三人的保护力度更大。① 如此，既可以保证优先购买权的实现，又能最大限度地保护第三人的利益，无疑是一种相对最优、更为可取的法律构造。②

综上，我们认为股权对外转让合同自成立即成效，股东优先购买权的行使与否均不对该合同效力产生影响。因股东行使优先购买权导致外部受让人无法取得转让股权的，其应向转让股东主张合同责任。

编写人：王平英*　王艳华**

① 尹航：《优先购买权与股权对外转让合同效力》，载《社会科学家》2015 年第 4 期，第 105 页。

② 赵旭东：《股东优先购买权的性质和效力》，载《当代法学》2013 年第 5 期，第 23 页。

* 王平英，北京市丰台区人民法院立案庭庭长，中国人民大学法律硕士。

** 王艳华，北京市丰台区人民法院研究室副主任，中国政法大学民商法学硕士。

对赌协议效力的司法审查规则

——天津某股权投资合伙企业诉邱某某、李某某股权转让纠纷案

一、首部

(一) 案由

股权转让纠纷。

(二) 诉讼双方

原告(二审被上诉人):天津某股权投资合伙企业(有限合伙)(以下简称天津某合伙企业)。

执行事务合伙人:天津某股权投资管理合伙企业(有限合伙)(委派代表王某)。

委托代理人:史某某,律师。

委托代理人:关某,律师。

被告(二审上诉人):邱某某。

委托代理人:胡某甲,律师。

委托代理人:宋某某,律师。

被告(二审上诉人):李某某。

委托代理人:胡某乙,律师。

(三) 审级

二审。

（四）审判机关和审判组织

一审法院：北京市丰台区人民法院。

合议庭组成人员：审判长，徐冲；代理审判员，王艳华；人民陪审员，孙桂华。

二审法院：北京市第二中级人民法院。

合议庭组成人员：审判长，闫飞；代理审判员，陈洋、李诚。

二、一审诉辩主张

（一）原告诉称

原告于2011年4月29日与被告邱某某、李某某以及北京某工业公司签订了《关于北京某工业股份有限公司之增资协议》（以下简称《增资协议》），约定原告认购北京某工业公司非公开发行的股票。与此次增资相关，天津某合伙企业（甲方），邱某某、李某某（乙方），北京某工业公司（丙方）就股权回购事项另行签订了《协议书》，协议第一条约定"如果丙方未能在本协议签署之日起24个月内成功完成其首次公开发行并上市……则甲方有权参照以下价格，要求乙方全部或部分回购甲方在丙方中持有的股份"，本条同时约定了回购价格的计算标准。根据上述约定，北京某工业公司须于2015年5月23日前完成首次公开发行该股票（IPO）并上市，否则，被告邱某某、李某某须按照协议约定回购原告持有的北京某工业公司全部股份。相关协议签订后，北京某工业公司向中国证监会提交了公开发行股票申请。但由于公司2013年业绩下滑较为严重，北京某工业公司撤回了IPO申请且已不可能在约定日期之前实现上市。因此，《协议书》第一条所约定的股权回购条件已经成就，被告邱某某、李某某应当按照《协议书》约定履行股权回购义务。故原告诉至法院，请求判令：被告邱某某、李某某按照《协议书》约定向原告支付股权回购款［按照以下方式计算：22496750元×100%×（1+10%×实际回购天数/365天），其中实际回购天数为自2011年5月30日至实际回购之日]；并由二被告承担本案的诉讼费用。

（二）被告辩称

原告、被告、北京某工业公司签订的《协议书》及股份回购条款应当认定无效。理由为：1. 根据《增资协议》规定，该协议的任何修改、变更应经协议各方另行协商，并就修改、变更事项共同签署书面协议后方可生效。而三方签订的《协议书》是对《增资协议》内容的修改或变更，但并未经协议所有签章方协商。2. 该协议违反了上市相关法律的强制性规定。3. 该协议侵害了其他股东的权益和公司的利益，违反了投资领域风险共担的原则，属于无效合同。

三、一审事实和证据

北京市丰台区人民法院经公开审理查明：2011年4月29日，天津某合伙企业及案外人8名投资方（甲方）与北京某工业公司（乙方），邱某某、李某某（丙方）签订《增资协议》，约定：乙方经公司股东大会决议通过，拟向甲方9名特定对象定向增资，非公开发行人民币普通股股票共计1600万股；其中，天津某合伙企业同意以现金人民币22496750元认购乙方本次非公开发行的310.3万股股票；本协议的任何修改、变更应经本协议各方另行协商，并就修改、变更事项共同签署书面协议后方可生效。

同日，上述三方签订《补充协议》，约定：如果公司未能在本次增资之"交割日"起36个月内完成合格IPO，丙方有义务以现金方式按照任一甲方要求部分或全部购回（"回购"）甲方所持有的股份。回购价格为甲方实际投资额再加上每年10%的内部收益率溢价，计算公式为：$P = M \times N \times (1 + 10\% \times T)$；其中，P为甲方根据本条就其要求回购的股权可获得的回购价格，M为甲方对乙方已认缴的增资额，N为此次甲方有权回购的股权比例占其总持股比例的百分比，T为自交割日至乙方及丙方实际支付全部回购价格之日的自然天数除以365。

2013年5月23日，天津某合伙企业（甲方）与邱某某、李某某（乙方），北京某工业公司（丙方）签订《解除协议书》，约定甲、乙、丙三方共同决定提前终止之前签署的《补充协议》。

同日，天津某合伙企业（甲方）与邱某某、李某某（乙方），北京某工业公司（丙方）签订《协议书》，约定：如果丙方未能在本协议签署之日起24个月内成功完成其首次公开发行并上市，或者丙方在上市后一年内出现违法、违规问题，则甲方有权参照以下价格，要求乙方全部或部分回购甲方在丙方中持有的股份。回购价格为甲方实际投资额再加上每年10%的内部收益率溢价，计算公式为：$P = M \times N \times (1 + 10\% \times T)$；其中，P为甲方根据本条就其要求回购的股权可获得的回购价格，M为甲方对乙方已认缴的增资额，N为此次甲方有权回购的股权比例占其总持股比例的百分比，T为自甲方根据甲、乙、丙三方和其他方于2011年4月29日签署的《增资协议》向丙方缴付增资款之日至乙方及丙方实际支付全部回购价格之日的自然天数除以365。

上述协议签订后，天津某合伙企业等投资方履行了出资义务。北京某工业公司修改公司章程，载明：公司股东除法律、行政法规规定的情形外，不得退股；公司股东不得滥用股东权利损害公司或者其他股东的利益，若造成损失，其应当依法承担赔偿责任；公司除特定情形外，不得买卖本公司的股份。后北京某工业公司向证监会提交了公开发行股票（IPO）申请，但于2014年7月1日被终止审查。该公司现未上市。后因天津某合伙企业与邱某某、李某某就股权回购及补偿金支付等事项产生争议，故天津某合伙企业诉至本院。

另查，北京某工业公司于2005年12月8日注册成立，注册资本为15500万元，公司类型为股份有限公司，法定代表人为邱某某；公司现有股东包括天津某合伙企业、邱某某、李某某在内共计43名，其中天津某合伙企业出资金额为540.41万元，占注册资本的 3.4865%。

上述事实，有当事人提供的《增资协议》、《补充协议》、《解除协议书》、《协议书》、关于要求回购股份的通知、公证书、北京某工业公司公司董事会决议、股东大会决议、股东大会议案、公司章程以及当事人陈述等在案佐证。

四、一审判案理由

北京市丰台区人民法院经审理认为：天津某合伙企业与北京某工业公司、邱某某、李某某之间签订的《增资协议》以及关于股份回购的《协议书》，均系当事人的真实意思表示，其中《增资协议》已经履行完毕。

天津某合伙企业与北京某工业公司及二被告签订的《协议书》及股份回购条款合法有效，截至目前，北京某工业公司仍未实现公开发行股份并上市，天津某合伙企业与邱某某、李某某二被告关于回购股份的约定条件已经成立，现天津某合伙企业要求二被告按照协议约定的条件回购其持有北京某工业公司股份并支付相应股权转让款的请求，具有法律及合同依据，本院予以支持。

五、一审定案结论

北京市丰台区人民法院依照《合同法》第六十条、第一百零七条，《公司法》第十六条第二款、第二十条第一款之规定，判决如下：

1. 邱某某、李某某于本判决生效之日起十日内受让天津某股权投资合伙企业（有限合伙）所持有的北京某工业股份有限公司百分之三点四八六五的股权，同时给付天津某股权投资合伙企业（有限合伙）股权转让款［按照以下公式计算：$P = M \times 100\% \times (1 + 10\% \times T)$；其中，P 为邱某某、李某某所需支付的股权转让款，M 为二千二百四十九万六千七百五十元，T 为自二〇一一年五月三十日至股权实际转让之日的天数除以三百六十五］。

2．驳回天津某股权投资合伙企业（有限合伙）的其他诉讼请求。

六、二审情况

（一）二审诉辩主张

1．上诉人（原审被告）邱某某、李某某诉称

第一，关于2013年5月23日三方签订的《协议书》：（1）该协议签订的前提并非一审判决认定的“协议各方之所以解除《补充协议》，目的并非各投资方放弃股份回购的意思表示，而是基于证券监督管理部门对拟上市公司审慎监管政策，为防止北京某工业公司因报送材料含有‘补偿条款’而被证监会否定上市的情况出现”，而是天津某合伙企业企图转嫁风险，谋取不正当利益。（2）该协议构成了对《增资协议》、《补充协议》的修改及变更，并非一审法院认定的“并不构成对《增资协议》的修改、变更”。（3）该协议的内容违法。

第二，关于2013年5月23日签订的《解除协议书》：邱某某、李某某认为，该协议无效，《补充协议》的第十五条第（三）项明确约定，对该协议的任何修改、变更或终止，必须经各方（12方）订立书面协议方能生效。而本协议只有天津某合伙企业、北京某工业公司、邱某某、李某某四方签署，明显违反上述第十五条之约定。

综上，一审判决认定事实不清，证据不足，程序有误，请求二审法院依法撤销一审判决，驳回天津某合伙企业的起诉；一、二审所有诉讼费用均由天津某合伙企业承担。

2．被上诉人（原审原告）天津某合伙企业辩称

天津某合伙企业服从一审法院判决。意见与一审诉辩意见一致。

（二）二审事实和证据

北京市第二中级人民法院经审理查明的事实与一审法院查明的

事实一致。

（三）二审判案理由

本案争议焦点是：《补充协议》、《协议书》中约定回购天津某合伙企业持有的北京某工业公司股份条款的效力。根据查明的事实，《补充协议》约定若北京某工业公司未能在指定期限内完成合格 IPO，则邱某某、李某某应当按照约定的回购价格回购投资方持有的北京某工业公司股份。对此，本院认为，《公司法》第一百三十七条规定了股份有限公司股东持有的股份可以依法转让，《补充协议》、《协议书》中关于邱某某、李某某回购天津某合伙企业持有的北京某工业公司公司股份的约定符合《公司法》的规定，并未损害公司、其他股东以及公司债权人的利益，应属合法有效。

（四）二审定案结论

北京市第二中级人民法院依照《民事诉讼法》第一百七十条第一款第（一）项之规定，判决如下：

驳回上诉，维持原判。本判决为终审判决。

七、解说

随着私募股权投资的发展，商业实践中对赌协议也愈发常见。所谓对赌协议，又称估值调整协议（Valuation Adjustment Mechanism，VAM），是指投资者与目标企业或者目标企业的实际控制人、控股股东之间签订的，以目标企业在规定时间内达到一定业绩、上市等作为股权比例调整、股权回购或现金补偿之履行条件的协议。该协议旨在消除因投资双方信息不对称而产生的价值评估差异，进而促进融资合意的达成。作为新型投资工具，对赌协议在产生纠纷时，审判机关不宜直接以法律没有规定或者违反社会公共利益、违反法律法规的强制性规定为由直接认定对赌协议无效，而应当以对赌协议之合同性为基础，并结合《公司法》相关规定，根据对赌协议的主体和内容进行具体分析，合理认定其效力，平衡各方利益。下文将结合本案案情，就对赌协议效力的司法审查规则进行阐述。

(一)《合同法》角度的审查

对赌协议在成立之初，由于存在各种不确定性和变化因素，双方当事人对协议产生的效果均无法确定，有可能因为协议约定的条件实现，而由投资方增加投资或补偿，也可能因为协议约定的条件未实现，而由目标企业或其控股股东、实际控制人调整投资方的持股比例甚至回购股权等，即合同履行的标的尚未确定。因此，在性质上，对赌协议应属于射幸合同，① 需要首先依据《合同法》对其效力进行审查。

逻辑上，有效的合同必然是已经成立的合同。具体到对赌协议上，对赌协议的双方均为公司或者一方为自然人股东，对对赌协议的内容及效果均有认识能力和行为能力；对赌协议的标的虽然在合同设立时未确定，但此后可以确定；对赌协议一般以书面合同形式出现，双方在合同上签字、盖章，表明已就对赌内容达成了一致意见。因此，如果不存在相反的情形，对赌协议通常都具备了成立要件。

依法成立的合同，自成立时生效，但具有无效情形的除外。《合同法》第五十二条规定了五种合同无效的情形，只要有证据证明对赌协议具有这五种无效事由中的任何一种，对赌协议即无效。在司法实践中，产生争议较多的是第五种情形，即对赌协议是否违反法律、行政法规的强制性规定，这是因为证监会发布的诸如《首次公开发行股票并上市管理办法》、《首次公开发行股票并在创业板上市管理暂行办法》等均明确规定：发行人的股权清晰，控股股东和受控股股东、实际控制人支配的股东持有的发行人股份不

① 所谓射幸合同，是指在合同成立时，当事人的给付内容不能确定，须根据将来不确定事实的发生与否来确定给付内容的合同。参见崔建远：《合同法》(第五版)，法律出版社 2010 年版，第 38 页。

存在重大权属纠纷。[①] 而该规定在实践中的具体效力表现或者应用，即证监会 IPO 审核中对对赌协议持否定态度。[②] 本案被告亦以此为由主张对赌协议无效。然而，正如本案一审判决所述，从效力层级上来看，上述规定出现在证监会的部门规章中，并非出现于法律和行政法规中，因此不能成为否定对赌协议效力的依据。

（二）《公司法》角度的审查

对赌协议是有关公司内部股权或补偿事项的协议安排，因此除了依照《合同法》进行一般审查外，还需要从《公司法》角度进行审查。具体言之，需要审查对赌协议是否损害公司、其他股东以及公司债权人的合法权益。

根据对赌协议主体不同，可将对赌协议分为投资方与目标公司大股东、实际控制人的对赌和投资方与目标公司的对赌，两种对赌协议产生的法律效果并不相同。如果是投资方与目标公司股东、实际控制人的对赌，首先，由于股东、实际控制人与公司之间彼此人格独立，公司股东、实际控制人赌输时所需承担的购买股权或补偿现金等义务与公司无关，不会影响公司及其债权人的合法权益。其次，投资方向目标公司注资后即成为目标公司的股东，而无论是有限公司还是股份公司，除法律明确规定或章程约定限制股权转让外，股东之间均可自由转让股权，因而对于其他股东而言，此类对赌协议的履行亦不会损害其合法权益。因此，通常情况下，投资方与目标公司股东、实际控制人之间签订的对赌协议有效。如果是投资方与目标公司对赌，一旦目标公司赌输，即需要回购投资方股权或者向投资方支付补偿金，客观上就会产生目标公司的资金流向投资方的结果，目标公司的资本总额

---

① 参见《首次公开发行股票并上市管理办法》第十三条、《首次公开发行股票并在创业板上市管理暂行办法》第十七条。

② 栾芳：《对赌协议效力析——从“甘肃世恒案”谈起》，载《公司法律评论》2013 年卷，第 323 页。

及偿债能力均会有所下降，进而会影响公司债权人的利益。此外，从投资方角度，投资方的投资脱离公司业绩产生了相对固定的收益，与公司经营中股东共担风险原则相悖。因此，投资方与目标公司之间签订的对赌协议无效。[①]

（三）本案案情的具体分析

关于本案争议焦点《协议书》的效力及股份回购条款的效力问题，本文认为：首先，《协议书》为独立于《增资协议》之外的股份回购协议，未违反《增资协议》的约定以及北京某工业公司《公司章程》的相关规定，签订时已取得各方当事人一致同意。《增资协议》系天津某合伙企业等9名投资方与北京某工业公司及二被告共同签订，其主要内容为各投资人对北京某工业公司进行增资扩股，并成为公司股东。该协议虽约定协议的修改、变更应经协议各方同意，但该协议已经履行完毕，天津某合伙企业等投资方已经完成增资并成为北京某工业公司的股东，天津某合伙企业与北京某工业公司及二被告之后签订的《协议书》系三方另行签订的关于股份回购事宜的独立协议，无论合同目的还是权利义务的具体内容，与《增资协议》均不相同，并不构成对《增资协议》的修改、变更；此外，根据《补充协议》及《解除协议书》的内容，能够证明天津某合伙企业等9名投资方与北京某工业公司及二被告对签订股份回购《协议书》的内容均知晓并达成了一致意见，而协议各方之所以解除《补充协议》，目的并非各投资方放弃股份回购的意思表示，而是基于证券监督管理部门对拟上市公司审慎监管政策，为防止北京某工业公司因报送材料含有“补偿条款”而被证监会否定上市的情况出现。据此，二被告关于《协议书》的签订未取得全体合同方一致同意的辩称意见不能成立。

其次，《协议书》及股份回购条款未违反法律及行政法规的

---

① 参见最高人民法院（2012）民提字第11号判决书。

规定，亦未损害公司、其他股东以及公司债权人的利益，应当认定为合法有效。天津某合伙企业与北京某工业公司及二被告之间签订的《协议书》其实质系股东之间约定在一定条件下进行股权转让的协议（一般称为股权投资估值调整协定或者对赌协议）。关于该协议及回购条款的效力，本院认为：第一，无论是《公司法》还是北京某工业公司《公司章程》均明确规定，股东持有的股份可以自由转让。作为北京某工业公司股东的天津某合伙企业与邱某某、李某某之间进行股权转让，不属于退股及滥用股东权利的行为，合乎相关法律及公司章程的规定。第二，在商业实践中，股权投资估值调整协定在直接融资领域中的存在颇为普遍，其实质是对商业经营中资本价值风险判断的合意行为，该条款的效力认定应当以《合同法》第五十二条规定为审查依据。本案中，根据现有证据，无法证明协议各方存在故意隐瞒真实财务状况、意思表示虚假、恶意串通、非法合同目的等主观恶意，亦未有损害公司、其他股东以及公司债权人的利益的情形。至于《协议书》及股份回购条款是否存在违反法律、行政法规的强制性规定的情形，本文认为，虽然证监会《关于首次公开发行股票并在创业板上市管理暂行办法》（以下简称《办法》）第十七条要求“发行人的股权清晰，控股股东和受控股股东、实际控制人支配的股东所持发行人的股份不存在重大权属纠纷”。但《办法》系证监会制定的规范性文件，不属于法律及国务院制定的行政法规，仅属于部门规章，不能作为认定效力的依据，此为其一；其二，该回购条款约定亦不构成发行人北京某工业公司重大权属纠纷。因为该条款在北京某工业公司上市审批前实际并未发生法律效力，如果北京某工业公司如期上市，回购条款则自然失效，影响上市公司股权稳定的结果也就不会发生；如果公司上市失败，回购条款的履行亦不涉及对证券监管秩序的侵害。因此该条款不存在违反法律法规的情形，依法应当认定为有效。

最后，关于《协议书》回购条款的履行是否会对北京某工业公司及公司其他股东造成实质不公平的结果。二被告辩称意见认为，回购条款的约定系天津某合伙企业利用优势地位签订，排除被告方主要权利，其履行违反了投资领域风险共担的原则，使天津某合伙企业作为投资者不论北京某工业公司经营业绩如何，均能取得约定收益而不承担任何风险，并会产生对公司及其他股东不公平的结果。对此，本院认为，从《协议书》的签订主体来看，一方为专业的投资企业，对商业风险和法律规范有着充分的认识；另一方为融资企业及控股股东或者原始股东，对公司的实际情况及盈利能力有着充分的了解，并对融资后企业的利益获得、价值目标作过详尽调查和理性预估。双方均为平等理性的商业行为主体，并不存在主体地位的优劣，所约定的回购条款亦非格式条款，不存在排除他方权利、免除己方义务的情形。从双方风险负担情况来看，天津某合伙企业作为投资方投入大额资金入股，并不参与北京某工业公司的经营管理，本身承担了较高的投资风险；天津某合伙企业等投资方入股后，北京某工业公司实现了融资，获得了企业生存和发展的机遇，邱某某等控股股东或者原始股东亦能享有企业成长所带来的股份增值等收益。因此，在北京某工业公司未能按期上市后，回购条款的履行是天津某合伙企业等投资方正当的风险规避方式，对邱某某、李某某亦未造成不可预见的风险和带来重大损失，其所支付的溢价应视为系根据事前自主商业判断所自愿负担的责任后果，故不存在履行协议会产生显失公平或者损害一方利益的情形。

综上所述，作为投资方的天津某合伙企业和作为目标公司股东的邱某某、李某某签订对赌协议，约定若目标公司北京某工业公司未在规定时间内上市时，则邱某某、李某某以一定的价格回购投资方天津某合伙企业持有的目标公司股权。该约定为双方真实意思表示，且未违反法律、行政法规的强制性规定，亦因其仅为股东之间的约定而不会损害公司、其他股东及债权人的合法权益，因此合法有效，双方当事人应按照对赌协议的约定行使权利、履行义务。现北京某工业公司已不可能在规定时间内上市，对赌协议双方约定的股份回购条件已经成立，天津某合伙企业要求邱某某、李某某按照约定的价格回购自己所持有的北京某工业公司股权，具有合同依据。两审法院据此支持天津某合伙企业的诉讼请求均是正确的。

编写人：徐　冲＊

＊ 徐冲，北京市丰台区人民法院民二庭副庭长，北方工业大学经济法学硕士。

公司章程设限股权转让条款的效力认定[①]

——杨某诉某物资回收公司股东资格确认纠纷案

一、首部

（一）案由

股东资格确认纠纷。

（二）诉讼双方

原告（被上诉人）：杨某。

委托代理人：王某，律师。

被告（上诉人）：某物资回收公司。

法定代表人：于某某，董事长。

委托代理人：陈某某，律师。

（三）审级

二审。

（四）审判机关和审判组织

一审法院：北京市丰台区人民法院。

审判员：兰国红。

二审法院：北京市第二中级人民法院。

① 因《公司法》未明确规定股份有限公司可以在公司章程中限制股权转让，本文中的公司章程仅指有限责任公司的公司章程。

合议庭组成人员：审判长，李丽；代理审判员，卜晓飞、赵胤晨。

二、一审诉辩主张

（一）原告诉称

原告原是被告职工，已于2011年8月退休。被告系2008年改制而来，改制时杨某作为员工投资入股，出资额为3万元，占总资本的比例为0.87%。2013年1月中旬，被告以原告给公司造成损失为由，称根据公司章程的规定，原告应当退股并将股权转让给其他股东，故要求原告转让其在公司持有的股份。原告不认可被告所称自己给公司造成损失的说法，故不同意退股并转让股权。但自2013年3月起，原告的工资账户就未收到被告每月应打入的300元分红款，故原告诉至法院，请求确认原告为被告的股东，并要求被告承担本案诉讼费用。

（二）被告辩称

按照《公司章程》规定，原告给被告造成了损失，已经不再是被告的股东，不同意原告的诉讼请求。

三、一审事实和证据

北京市丰台区人民法院经公开审理查明：某物资回收公司成立于1992年5月，公司类型为有限责任公司，公司股东包括杨某等41人，其中杨某的出资额为3万元，占公司总资本的比例为0.3%。《公司章程》第二十七条规定：股东发生调出（三年封闭期除外）、辞职、死亡；股东因工作失职给企业造成1万元以上、工作失误造成5万元以上损失的，为企业解职或解除劳动合同以及违法、违纪被劳教、判刑；股东遭遇重大经济困难（本人主动提出）等情况时，特制定如下补充规定：1. 在股东发生上述情况时，应按《公司章程》规定转让全部股权，并积极配合公司办理股权转让手续，即刻交回原“出资证明书”。2. 对股东转让的股权，必须经董事会研究同意，确定受让对象及金额，方可办理转让手续。3. 公司对转让股权的股东进行股金及红利清算。股金按原值转让，就此股东的权益将减少或终止。红利在年终结算时清退。4. 股权受让人须按公司规定时间、规定数额交齐股金金额。5. 股东股权的变更、转让手续及收、发“出资证明书”，由公司董事会办公室具体负责办理，董事长核准签发后生效。2008 年 7 月 15 日，某物资回收公司向杨某签发了股东出资证明书。

2008 年年底至 2009 年年初，某物资回收公司任命杨某为云南分公司总经理助理。云南分公司的资产包括一辆汽车，由杨某在云南工作期间使用。后云南分公司由于市场变化，未实际经营，并被注销，杨某未将车辆交回。2013 年 1 月 25 日，某物资回收公司召开股东会，通过了《关于“云南分公司”损失处理当事人的议案》，以杨某给公司造成损失为由，决定将杨某持有的股权转让。2013 年 2 月 19 日，某物资回收公司向杨某发出《根据股东会决议办理股权转让手续的通知》。2013 年 2 月 27 日，某物资回收公司向其他 20 名股东收取了 3 万元股金款。

另查，2011 年，杨某从某物资回收公司正常退休。

上述事实，有杨某提供的《关于云南分公司情况的通报》、《根据股东会决议办理股权转让手续的通知》等，某物资回收公司提供的杨某任职文件、2009 年 10 月 27 日董事会决议及议案、车辆发票及缴税保险凭证、企业资产损失鉴证报告、公司章程、股东会决议及议案、股东名册、记账凭证等，北京市丰台区人民法院所作谈话笔录、证据交换笔录以及双方当事人的当庭陈述等在案佐证。

四、一审判案理由

北京市丰台区人民法院经审理认为：本案的争议焦点系某物资回收公司是否有权依据《公司章程》第二十七条的约定将杨某享有的某物资回收公司股权（出资额为 3 万元）予以转让。对此，北京市丰台区人民法院认为，《公司法》第七十一条规定：有限责任公司的股东之间可以相互转让其全部或者部分股权。公司章程对股权转让另有规定的，从其规定。本案中，某物资回收公司的《公司章程》第二十七条规定“股东发生调出（三年封闭期除外）、辞职、死亡；股东因工作失职给企业造成1万元以上、工作失误造成5万元以上损失的，为企业解职或解除劳动合同以及违法、违纪被劳教、判刑；股东遭遇重大经济困难（本人主动提出）等情况时”，应按《公司章程》规定转让其全部股权，并积极配合公司办理股权转让手续等内容作出了特别约定，因此，在杨某未自愿提出转让股权的情况下，某物资回收公司如果要求杨某进行股权转让，必须严格遵循《公司章程》第二十七条的约定。从《公司章程》第二十七条的文字表述来看，该条款中关于“股东因工作失职给企业造成1万元以上、工作失误造成5万元以上损失的，为企业解职或解除劳动合同以及违法、违纪被劳教、判刑”的内容所涉及的各项条件应当同时具备。本案中，杨某系从公司正常退休，并未被公司解职或解除劳动合同，因此，不符合《公司章程》第二十七条的约定，某物资回收公司也未举证证明杨某存在《公司章程》第二十七条约定的其他情况，故某物资回收公司无权在未经杨某同意的情况下将其享有的某物资回收公司股权予以转让。股东取得公司股东资格包括原始取得与继受取得。本案中，杨某向某物资回收公司履行了3万元出资义务，签署了《公司章程》，取得了出资证明书，符合股东资格原始取得的要件，故本院据此认定杨某系某物资回收公司的股东。某物资回收公司关于杨某给某物资回收公司造成损失、已经不是某物资回收公司股东的辩称缺乏依据，本院不予采信。

五、一审定案结论

北京市丰台区人民法院依照《公司法》第二十五条、第三十二条、第七十一条之规定，判决如下：

确认原告杨某为被告某物资回收公司的股东（出资额为三万元）。

六、二审情况

（一）二审诉辩主张

上诉人某物资回收公司不服一审法院判决，向北京市第二中级人民法院提起上诉，北京市第二中级人民法院在审理案件过程中，上诉人某物资回收公司以服从一审法院判决为由，于2013年12月3日申请撤回上诉。

（二）二审定案结论

北京市第二中级人民法院依照《民事诉讼法》第一百七十三条之规定，作出如下裁定：

准许上诉人某物资回收公司撤回上诉，双方当事人均按一审法院判决执行。

七、解说

本案的争议焦点在于，公司章程关于强制股东转让股权的规定是否有效。强制股东转让股权作为公司章程设限股权转让的典型方式之一，该类条款是否有效一直是理论界与实务界争论不休的问题。对此，笔者从公司章程设限股权转让的正当性入手，根据实务中常见的公司章程对股权转让设限条款的情形，结合本案予以具体分析。

（一）公司章程是否可以设限股权转让

《公司法》规定，设立公司必须依法制定公司章程，公司章程对公司、股东、董事、监事、高级管理人员具有约束力。公司章程作为设立公司的法定必备文件之一，在意思自治的基础上经股东合意而产生，体现了公司组织和行为的自治规则，对股权转让行为作出限制具有理论与现实的正当性。原因有三：其一，从《公司法》规范角度，根据《公司法》第七十一条规定：“有限责任公司的股东之间可以相互转让其全部或者部分股权……公司章程对股权转让另有规定的，从其规定。”由此可以看出，股东可自由转让股权是股权转让的一般原则，同时立法又顺应社会发展潮流，尊重公司的自治性，允许公司章程对此作出另行规定，作为任意性记载事项。其二，从公司章程性质角度，目前，我国理论界和实务界普遍认可“章程自治规范说”，认为“第一，章程由公司依法自行制定；第二，章程的规则由公司自己执行，无须国家强制力保证；第三，章程的效力仅及于公司和相关当事人而不具有普遍的约束力”①，这也为公司章程设限股权转让提供了法理上的正当性。其三，从有限公司人合性特点角度，有限公司的股东基于彼此信任成为合作伙伴，股东结构与身份的变更必然会影响有限公司的人合性基础，因此在特定情形下对股东权利进行适当限制具有现实的正当性。

（二）公司章程设限股权转让的具体表现

事实上，目前许多公司基于维护公司稳定的考量，一般都会在其公司章程中制定限制股东转让股权的条款。实践中常见的公司章程设限股权转让的情形一般有以下几种：一是禁止或变相禁止股东转让股权，如约定“在公司存续期间不得转让股权”“在股东有生之年不得转让股权”等；二是特定情形下强制股东转让股权，如约定“股东离职时应当转让股权”等，本案中就是此种情形；三是规定比《公司法》标准更严格的股权转让条件，如约定“股东向股东以外的人转让股权，须经其他股东四分之三以上同意”等。

（三）公司章程设限股权转让的效力认定

虽然公司章程可以对股权转让作出限制，但这种限制却并非没有边界。然而遗憾的是，对于这种“边界”，我国立法并未作出规定，直接导致了司法实践中无法可依，出现同案不同判的情形。此时，应当如何确定该种条款的效力值得探究。

---

① 刘坤：《意思自治视角下的公司章程法律制度解读》，中国法制出版社 2010 年版，第 117 页。

笔者认为，公司章程设限股权转让条款是否有效，需要从多角度进行考量，充分平衡公司意思自治与股东权益保护之间的关系，兼顾公共利益的维护与个体利益的保护，从多方面予以综合认定。

1．合法性角度

公司章程设限股权转让条款是否有效的首要标准是是否违反了法律法规的强制性规定或者损害了社会公共利益。合法性是条款生效的首要条件，其中的“法”不仅限于《公司法》、《合同法》等商事法律规定，同时还须审查是否违反了其他部门法法益，如规定“员工怀孕后，公司有权收回其持有股份”等类似条款明显违反了《劳动合同法》，法官须“通过衡量的方式，使决定的作出趋于合理化”①。

2．利益平衡角度

资本多数决原则作为公司经营管理中作出决策的主要方式，在高效处理公司事务的同时，有可能出现控股股东滥用控股地位损害其他与其意见相左的股东或者中小股东的合法权益，此时应当慎重审查设限条款在公司内部是否具有普适性，是否损害了公司或者股东的权益，尤其是中小股东的合法权益，避免出现利益极度失衡，使中小股东利益受损。

3．意思表示角度

公司章程设限股权转让条款是否有效，一定程度上与被限制股权的股东是否作出同意的意思表示有关。在此应区分设限股权的章程是初始章程还是修订章程。初始章程中对股东转让股权作出限制的条款一般认为有效，因为初始章程由全体股东共同制定、一致同意，无论是原始股东还是继入股东，在加入公司时是应当明知且同意接受的，只要该规定未违反法律法规的强制性规定，不损害公共利益，应当认可其效力。而修订章程，系在公司经营过程中为适应

---

① 蔡琳：《论“利益”的解析与“衡量”的展开》，载《法制与社会》2015 年第 1 期，第 149 页。

市场经济变化而制定的，对于修订章程限制股权转让条款的效力，实践中存在不同认识。一种观点认为，基于章程的性质，修订章程应当与初始章程采用同一标准；另一种观点则认为，由于修订章程采用资本多数决的表决程序，存在部分股东，尤其是中小股东利益受损的可能性，因此对于其效力的审查方面，应当采用比初始章程更为严格的标准。笔者同意后一种观点，对于修订章程中的设限条款，如果被限制股权的股东在表决时持反对意见，其反对的理由应当纳入考量范围。

4. 法律精神角度

有限公司兼具资合性与人合性的双重特点，公司章程的制定除应符合合法性等硬性标准外，还须从宏观角度考量条款实质上是否违背了法律精神，如是否禁止股权流通、是否为退出股东留出途径、强制转让是否支付对价等。因为“当公司章程规定的股权转让条件非常苛刻，导致股东在事实上根本不可能转让出资时，事实上就剥夺了股东的基本权利，应该认定为无效”①。

5. 程序审查角度

除了条款的实体内容外，还要对设限股权转让条款所附带的公司章程之形成过程进行程序性审查，并以此来判断公司章程是否有效。如果公司章程的形成不符合法定或者约定程序，则可能导致不成立、无效或者可撤销，其中涉及的相关设限条款亦不成立、无效或者可撤销。

具体到本案中，某物资回收公司通过公司章程规定了关于特定条件下强制股东转让股权的设限条款，该修订章程并未违反法律法规的强制性规定，亦未损害公司、股东的合法权益以及社会公共利益，且经包括杨某在内的全体股东一致同意，同时通过合理方式提供了股东退出途径，因此应当认定为有效。根据某物资回收公司

---

① 胡明玉：《有限公司股权转让的自由与限制研究——兼评新〈公司法〉72条－76条》，载《湖北经济学院学报》2006年第4期，第78页。

《公司章程》规定，股东因工作失职、失误给企业造成重大损失的且为企业解职或解除劳动合同以及违法、违纪被劳教、判刑的情况下，方应按照《公司章程》规定转让其持有的全部股权。而本案中，杨某已从某物资回收公司正常退休，并不符合《公司章程》所述应当转让股权的情形，因此，虽然《公司章程》规定的股权转让设限条款有效，客观上杨某也确实给公司造成了损失，但并不符合《公司章程》规定的将其股权强制转让的条件。综上，一审法院判决确认杨某为被告某物资回收公司的股东是正确的。

编写人：苏　洁*

* 苏洁，北京市丰台区人民法院民二庭法官，北京科技大学民商法学硕士。

有限责任公司股东知情权的行使条件

——李某诉某物业公司股东知情权纠纷案

一、首部

（一）案由

股东知情权纠纷。

（二）诉讼双方

原告：李某。

被告：某物业公司。

法定代表人：王某，总经理。

委托代理人：刘某，某物业公司员工。

（三）审级

一审。

（四）审判机关和审判组织

一审法院：北京市丰台区人民法院。

合议庭组成人员：审判长，刘军；人民陪审员，王国明、谢翠霞。

二、一审诉辩主张

（一）原告诉称

原告系被告股东，出于关心被告公司发展，原告曾要求被告提供公司章程以及自 2004 年 1 月 1 日起至提出要求之日的公司会议决议和财务会计报告供原告查阅、复制，还要求被告提供其自 2004 年 1 月 1 日起至提出要求之日的会计账簿、会计凭证供原告查阅，但被告至今未提供上述资料。由于被告的行为已损害了原告的股东知情权，故起诉要求：1. 被告提供自 2004 年 1 月 1 日起至 2014 年 11 月 7 日止所有的公司章程以及股东会会议记录、董事会会议决议、监事会会议决议和财务会计报告供原告（包括原告委托的律师、注册会计师）查阅、复制。2. 被告提供自 2004 年 1 月 1 日起至 2014 年 11 月 7 日止的会计账簿（包括总账、明细账、日记账和其他辅助性账簿）及会计凭证（包括原始凭证和记账凭证）供原告（包括原告委托的律师、注册会计师）查阅。3. 由被告承担本案诉讼费用。

（二）被告辩称

不同意原告的诉讼请求，理由是：1. 原告系 2009 年受让原股东股权成为本公司股东，其无权申请查阅 2009 年之前的公司材料，且要求查阅 2 年前的公司材料已过诉讼时效。2. 原告起诉没有合理性，可能侵害公司权利，原告未尽到诚信忠实义务，通过自我设立及他人设立的公司形成与被告公司具有相同竞争力的公司，与被告公司进行竞争，其查阅目的会泄露公司秘密。3. 被告《公司章程》第八章第二十条规定：股东可以委托股东代表查阅相关会议记录或决议，了解相关公司状况；股东本人（包括其委托的律师或注册会计师）不能直接行使上述权利。原告到被告公司提出上述请求时，被告已明确告知其应通过股东代表来行使权利，原告完全知晓上述程序。4. 由于原始凭证不属于财务会计报告范围，所以原告无权查阅原始凭证，只能在履行一定程序的情况下查阅会计报告。

三、事实和证据

北京市丰台区人民法院经公开审理查明：某物业公司系有限责任公司，于 2004 年 5 月 18 日注册成立，股东为张某、刘某、赵某。2009 年 1 月 3 日，李某从原股东张某处受让股权，成为公司股东，并于同日变更工商登记。

某物业公司工商登记备案资料显示：该《公司章程》为 2007 年 3 月 5 日制定，其中，第二十条表明股东享有以下权利：股东可以委托股东代表查阅股东代表会会议记录或决议，了解董事会的工作和公司及其所属企业的经营状况和财务状况。

2014 年 10 月，李某曾向某物业公司主张查阅相关经营资料，但某物业公司要求其通过股东代表查阅。同年 11 月 7 日，李某通过邮寄方式向某物业公司寄送《关于行使股东知情权的函》，要求某物业公司提供自成立至今的公司章程以及股东会会议记录、董事会会议决议、监事会会议决议和财务会计报告供其查阅、复制，并要求提供上述期间的会计账簿（包括总账、明细账、日记账和其他辅助性账簿）及会计凭证（包括原始凭证和记账凭证）供其查阅。此后，因某物业公司对李某的上述请求始终未予答复，故李某诉至本院。

上述事实，有李某提交的股权证、工商登记备案资料、《关于行使股东知情权的函》、投递单、详情单，某物业公司提交的《公司章程》以及双方当事人的当庭陈述等在案佐证。

四、审理结果

在审理过程中，原告李某向法院书面申请撤回对被告某物业公司的起诉。法院认为原告李某的申请符合法律规定，应予准许。依照《民事诉讼法》第五十一条、第一百五十四条第一款第（五）项之规定，裁定如下：

准许原告李某撤回对被告某物业公司的起诉。

五、解说

股东知情权是股东享有的知晓公司经营状况的权利。广义的股东知情权包括查阅权、质询权、选任请求权等。狭义的股东知情权仅指查阅权。本案中股东要求行使的就是狭义的股东知情权。该权利的规定见于《公司法》第三十三条："股东有权查阅、复制公司章程、股东会会议记录、董事会会议决议、监事会会议决议和财务会计报告。股东可以要求查阅公司会计账簿。股东要求查阅公司会计账簿的，应当向公司提出书面请求，说明目的。公司有合理根据认为股东查阅会计账簿有不正当目的，可能损害公司合法利益的，可以拒绝提供查阅，并应当自股东提出书面请求之日起十五日内书面答复股东并说明理由。公司拒绝提供查阅的，股东可以请求人民法院要求公司提供查阅。"普遍认为，股东知情权作为基础性权利，是股东行使其他股东权的手段和媒介。保障股东有效行使知情权，对于保护股东权利、完善公司治理结构、规范经济秩序有重要作用。司法实践中，股东知情权的行使纠纷是最为常见、争议最多的纠纷类型。本案虽以撤诉结案，但涉及的原告股东资格确认、查阅代理人、查阅的对象范围、正当目的的确认、诉讼时效五大问题，亦是审判实践中高频遇到的问题，下面结合本案作具体分析。

（一）原告是否适格

股东知情权，顾名思义，其行权主体应为股东。如何确定股东身份，抑或股东身份是否具有现实性，是实践中争议较大的问题。突出表现为以下两类情况：其一是老股东对转让股权后的新信息能否行使知情权；其二是新股东对受让股权前的老信息能否行使知情权。本案中被告就以第二种情况为由提出抗辩。

对于老股东的知情权，在司法实践中较少得到支持。① 笔者认同该做法，知情权是股东的固有权利，已经不是股东了，还能行使

---

① 学界普遍认为老股东无权提起知情权诉讼，但亦有部分学者持不同观点。比较有代表性的观点有两个，其一认为应区分知情权和知情权的诉权，老股东可以径行起诉，相关内容参见蒋大兴：《超越股东知情权诉讼的司法困境》，载《法学》2005 年第 2 期，第 117 – 128 页；其二认为股东在转让股权后的合理期间内有权提起知情权诉讼，参见刘俊海：《新公司法的制度创新：立法争点与解释难点》，法律出版社 2006 年版，第 207 – 208 页。

股东知情权，与逻辑不符。具体理由为：第一，“法律不保护躺在权利上睡觉的人”，股东在股权转让前有身份也有机会行使知情权，但其怠于行使，应自担其责；第二，如果允许股东转让股权后仍有权查阅公司的财务会计资料、会议资料，甚至是股权转让后公司的相关经营资料，可能损害公司的利益；第三，如果公司存在侵犯股东利益等情况，老股东即使无法提起知情权诉讼，仍有提起侵权诉讼等其他救济途径。

对于新股东的知情权，通说认为应持肯定意见。公司的历史和现状不可分割，股东有权了解公司的现状，亦有权了解公司的历史。很多情况下，公司的现行决策都是建立在对历史相关数据和材料分析的基础上。股东知情权应是完整的、持续性的权利，故本案被告以原告无权查阅其受让股权前的公司材料的答辩，不应得到采信。

（二）原告可否委托代理人行使股东知情权

股东知情权能否代理行使，在理论和实践中均有较大争议。对此，有三种不同观点：第一种观点为否定说，认为《公司法》只对股东的知情权作出了规定，对于能否委托他人行使该项权利并未涉及，鉴于法无明文规定，故不应允许股东委托他人行使其知情权。第二种观点为肯定说，认为民法上的法律行为以可代理为原则，不可代理为例外，即除去法律明确禁止代理的，其他法律行为均可代理。《公司法》作为民法的特殊法，应适用该规则。① 第三种观点为有限许可说，即股东知情权可委托他人行使，但“他人”应限制在律师、会计师等专业人士范围内。② 实践中委托他人代行知情权的情况几乎均发生在自然人股东身上，法人股东一般会委托专业财会人员行使权利。与之相对，应允许自然人股东委托专业人员行使权利，否则难以实现该权利设置的目的，与法人股东相比，

---

① 胡田野：《公司法律裁判》，法律出版社 2012 年版，第 406－409 页。

② 参见《〈公司法〉解释四法律系统征求意见稿》第十三条。

更有违实质公平。[①] 笔者认同第三种观点，股东委托他人代理行使知情权符合代理的基本原理，不应机械套用法无明文规定而对其进行否定。由于文化水平、知识结构或者其他方面的限制，股东不可能都理解公司材料，尤其是专业财会资料，委托专业人士[②]代为行使权利属于权利的合理行使范围。对于受委托专业人士，可通过行业执业纪律与责任机制，控制商业秘密可能被泄露的风险。

本案中，被告公司章程中明确规定股东可委托股东代表行使查阅权，被告以此为理由拒绝原告及其委托的律师和注册会计师的查阅要求。对此，笔者认为，首先，该章程中股东本人无权查阅公司材料的规定应属无效。股东知情权是固有权利，其实质是一种监督性的权利，《公司法》对股东知情权的规范属强制性规范，不能通过章程或者其他协议等形式予以排除。其次，原告委托的代理人是具有执业资格的律师和会计师，委托专业人员代理行使知情权，请求合理，应予支持。

（三）公司哪些材料可被查阅

《公司法》规定有限责任公司股东可以查阅、复制财务会计报告，可以查阅会计账簿，但对于原始凭证却并未规定。这也是实践中争议的焦点所在。否定说认为，根据我国《会计法》的规定及其实务操作规范，财务会计报告、会计账簿以及会计凭证是彼此独立的概念，法律规定股东可以查阅会计账簿，但却未规定原始凭证可供查阅，如果允许查阅原始凭证，可能对公司安全运营产生影响。[③] 肯定说则认为，股东只有充分并且真实地了解公司运营以及财务状况，才算真正意义上的知情。最初的原始凭证，需要经过多

---

① 李建伟：《股东知情权诉讼研究》，载《中国法学》2013 年第 2 期，第 92－93 页。

② 我国并未建立检查人制度，故该处的专业人员出具的报告并不能作为专家意见证据。

③ 郭少伟：《股东知情权的范围和主体资格的认定》，载《市场周刊》2011 年第 6 期，第 101 页。

次会计程序，最终经过高度抽象、整合、转换形成财务报告，在这个过程中，出于主观或者客观的原因遗漏、隐瞒甚至篡改会计数据或者造假的情况时有发生，相对于会计账簿而言，作为会计账簿基础性资料的原始凭证造假难度较大，通过对原始凭证的查阅和验证，理论上可以更真实地反映公司的经营状况。[①] 笔者认同第二种观点，会计账簿并非“无源之水”、“无本之木”，而是依据原始会计凭证制作，只有赋予股东查阅原始凭证的权利，股东才可能了解公司真实的运营状况。从某种程度上说，会计造假行为越猖獗，股东知情权实现的可能性越小，查阅原始凭证的必要性就越强。因此，查阅原始凭证在我国目前会计造假现象泛滥的社会背景中更具价值。故应从股东知情权的立法目的出发，对《公司法》法条中的“会计账簿”做扩充性解释，应包括各种原始凭证。本案中，原告在申请查阅各项会议决议、财务会计报告之外，还可申请查阅原始凭证，查阅原始凭证较之单纯查阅会计报告，更有助于原告充分了解公司经营状况，被告某物业公司并无证据证明李某要求查阅原始凭证有可能损害公司利益或者侵害公司商业秘密，故原告将原始凭证涵盖在知情权的行使范围中，应属合理。

（四）何为正当目的

《公司法》对于“正当目的”并无定义，这种留白的规定方式或许是基于想给具体法律适用保留更多的弹性空间，但也给司法实践带来一些适用上的矛盾和纠结。学界在这方面更加注重对境外立法的借鉴性研究，较为推崇三种处理方式：其一，区分不同的文件，认为有些需要证明正当目的，有些无须证明，[②] 以美国《特拉华州普通公司法》为代表。其二，规定正当利益的判定标准。例如，美国

---

① 赵旭东：《新旧公司法比较分析》，人民法院出版社 2005 年版，第 207 页。

② Lawrence A. Hanmermesh, An Essay on the limits of civil liability of corporate directors and the role of shareholders inspection rights, 转引自胡天野：《公司法律裁判》，法律出版社 2012 年版，第 403 页。

《修正标准商事公司法》规定，正当目的应当同时符合三个要件：股东是为了适当的目的而提出查阅账簿的，是善意的；股东合理地、具体地阐明了他查阅公司会计账簿和记录的目的；所查阅的记录同股东所欲达到的目的具有直接关系。[①] 其三，通过规定不正当目的来界定正当目的的范围。例如，《日本公司法》规定了对于妨碍公司业务、存在同业竞争、两年内曾有过向第三人通报信息获利等情况，公司可以拒绝股东的权利行使请求。[②] 笔者认为，股东知情权行使的一般原则是股东的权利行使不应泄露公司的商业秘密，不得影响公司的运营效率，不得损害公司利益等，反之则应视为目的不当。在具体裁判中，应当从如下方面进行考量：首先，当股东行使知情权时，应推定其目的是正当的；其次，如果公司认为股东目的不当，应承担举证责任；最后，针对公司的举证，股东亦可主动证明其目的的正当性以反驳公司的举证。

本案中，李某以关心某物业公司发展为由，要求查阅公司材料。某物业公司答辩认为李某成立同业竞争公司，其查阅公司材料具有不正当目的，但对其该项答辩主张并未能提供证据予以证明，不应予以采信。

（五）查阅权行使是否适用诉讼时效

本案中被告认为原告于2014年起诉要求查阅公司2004年至今的公司材料，其中2012年之前的公司材料已过两年诉讼时效，法院据此不应支持其诉讼请求。关于知情权诉讼的时效问题，主要有三种观点：第一种为连续状态说，认为如果公司从未向股东提供过相关信息，则应认为公司对股东知情权的侵犯是一种连续状态，其诉讼时效应从侵权行为终了之日起算，即该观点认为知情权诉讼应

---

① 《美国示范商事公司法》第十六章第二节，转引自沈四宝编译：《最新美国标准公司法》，法律出版社2006年版，第237–238页。

② 《日本公司法》第四百三十三条，转引自王保树主编：《最新日本公司法》，于敏、杨东译，法律出版社2006年版，第246–247页。

适用诉讼时效，但主张应以诉讼时效未过为由驳回被告关于诉讼时效的答辩。第二种为普通诉讼时效说，但对于知情权行使起点有不同意见。有意见认为知情权的行使起点应为财务年度终了之时，自此2年内未行使，视为超过诉讼时效；① 另有意见认为诉讼时效从股东对其利益受损产生合理怀疑之日起算。② 第三种为不适用说，认为股东知情权具有身份性质，不受诉讼时效规定的限制。③ 笔者同意第三种观点，诉讼时效适用于债权请求权，而股东知情权并不是一项债权请求权，就其性质而言，“这种权利既不是民法通常意义上的支配权，也不是权利人请求一定给付或履行，而是一种参与权、管理权，是由形成权的一种转化成的权能，人们通过自己的法律行为的意识对其他权利主体产生影响，或者是参与这种影响的实施”。④ 故原告要求行使股东知情权不应受诉讼时效制度限制，原告有权查阅物业公司两年前的材料。

综上所述，笔者认为，股东知情权应为行权时持有公司股权的股东的固有权利，其权利行使不能被公司章程排除，亦不受诉讼时效限制。其行权对象涵盖公司历史材料，包括原始凭证在内。股东有权委托专业人员代理行使权利。公司对股东的行使权利请求不应拒绝，除非能证明股东有不正当目的。故本案中，原告李某的诉讼请求应当得到支持。

编写人：刘　军* 　舒　翔**

---

① 吴庆宝：《公司纠纷裁判标准规范》，人民法院出版社2009年版，第132页。

② 蒋大兴：《超越股东知情权诉讼的司法困境》，载《法学》2005年第2期，第124－125页。

③ 吴越：《公司法先例初探》，法律出版社2008年版，第133页。

④ ［德］卡尔·拉伦茨：《德国民法通论》，谢怀栻译，法律出版社2003年版，第289页。

* 刘军，北京市丰台区人民法院未成年人案件审判庭庭长，中国政法大学法学学士。

** 舒翔，北京市丰台区人民法院民二庭法官，中国政法大学民商法学硕士。

未通知全体股东参会而形成的股东会决议原则上应认定无效

——侯某诉北京某文化传播有限公司股东会决议效力确认纠纷案

一、首部

（一）案由

公司决议撤销纠纷。

（二）诉讼双方

原告：侯某。

委托代理人：陈某，律师。

被告：北京某文化传播有限公司（以下简称文化传播公司）。

法定代表人：李某某，文化传播公司董事长。

委托代理人：谢某，律师。

（三）审级

一审。

（四）审判机关和审判组织

一审法院：北京市丰台区人民法院。

合议庭组成人员：审判长，罗红斌；人民陪审员，谢翠霞、刘淑玲。

二、诉辩主张

（一）原告诉称

侯某系被告股东，担任执行董事。2011 年 2 月，被告在未通知侯某的情况下，召开股东会并作出决议，免去原告执行董事职务。被告的行为侵害了原告的合法权益，请求法院依法确认被告 2011 年 2 月所做的第一届第二次股东会决议无效。

（二）被告辩称

不同意原告的诉讼请求。被告按照章程规定，在股东会召开 15 天前电话通知了侯某。而且，股东会以三分之二的有效表决通过了股东会决议。被告的第一届第二次股东会完全符合法律关于程序和内容的规定，所作的决议合法有效。

三、事实和证据

北京市丰台区人民法院经公开审理查明：2009 年 11 月，侯某与李某某（被告公司法定代表人）出资设立文化传播公司。该公司章程载明：公司注册资本为 3 万元，侯某出资 1 万元，李某某出资 2 万元；股东为侯某和李某某；股东会由全体股东组成，是公司的权力机构，有权选举和更换非由职工代表担任的执行董事、监事；股东会会议由股东按照出资比例行使表决权；召开股东会会议，应当于会议召开 15 日前通知全体股东。2011 年 2 月，在未通知侯某参会的情况下，文化传播公司召开第一届第二次股东会会议，决议如下：1. 同意免去侯某的执行董事职务；2. 同意免去李某某的监事职务；3. 同意解聘侯某的经理职务；4. 同意选举李某某担任公司执行董事职务；5. 同意选举侯某担任公司监事职务；6. 同意聘用李某某为公司经理。现文化传播公司法定代表人为李某某。另查，2012 年 8 月，北京法源司法科学证据鉴定中心出具司法鉴定文书，认定《文化传播公司第一届第二次股东会决议》上的“侯某”签名字迹与鉴定样本上的“侯某”签名字迹不是同一人所写。

上述事实，有原告侯某提供的公司章程、股东会决议，本院委托北京法源司法科学证据鉴定中心作出的司法鉴定文书及当事人陈述等在案佐证。

四、判案理由

北京市丰台区人民法院经审理认为：根据《民法通则》第五十五条的规定，意思表示真实系民事法律行为应当具备的条件之一。文化传播公司于 2011 年 2 月形成的股东会决议上有李某某和侯某的签字，但侯某否认本人参加过会议及在股东会决议上签字，司法鉴定文书亦显示股东决议上的签名字迹并非侯某本人的签名字迹，而文化传播公司并未举证证明侯某曾授权他人代为参加会议及签字。因此，该股东会决议并非侯某的真实意思表示，该决议的形成不符合民事法律行为生效的条件。同时，股东会决议本属于公司股东自治内容，而文化传播公司于 2011 年 2 月形成的股东会决议变更了侯某的相关职务，干涉了侯某依照自己的真实意思对其他表决事项发表意见的权利，亦侵害了侯某的股东权益。故文化传播公司于 2011 年 2 月形成的股东会决议应认定为无效。侯某要求确认该股东会决议无效的诉讼请求，有事实和法律依据，本院予以支持。

五、定案结论

北京市丰台区人民法院依照《民法通则》第五十五条第二款，《公司法》第二十二条第一款，《民事诉讼法》第一百三十条之规定，判决如下：

确认北京某文化传播有限公司于二〇一一年二月所作的第一届第二次股东会决议无效。

一审判决后，双方当事人均未提起上诉，本案现已生效。

六、解说

本案的争议焦点是，在未通知股东侯某参加股东会的情形下，文化传播公司召开股东会形成的股东会决议是否成立且有效。本质上要解决的问题是，在漏通知或未通知全部股东参加股东会的情形下，该会议所形成的决议之法律性质和法律效果应当如何认定。现结合本案予以分析。

（一）两种不同的裁判思路和定案意见

具体到本案，对文化传播公司未通知股东侯某参加股东会所形成的决议是否有效，存在两种截然不同的意见。

第一种意见认为，决议合法有效，驳回原告诉讼请求。主要理由是：本案中，未通知股东侯某参会，应属于股东会会议召集程序上的瑕疵。对于程序瑕疵，根据《公司法》的规定，股东应自决议作出之日起60日内请求人民法院撤销。目前，侯某并未在上述期间内提起诉讼，视为其对撤销权的放弃。同时，本案中虽然侯某没有被通知参加股东会，但是参会的股东本身已拥有公司三分之二以上的表决权。所以，无论侯某参不参会，决议结果都不会有所改变，不能仅因未通知其参加会议就轻易否定决议内容。此外，侯某并未举证证明涉案股东决议内容违反了法律、行政法规的规定。综上，侯某要求确认涉案股东会决议无效的请求缺乏事实和法律依据，不应予以支持。

第二种意见认为，决议未成立，判决确认无效。主要理由是：本案中，根据《公司法》和涉案公司的《公司章程》规定，公司召开股东会议，应当于会议召开15日前通知全体股东。被告公司在未通知原告侯某的情况下，由另一股东李某某独自形成的文化传播公司《第一届第二次股东会决议》，应定性为股东李某某个人的意思表示，并不是被告公司的股东会决议。因为，股东侯某并不知道股东会的召集事宜，“决议”上仅有李某某一人的真正签字，事后侯某对该决议也不予认可，应认定侯某未对该决议内容作出任何意思表示。所以，尽管在程序上确实已有代表公司三分之二以上表决权的股东通过决议事项，但并不能在形式和外观上认定被告公司有召开股东会的事实，仅能表明涉案决议自始至终是另一股东李某某的单方意思表示，而非股东会形成的有效决议。李某某单方作出的免去原告职务等内容的意思表示，显然是对原告侯某合法权益的侵害，原告要求确认该决议无效的诉讼请求应当予以支持。

（二）法院最终裁判意见的法理分析

本案中，法院最终以第二种意见为准支持了原告的诉讼请求，判决确认决议无效。其内在的逻辑理由主要有四点：

1. 接收股东会的召集通知是股东的固有权利

股东会是由全体股东组成的公司最高权力机构，持有任何数额和性质的股权的股东都是股东大会的当然成员，这是股东主权原则的体现。[①] 基于股东身份，全体股东均拥有股东会的出席权。[②] 依据受法律强制的程度不同，股东权可分为固有权和非固有权。固有权又称法定股东权，与股东的地位紧密相连，自股东取得股东地位之日起当然取得，不仰赖公司章程、股东（大）会决议或董事会决议授予，未经股东同意，也不得剥夺或限制。[③] 表决权是股东的固有权之一，[④] 是股东所享有的少有的实质性、主动性权利，是股东联系公司所有与公司经营关系的桥梁，是股东控制公司的重要途

---

① 李建伟：《公司法学》，中国人民大学出版社 2008 年版，第 359 页；施天涛：《公司法论》，法律出版社 2005 年版，第 374 页；周友苏：《新公司法论》，法律出版社 2006 年版，第 314 页。

② 李建伟：《公司法学》，中国人民大学出版社 2008 年版，第 368 页；周友苏：《新公司法论》，法律出版社 2006 年版，第 314 页。

③ 刘俊海：《股份有限公司股东权的保护》，法律出版社 2004 年版，第 55 页。

④ 施天涛：《公司法论》，法律出版社 2005 年版，第 300 页；刘俊海：《股份有限公司股东权的保护》，法律出版社 2004 年版，第 252 页。

径。股东会则是股东行使表决权的唯一平台,[①] 股东可以在股东会上以行使表决权的方式将自己的内心意愿转化为法律上的意思表示。也就是说，表决权的行使以股东出席股东会为前提。由此可以确定，接收股东会的召开通知也应是股东的固有权，会议通知对象应当包括全体股东（公司持有自己股份的除外)。[②] 本案中，被告无正当理由不通知原告召开股东会的事宜，本身构成对原告股东固有权的侵害，理应作出否定性评价，不能以原告是否参会对决议结果无实质影响来变相剥夺原告股东的固有权利。

2. 所有股东都被召集是“多数决”合理性的基础所在

股东大会决议是股东会就提请会议审议的事项，依法定程序表决形成的决议。在性质上，属于团体法律行为，适用集体决策机制中的“多数决”规则,[③] 即集体中的每一成员根据自己的意思单独行使表决权，依据多数派意见形成集体意思。[④] 多数决之基础性在于所有的股东都被召集，只有向全体股东都发出了召集通知才足以保证所有表决权的行使机会，才能确保多数决之基数是由所有愿意行使的表决权数构成。在此前提下，方能说明股东大会决议之多数

---

① 虽然根据《公司法》第三十七条的规定，股东对决定公司的经营方针和投资计划，选举和更换非由职工代表担任的董事、监事，决定有关董事、监事的报酬等事项，以书面形式一致表示同意的，可以不召开股东会会议，直接作出决定，并由全体股东在决定文件上签名、盖章。但是，其只是出于决策效率的考虑而省略了股东会这一会议形式，本质上股东行使权利的平台仍是股东会，股东个人意思表示最终得以体现的前提也是要通过股东会。

② 李建伟:《公司法学》，中国人民大学出版社 2008 年版，第 364 -365 页。

③ 李建伟:《公司法学》，中国人民大学出版社 2008 年版，第 375 页；施天涛:《公司法论》，法律出版社 2005 年版，第 375 页；刘俊海:《股份有限公司股东权的保护》，法律出版社 2004 年版，第 299 -300 页；韦姣娇:《股东会决议不成立探究》，载中国优秀硕士学位论文全文数据库；邸岚:《股东大会决议制度研究》，载中国优秀硕士学位论文全文数据库；张佳璐:《股东大会决议瑕疵及其法律规制研究》，载中国优秀硕士学位论文全文数据库。

④ 李建伟:《公司法学》，中国人民大学出版社 2008 年版，第 375 页；施天涛:《公司法论》，法律出版社 2005 年版，第 375 页。

决成立的要件适用是正当的。如果公司向所有股东均履行了正当的股东（大）会会议通知程序，但是出席行使表决权者仍寥寥无几，即大部分拥有表决权的股东都愿意放弃行使权利，都默许他人之行使结果对自己的约束力时，该决议存在的正当性不容否认，否则其正当性将受到挑战。[①] 同时，法律无法衡量未被通知者若出席会议，他的信息、言论、关系、能力等会对决议产生何种影响。本案中，由于侯某未被通知参加股东会，所以股东会多数决的正当性基础就已经丧失，即使另一股东李某某的股权（表决权）已达三分之二以上，仍不能成立有效决议。

3．通知全部股东参会是成立股东会决议的基本要件

股东会决议成立的要件有：（1）会议召集的事实；（2）具备会议召集程序要件，包括由召集权人召集，向全体股东发出召集通知；决议事项限于会议通知事项；（3）具备决议程序要件，即符合出席法定数要求，达到法定表决权数，符合团体法律行为之逻辑。唯有同时满足上述条件，才能认定股东会决议成立，否则将不能认定其是公司合法意思机关作出的合法意思表示，决议不能成立。如此，决议不成立的类型包括：根本未召开会议而伪造的“决议”，显然无召集权人召集会议作出的“决议”，故意未通知全体股东而召开的会议作出的“决议”，就召集通知未列明的事项作出的“决议”，从形式上看未达到法定的表决权数而当场未获得通过的“决议”。[②] 所以，“向全体股东发出召集通知”是股东会决议成立的要件之一，是确认股东的集会被认为是股东（大）会而非“部分股东私人聚会”的基本外观要件。缺少这一要件，就是对股东会决议形成之最低限度的超越，当然不能成立所谓的“股东会决议”。具体到本案，被告公司未通知股东侯某参会，那么单独由李某某组织、召开的“会议”就无法认定为公司行为，而应

---

① 钱玉林：《股东大会决议瑕疵研究》，法律出版社2005年版，第97页。

② 李建伟：《公司法学》，中国人民大学出版社2008年版，第378－379页。

当视为李某某的私人行为，其所形成的“决议”仅代表其个人意思表示，而非公司决议，显然对公司和其他股东不产生效力。

4. 知晓会议召开事宜是股东行使决议异议权的前提

根据我国《公司法》的相关规定，股东请求撤销股东会决议的，应自股东会决议作出之日起60日内向人民法院提起诉讼；请求公司回购股权，但自股东会决议通过之日起60日内股东与公司不能达成股权收购协议的，股东可以自股东会决议通过之日起90日内向人民法院提起诉讼。如果认定未通知全体股东参加股东会的情形下所形成的“决议”已经成立且合法有效，或者已经成立但具有可撤销的程序瑕疵，那么，在未被通知参加股东会的股东根本就不知道所谓的“决议”内容时，股东会决议异议权的设置在一定程度上对其而言就是毫无意义的。因为，在其不知道会议召开的前提下，其很难在法定期限内对决议提起异议。所以，未向全体股东发出股东会召集通知的股东会，根本不能成立“股东会决议”，也不能适用《公司法》关于股东对会议决议异议权的条款。当然，若因股东自身原因导致在召集对象上存在瑕疵，如提供虚假的姓名、地址或住所变更未及时告知公司等，那么公司可以免责，股东亦不得据此主张股东大会决议不成立。本案中，非因侯某个人原因导致其不知晓股东会召开事宜，所以当然不能适用《公司法》第二十二条第二款之规定要求侯某在涉案决议作出之日起60日内提起撤销诉讼，而是应当直接认定涉案决议根本未成立、不生效。

综上，我们认为法院的判决结果是正确的，即在漏通知或者未通知公司全体股东参会的情形下，所形成的股东会决议未成立，不发生法律效力，但因股东个人原因导致公司无法通知到位的情形除外。

编写人：王建中* 王艳华**

---

* 王建中，北京市丰台区人民法院婚姻家庭案件审判庭庭长，中国政法大学法学学士。

** 王艳华，北京市丰台区人民法院研究室副主任，中国政法大学民商法学硕士。

公司未经股东会决议为股东提供担保的效力

——杜某诉李某某、上海某投资管理有限公司、上海某甲投资合伙企业（有限合伙）、上海某乙投资合伙企业（有限合伙）股权转让纠纷案

一、首部

（一）案由

股权转让纠纷。

（二）诉讼双方

原告：杜某。

委托代理人：汤某，律师。

委托代理人：马某某，律师。

被告：李某某。

被告：上海某投资管理有限公司（以下简称某投资公司）。

法定代表人：李某，某投资公司总经理。

被告：上海某甲投资合伙企业（有限合伙）（以下简称甲合伙企业）。

执行事务合伙人：上海某投资管理有限公司。

被告：上海某乙投资合伙企业（有限合伙）（以下简称乙合伙企业）。

执行事务合伙人：上海某投资管理有限公司。

四被告共同委托代理人：史某某，律师。

四被告共同委托代理人：魏某某，实习律师。

（三）审级

一审。

（四）审判机关和审判组织

审判机关：北京市丰台区人民法院。

合议庭组成人员：审判长，俞凯欣；人民陪审员，申艳丰、曹旭亮。

二、诉辩主张

（一）原告诉称

原告与齐某某、杨某某原系被告某投资公司的股东，2012 年 5 月 12 日，某投资公司召开股东会并形成决议，内容为原告、齐某某、杨某某将三人持有的某投资公司的股份及其下设合伙企业份额以 150 万元的对价转让给被告李某某。此后，齐某某、杨某某授权原告代为收取、合法持有、任意处置并签署与 150 万元转让款有关的一切法律文件。后因李某某未及时向原告支付上述转让款，2012 年 7 月 20 日，原告与被告某投资公司、甲合伙企业、乙合伙企业签订了《担保协议》，协议约定三被告就李某某应向原告支付的 150 万元股权及合伙企业份额转让款承担连带保证责任。目前原告、齐某某、杨某某已将股权及合伙企业份额过户至李某某名下，但李某某始终未向原告支付转让款，另外三被告亦未承担保证责任，故原告诉至法院，请求判令：1. 李某某向原告支付转让款 150 万元及一审律师费 1.5 万元；2. 某投资公司、甲合伙企业、乙合伙企业对李某某上述债务承担连带保证责任；3. 本案诉讼费用由四被告共同承担。

（二）被告辩称

被告李某某辩称：不同意原告的诉讼请求。股东会决议只是说从公司相关项目的收益中优先支付或保障支付，并非我方直接向原告支付150万元。

被告某投资公司、甲合伙企业、乙合伙企业共同辩称：同李某某答辩意见一致，如果李某某不承担付款责任，我方也不需要承担保证责任。

三、事实和证据

北京市丰台区人民法院经公开审理查明：2012年5月12日，某投资公司召开股东会，会议记录载明："本会议记录所述某投资公司包括下设甲合伙企业、乙合伙企业、丙合伙企业、丁合伙企业、戊合伙企业；杜某、齐某某、杨某某所持某投资公司股份及其下设合伙企业份额归属李某某，以打包形式转让，打包转让的对价由李某某向杜某（杜某代齐某某、杨某某）支付150万元人民币。"

2012年6月8日，某投资公司向工商部门申请变更（备案）登记，股东由李某某、杨某某、齐某某、杜某申请变更为李某某、何某某。2012年7月20日，甲合伙企业向工商部门申请变更登记，有限合伙人由景某、李某某、杜某、齐某某、杨某某申请变更为景某、李某某（普通合伙人为某投资公司不变）。同日，乙合伙企业向工商部门申请变更登记，有限合伙人由景某、李某某、杜某、杨某某、齐某某、匡某申请变更为景某、李某某、匡某（普通合伙人为某投资公司不变）。

2012年7月20日，杜某（甲方）与某投资公司（乙方）、甲合伙企业（丙方）、乙合伙企业（丁方）签订《担保协议》，该协议约定："根据于2012年5月12日某投资公司股东会会议记录内容，齐某某、杨某某、甲方将持有的某投资公司股份及下设合伙企业份额转让给李某某，李某某应向齐某某、杨某某、甲方支付共计150万元股权对价款；齐某某、杨某某授权甲方代为收取、合法持有及处置该150万元股权转让款，并有权签署一切有关合法文件及办理相关法律手续；乙方、丙方、丁方愿为李某某支付150万元股权及份额对价款提供保证；担保方式为连带责任保证，乙方、丙方、丁方就全部被担保债务向甲方承担连带责任。”此外，杜某向本院提交了齐某某和杨某某出具的授权委托书各一份，内容为：“本人授权杜某代表本人向李某某及其担保人提起诉讼，杜某有权以其自身名义处理与诉讼有关的一切事宜，有权收取并处置执行财产。”

以上事实，有原告杜某提供的股东会会议记录、担保协议、授权委托书、某投资公司、甲合伙企业、乙合伙企业的工商档案材料及双方当事人陈述等在案佐证。

四、判案理由

北京市丰台区人民法院经审理认为：杜某提供的2012年5月12日股东会会议记录中写明“杜某、齐某某、杨某某所持某投资公司股份及其下设合伙企业份额归属李某某，以打包形式转让，打包转让的对价由李某某向杜某（杜某代齐某某、杨某某）支付价格150万元人民币”，齐某某、杨某某亦向杜某出具了授权委托书，故可以认定双方就转让某投资公司的股权以及转让甲合伙企业和乙合伙企业的份额达成了合意，打包转让的对价为150万元。杜某要求李某某向其支付150万元转让款的诉讼请求理由正当，本院予以支持。但杜某要求李某某支付律师费1.5万元的诉讼请求，因双方在股东会会议记录中并未对此进行明确约定，故该诉讼请求依据不足，本院不予支持。

关于杜某要求甲合伙企业、乙合伙企业对上述150万元转让款承担连带保证责任的诉讼请求，本院认为：《合伙企业法》第三十一条规定：“除合伙协议另有约定外，合伙企业的下列事项应当经全体合伙人一致同意……（五）以合伙企业名义为他人提供担保”，本案中，甲合伙企业向工商部门申请变更登记、乙合伙企业向工商部门申请变更登记，以及涉案《担保协议》的签订时间均为2012年7月20日，因此，杜某不能认定为善意第三人，李某某作为甲合伙企业、乙合伙企业的有限合伙人，甲合伙企业、乙合伙企业为其提供担保，应当经全体合伙人一致同意，杜某对此亦应知情，现双方均未提供相应证据证明涉案《担保协议》的签订经过了全体合伙人一致同意，故各方在《担保协议》中关于甲合伙企业、乙合伙企业为李某某上述150万元转让款提供连带保证责任的相关内容无效。

关于杜某要求某投资公司对上述150万元转让款承担连带保证责任的诉讼请求，本院认为：虽然《公司法》第十六条规定：“公司为公司股东或者实际控制人提供担保的，必须经股东会或者股东大会决议。前款规定的股东或者受前款规定的实际控制人支配的股东，不得参加前款规定事项的表决。该项表决由出席会议的其他股东所持表决权的过半数通过”，但本案中，涉案《担保协议》的签订时间为2012年7月20日，某投资公司于2012年6月8日已向工商部门申请变更（备案）登记，股东由杨某某、李某某、齐某某、杜某申请变更为李某某、何某某，因此，杜某在签订《担保协议》时已非某投资公司的股东，应属于善意第三人，不宜根据《公司法》第十六条的规定认定各方在《担保协议》中关于某投资公司为李某某上述150万元转让款提供连带保证责任的相关内容无效。故杜某该部分诉讼请求理由正当，本院予以支持。某投资公司在承担连带保证责任后，有权向李某某追偿。

五、定案结论

北京市丰台区人民法院依照《公司法》第七十二条，《合伙企业法》第三十一条，《合同法》第五十二条第（五）项，《担保法》第五十七条，作出如下判决：

1. 李某某于本判决生效之日起十日内给付杜某转让款一百五十万元；

2. 上海某投资管理有限公司对李某某上述债务承担连带保证责任；

3. 上海某投资管理有限公司承担连带保证责任后，有权向李某某追偿；

4. 驳回杜某的其他诉讼请求。

六、解说

（一）公司未经股东会决议为股东提供担保的效力

《公司法》第十六条第二款规定："公司为公司股东或者实际控制人提供担保的，必须经股东会或者股东大会决议"，但是对于公司未经股东会或者股东大会决议为股东或实际控制人提供担保而签订的担保协议的效力如何认定却没有明确规定。针对此问题，理论界和实务界存在不同观点，主要观点有以下几种：

1. 协议无效

该种观点认为：根据《合同法》第五十二条第（五）项的规定，合同因违反法律、行政法规的强制性规定而无效。《公司法》第十六条第二款的规定即属于强制性规定，公司为股东或实际控制人提供担保前，必须经过股东会或者股东大会决议，且法律的规定对任何人均应视为明知，故债权人在接受公司提供的担保前，有义务审查公司针对担保事项所作出的股东会决议，此为债权人所应尽的基本注意义务。因此，若债权人未履行此注意义务而与公司签订担保协议，该担保协议即为无效。

公司为部分股东或实际控制人提供担保，使公司资产处于将来可能承担责任的不确定性中，如果未经其他股东决议，既损害了其他股东对于公司事务的参与权、决定权，也很有可能在未来损害其他股东的财产权，因此该种观点在一定程度上维护了其他股东对于公司所享有的社员权，但不足之处在于忽略了《公司法》第十六条第二款本身的属性。《合同法司法解释二》第十四条中已经明确规定："合同法第五十二条第（五）项规定的'强制性规定'，是指效力性强制性规定。"2009年7月7日出台的《最高人民法院关于当前形势下审理民商事合同纠纷案件若干问题的指导意见》中也明确要求："人民法院应当注意根据《合同法司法解释二》第十四条之规定，注意区分效力性强制规定和管理性强制规定。违反效力性强制规定的，人民法院应当认定合同无效；违反管理性强制规定的，人民法院应当根据具体情形认定其效力。"而对于如何区分效力性强制规定和管理性强制规定，王利明教授认为，"法律法规虽没有明确规定违反禁止性规定将导致合同无效或不成立，违反该规定以后若使合同继续有效并不损害国家利益和社会公共利益，而只是损害当事人的利益，在这种情况下，该规范就不应属于效力规范，而是管理规范"。[①] 如果据此分析，《公司法》第十六条第二款强调的是公司为股东或者实际控制人提供担保前的内部审议程序，是关于公司内部控制管理的规定，符合管理规范的性质。

2. 协议成立但未生效

该种观点认为：公司提供担保未履行《公司法》第十六条规定的公司内部决议程序，或者违反公司章程规定的，应认定担保合同未生效，由公司承担缔约过失责任。担保权人不能证明其尽到充分注意义务的，亦应承担相应的缔约过失责任。

该种观点将《公司法》第十六条第二款理解为担保协议生效的必要条件，在一定程度上维护了债权人的信赖利益，如果担保协议签订后，公司通过内部决议程序追认其效力，则可以认定担保协议有效。但该种观点的不足之处在于：第一，欠缺明确的法律依据。对于合同成立与生效之间的关系，《合同法》第四十四条规定，"依法成立的合同，自成立时生效"，第四十五条规定，"当事人对合同的效力可以约定附条件。附生效条件的合同，自条件成就

① 王利明：《论无效合同的判断标准》，载《法律适用》2012年第7期，第7页。

时生效”。由此可见，合同的生效条件应当属于当事人约定事项，而不宜由司法机关直接予以确定。第二，缔约过失责任的承担方式难以界定。公司对外担保，即债权人可以要求公司对债务人的债务承担担保责任，如果认定担保协议未生效，则无法要求公司为债权人的损失承担担保责任，对于担保协议被确认无效后的处理，《担保法司法解释》第七条中有明确规定，即“主合同有效而担保合同无效，债权人无过错的，担保人与债务人对主合同债权人的经济损失，承担连带赔偿责任；债权人、担保人有过错的，担保人承担民事责任的部分，不应超过债务人不能清偿部分的二分之一”。但如果公司承担的是缔约过失责任，是否能理解为公司向债权人支付一定款项作为赔偿，难以界定，也缺乏明确的法律依据。

3．协议有效

该种观点认为:《公司法》第十六条第二款的立法本意在于防止公司大股东或实际控制人损害公司、其他小股东、其他债权人的利益，强调的是公司为股东或者实际控制人提供担保前的内部审议程序，实质为内部控制程序，但不能以此约束交易相对人。该规定虽然是强制性规范，但符合管理规范的性质，因此属于管理性强制性规范，而非效力性强制性规范，不应以此作为评价担保协议效力的依据。因此，即使公司签订的担保协议未经股东会决议，担保协议仍然有效。

该种观点对债权人的注意义务不再加以要求，能够有效遏制公司动辄以未经股东会决议为由主张担保协议无效的不诚信行为，维护了交易效率与交易安全，实践中也有越来越多的判例采纳该种观点。但笔者认为该种观点仍有不足之处，即对于担保协议所担保的主债权的具体类型未进行区分，忽略了某些特殊情况下对债权人的基本注意义务的要求。

4．协议有效，但恶意串通的担保协议无效

该种观点认为:《公司法》第十六条第二款属于管理性强制性规范，如果担保协议仅仅违反了该条规定，不应依据《合同法》

第五十二条第（五）项即“违反法律、行政法规的强制性规定”而认定担保协议无效。但是，若存在公司与债权人恶意串通的情况，可以依据《合同法》第五十二条第（二）项即“恶意串通，损害国家、集体或者第三人利益”而认定担保协议无效。笔者同意此种观点。

恶意串通，顾名思义，应当同时存在“恶意”和“串通”两个要素。笔者认为，在如下两种情况下，应当要求债权人在签订担保协议前承担相应的注意义务，如果债权人未履行此项注意义务，则可以认定构成“恶意串通”：第一，上市公司对外提供担保的。上市公司未经股东大会决议便对外提供担保，属于重大违规行为，侵害了众多投资者的权益，因此债权人必须审查公司签订担保协议前是否经过股东大会决议。第二，公司为股东之间相互转让股权的股权转让款提供担保的。如果公司存在三名以上股东，公司为债务人股东向债权人股东提供担保，显然，公司、债权人股东、债务人股东对于公司提供担保未经其他股东同意均系明知，明显侵犯了其他股东的合法权益，主观恶意更重，应认定担保协议无效。

（二）针对本案的分析

本案中，对于上海某投资管理有限公司为李某某向杜某提供担保是否应认定有效，曾有不同意见。一种意见认为：本案的情况即属于前述分析中公司为股东之间相互转让股权的股权转让款提供担保的情况，杜某与李某某曾同为上海某投资管理有限公司的股东，杜某对公司内部的相关章程应当知情，因此杜某、李某某与上海某投资管理有限公司之间构成恶意串通，应当认定无效。另一种意见认为：股权转让的时间是在2012年5月12日，上海某投资管理有限公司于2012年6月8日已向工商部门申请变更（备案）登记，股东由李某某、杨某某、齐某某、杜某申请变更为李某某、何某某，涉案《担保协议》的签订时间为2012年7月20日，因此，杜某在签订《担保协议》时已非上海某投资管理有限公司的股东，关于李某某和何某某对上海某投资管理有限公司向其提供担保是否进行了决议，杜某已非当然明知，基于维护债权人利益和商事行为效率的整体价值取向，公司为股东之间相互转让股权提供担保构成恶意串通，应以担保协议签订时各方仍均为公司股东为限。本案最终采纳了第二种观点，并未认定杜某、李某某与上海某投资管理有限公司之间构成恶意串通。

编写人：俞凯欣* 焦美杰**

* 俞凯欣，北京市丰台区人民法院民二庭法官，中国人民大学法律硕士。

** 焦美杰，北京市丰台区人民法院民二庭法官助理，中国政法大学法律硕士。

有限公司股份回购中主要财产的认定

——薛某诉某集团有限公司请求公司收购股份纠纷案

一、首部

（一）案由

请求公司收购股份纠纷。

（二）诉讼双方

原告（上诉人）：薛某。

委托代理人：齐某，律师。

被告（被上诉人）：某集团有限公司。

法定代表人：扈某某，某集团有限公司董事长。

委托代理人：陈某，律师。

委托代理人：张某，律师。

（三）审级

二审。

（四）审判机关和审判组织

一审法院：北京市丰台区人民法院。

合议庭组成人员：审判长，兰国红；审判员，杨培红；代理审判员，刘晔。

二审法院：北京市第二中级人民法院。

合议庭组成人员：审判长，李丽；代理审判员，蒙瑞、全奕颖。

二、一审诉辩主张

（一）原告诉称

原告系被告的股东，被告持有某医药有限公司60%的股份，是某医药有限公司的控股股东，被告每年的收益绝大部分是作为股东分红获得的收益，被告持有的某医药有限公司的股份系被告的主要财产。2010年12月13日，被告召开了临时股东会，临时股东会大部分股东同意将被告持有的某医药有限公司51%的股份按比例转让给被告的自然人股东，原告对此持有反对意见，并不同意该决议的内容。根据《公司法》第七十五条的规定，① 对转让公司主要财产的股东会决议投反对票的股东可以请求公司按照合理的价格收购其股权，故诉至法院，请求依法判令被告收购原告持有的被告9%的股权，并承担本案的诉讼费用。

（二）被告辩称

1. 原告没有在股东会会议决议通过之日起60日内提出回购要求或与公司进行协商，故原告无权起诉；2. 被告转让的股权并非被告主要财产；3. 涉案股东会会议决议并未损害原告权益，原告涉嫌恶意诉讼。

三、一审事实和证据

北京市丰台区人民法院经公开审理查明：2010年12月13日某集团有限公司章程约定：薛某等11人共同出资设立某集团有限公司，公司经营范围为销售医用高分子材料及制品、卫生材料及敷料、医用电子仪器设备、包装食品，自营和代理各类商品及技术的进出口业务等。公司注册资本为7128万元，其中薛某出资641.52万元，占出资总额的9%。

2009年10月12日某医药有限公司章程及2010年4月20日某

---

① 现为《公司法》第七十四条，下同。

医药有限公司章程修正案约定，某集团有限公司、薛某等共同出资设立某医药有限公司，公司经营范围包括销售中成药、化学药制剂、化学原料药、生化药品、医用高分子材料及制品、医用电子仪器设备、医用卫生材料及敷料等。公司注册资本为8000万元，其中某集团有限公司出资4800万元，占出资总额的60%。

2010年12月13日，某集团有限公司召开股东会会议，会议讨论通过变更二级公司股权投资的决议，即转让某集团有限公司持有的某医药有限公司51%的股权。薛某的委托代理人齐某在股东会决议上签字表示不同意该项决议，其余股东均表示同意。2011年1月26日，薛某通过EI42045××××CS号特快专递向某集团有限公司法定代表人扈某某发出股权回购请求函，要求某集团有限公司按照合理价格收购薛某本人所持有的某集团有限公司的全部股权。

另查，某集团有限公司2010年度审计报告记载：某集团有限公司资产合计1095090616.36元，营业收入1630384155.16元，归属于母公司所有者权益合计257314308.03元，归属于母公司所有者的净利润为26067512.54元；某医药有限公司2010年度审计报告记载：某医药有限公司资产总计786825028.49元，营业总收入1510795357.44元，归属于母公司所有者权益合计135438233.56元，归属于母公司所有者的净利润为32540217.30元。

以上事实，有某集团有限公司章程、某医药有限公司章程及其修正案、某集团有限公司股东出资名册、某集团有限公司股东会决议及会议纪要、认购要约签收单、股权回购请求函、某集团有限公司审计报告、某医药有限公司审计报告以及双方当事人陈述等在案佐证。

四、一审判案理由

北京市丰台区人民法院经审理认为：某集团有限公司系有限责任公司，基于某集团有限公司2010年12月13日的股东会决议，薛某及某集团有限公司均有权依据《公司法》第七十五条的相关规定主张权利。

结合双方当事人的事实主张及诉讼请求，法院认为本案的争议焦点在于某集团有限公司转让其持有的某医药有限公司51%的股权是否为某集团有限公司的主要财产。

对该争议焦点，法院认为，公司转让的财产是否为主要财产，取决于公司转让该财产是否影响了公司的正常经营和盈利，是否导致公司发生了根本性变化。只有该转让的财产构成主要财产的，原告方才能据此要求公司回购股权。而现有证据表明，某集团有限公司转让其持有的某医药有限公司51%股权的行为并未影响公司的正常经营和盈利，亦没有证据表明公司发生了根本性变化，故法院认为某集团有限公司转让其持有的某医药有限公司51%的股权不能视为某集团有限公司的主要财产。

五、一审定案结论

北京市丰台区人民法院依照《公司法》第七十五条、《民事诉讼法》第六十四条第一款的规定，判决如下：

驳回原告薛某的诉讼请求。

六、二审情况

（一）二审诉辩主张

1. 上诉人薛某上诉称

一审法院认定某集团有限公司持有的某医药有限公司51%股权不属于其主要财产，与事实不符。第一，转让某医药有限公司51%股权影响了某集团有限公司的正常经营和盈利。根据某集团有限公司、某医药有限公司2010年审计报告，某医药有限公司的经营收入、盈利分别占某集团有限公司的93%、125%，且如果转让某医药有限公司51%股权，某集团有限公司的营业收入只有原来的7%，由盈利3254万余元变为亏损647万余元。第二，一审法院以某集团有限公司经营范围在转让某医药有限公司51%股权后没有变化为由，认定某集团有限公司的正常经营没有发生根本变化，缺乏依据。第三，确定公司股权的价值，应当依据公司净资产或进行资产评估，而确定转让的资产是否属于公司主要财产，需要依据转让财产占公司财产的比例来衡量。第四，参照《上市公司重大资产重组管理办法》第十一条、第十三条之规定，可以认定某集团有限公司转让某医药有限公司51%股权的行为，属于转让主要财产的行为。薛某请求撤销一审判决，改判某集团有限公司收购薛某持有的某集团有限公司9%的股权。

2. 被上诉人某集团有限公司辩称

薛某提交的现有证据不足以证明某医药有限公司51%股权系某集团有限公司主要财产。薛某援引某集团有限公司及某医药有限公司2010年度合并财务报表明显不当，根据某集团有限公司、某医药有限公司2010年度财务报表相关数据无法认定某医药有限公司51%股权为某集团有限公司主要财产。薛某援引《上市公司重大资产重组管理办法》也缺乏相应的法律依据，某集团有限公司主要财产的认定标准应从严把握。某集团有限公司认为一审判决认定事实清楚，适用法律正确，请求二审法院维持原判，驳回薛某的上诉请求。

（二）二审事实和证据

二审法院认定事实和证据与一审法院认定一致。

（三）二审判案理由

北京市第二中级人民法院经审理认为：薛某主张某医药有限公司51%股权属于某集团有限公司主要财产，但并未提交充分证据加以证明，薛某亦不能证明其股东权益在转让后将受到损害，且转让某医药有限公司51%股权后，某集团有限公司的正常经营亦未发生根本性变化，故对其该项上诉主张，法院不予主持。综上，一审法院判决认定事实清楚，适用法律正确，处理并无不当，应予维持。

（四）二审定案结论

北京市第二中级人民法院依照《民事诉讼法》第一百五十三条第一款第（一）项之规定，作出如下判决：

驳回上诉，维持原判。

七、解说

本案是有限责任公司股东股权回购请求权的典型案例。从双方争议的焦点及审理情况来看，本案主要涉及在公司转让财产时，如何界定公司转让的财产为其主要财产的问题，只有构成主要财产，异议股东才能请求公司回购股权。而对于主要财产的界定，2013年修订前的《公司法》和修订后的《公司法》均未给出明确标准，故本案的讨论在当下仍有重大意义，下文按照现行《公司法》条文进行相应阐述。

（一）从量的维度界定主要财产

从数量的角度来看，转让的财产应当是价值占公司资产总额的比重较大的财产，即公司的重大资产，这是判断主要财产的基础。从《公司法》的条文来看，提到主要财产字样的条文仅有第七十四条，提到重大资产字样的有第一百零四条和第一百二十一条。其中，《公司法》第一百零四条规定："本法和公司章程规定公司转让、受让重大资产或者对外提供担保等事项必须经股东大会作出决议的，董事会应及时召集股东大会会议，由股东大会就上述事项进行表决。"从该条规定可以看出，《公司法》对于主要财产或者重大资产的数额标准或者价值的比重是授权公司章程自主规定的，但由于该标准并非公司章程的法定必要记载事项，如果公司章程未载明所谓重大资产或者主要财产的标准，则往往导致无所适从。另外，《公司法》第一百二十一条规定："上市公司在一年内购买、出售重大资产或者担保金额超过公司资产总额百分之三十的，应当由股东大会作出决议，并经出席会议的股东所持表决权的三分之二以上通过。"这是整部《公司法》中唯一一处可以借鉴作为界定

“重大资产”的规定，因此，从保持公司经营的稳定性来说，主要财产或者重大资产所占公司总资产的比例不应低于30%。

本案中，某集团有限公司转让的系其持有的某医药有限公司51%股权，股权的价值具有不确定性，需要参照公司净利润或根据证券市场的行情来确定，一般应当是资产扣除所承担负债后的利润即为股权所体现的现金价值。因此，在没有评估的情况下，某医药有限公司作为有限公司，其股权价值可以参照其公司的净利润来确定。根据审计报告，2010年度，某医药有限公司净利润为32540217.30元，该数额基本可以确定为某医药有限公司的股权价值。而该年度某集团有限公司的资产总额为1095090616.36元，51%的某医药有限公司股权价值仅占某集团有限公司资产总额的2%都不到，仅从数额上来说，不可能构成某集团有限公司的主要财产。

（二）从质的维度界定主要财产

从质的维度来看，转让的财产应当是影响公司存续基础的财产，这是判断主要财产的关键性因素，也就是说，该财产的转让将对公司生产经营产生重大影响，如公司因财产转让而无法维持营业或者不得不大幅度地缩减营业规模等。判断的标准可以从公司的经营范围和经营业务入手，如果公司转让该财产后，其持续的实质性商业活动受到不利影响，改变了公司的经营范围或者经营业务，甚至实质性地影响了公司设立之目的及公司存续，损害了公司和股东利益等，则该财产属于公司的主要财产。由于这种公司发生根本性变化的情形，系股东当初无法预料和控制的，且有可能导致股东的投资目的和期待利益落空，所以允许股东选择退出，请求公司回购股权；而如果该转让财产的行为属于公司的日常经营行为或者没有影响到公司的根本经营，且未损害股东的根本利益，则转让的财产并非主要财产，股东也无权要求公司回购股权。

本案中，某集团有限公司核准登记的经营范围为销售医用高分子材料及制品、卫生材料及敷料、医用电子仪器设备、包装食品，自营和代理各类商品及技术的进出口业务等。某集团有限公司转让其持有的某医药有限公司51%股权的行为并非某集团有限公司主营业务所涉范围，并未明显影响到公司的正常经营，亦未使其公司经营状况发生根本性的变化。另外，某集团有限公司是将51%的某医药有限公司股权转让给包括薛某在内的某集团有限公司的自然人股东，该转让行为未明显损害薛某的股东权益，因此，从该角度出发，薛某的主张亦无法得到法院的支持。

（三）异议股东股份回购请求权的制度价值

从我国《公司法》的立法本意来看，异议股东股份回购请求权制度的价值主要在于保护中小股东的利益，使异议股东能够以公平的价值补偿离开公司，不再受到多数决形成的决议的约束，是保护异议小股东权益的主要措施之一。但同时，我们也应当意识到，作为公司资本运作方式之一，股份回购最终的结局很有可能导致公司注册资本的减少，这与资本维持的信用原则相悖，资本的减少将会影响公司的履约能力、偿债能力、赔偿能力以及最终承担民事责任的能力等。因此，从维护资本信用及公司的长远发展来看，实践中，人民法院应当审慎处理异议股东请求公司收购股份的纠纷，要做到利益兼顾和平衡，既要保护少数中小股东的合法权益，又要促进公司的持续发展。

编写人：张英婷*　李宝乾**

* 张英婷，北京市丰台区人民法院民二庭庭长，中国政法大学法学硕士。

** 李宝乾，原北京市丰台区人民法院民二庭助理审判员。

被委派的高管人员利用职务犯罪时其他股东能否直接向委派方股东请求损害赔偿

——某石化公司诉某销售公司合同纠纷案

一、首部

（一）案由

合同纠纷。

（二）诉讼双方

原告：某石化公司。

法定代表人：刘某，某石化公司总经理。

委托代理人：江某某，律师。

被告：某销售公司。

法定代表人：安某某，某销售公司经理。

委托代理人：姜某某，某销售公司员工。

委托代理人：宋某，律师。

（三）审级

一审。

（四）审判机关和审判组织

审判机关：北京市丰台区人民法院。

合议庭组成人员：审判长，金滢；代理审判员，赵昭、俞凯欣。

二、诉辩主张

（一）原告诉称

2000 年 5 月 28 日，原告与被告共同成立合资公司廊坊公司，同年 6 月 6 日双方签订了《补充决议》，约定由被告指派财务管理人员和主要销售人员主导廊坊公司的经营管理，并专门约定了双方的违约责任。此后，被告指派的廊坊公司法定代表人乔某因挪用公款、受贿犯罪，财务管理负责人王乙因贪污公款犯罪，均被判处承担刑事责任。此后，廊坊公司因未年检被工商部门吊销营业执照。后经原、被告双方委托，廊坊某会计师事务所有限公司出具了《专项审计报告》，该报告反映被告存在挪用资金、违规增加支出、虚列支出等违约行为；另外，根据《补充决议》约定，被告应支付原告其他违约金 100 万元，赔偿股本金损失 200 万元。故原告诉至法院，要求：1. 被告支付原告利润减少违约金 4351518.63 元；2. 被告向原告支付其他违约金 100 万元；3. 被告向原告支付实际损失股本金 200 万元；4. 被告支付本案诉讼费。

（二）被告辩称

不同意原告诉讼请求。第一，原告主张的损失并不存在，且该损失性质并非其作为股东的直接损失，原告以股东身份直接起诉并要求被告承担赔偿责任的诉讼请求不能成立，即使原告主张的损失客观存在，亦应由造成损失的直接人员承担；第二，被告不存在违反《出资协议书》和《补充决议》的行为；第三，被告所派人员在廊坊公司具体经营中的违规、违法行为属于指派人员的个人行为，不属于被告滥用其股东权利的行为，廊坊公司高级管理人员因自身行为侵犯廊坊公司利益的，应由责任人自行负责；第四，被告对廊坊公司财务管理中的不当行为不承担任何责任，原告主张利润减少的违约责任于法无据；第五，原告否定廊坊公司的法人人格，直接主张被告为 2008 年之前廊坊公司财务管理中的不当行为承担责任，于法无据；第六，即使认定被告违约，原告依据《补充决议》中的违约条款“为实际应分得的利润乘以两倍”所计算的违约金数额，于法无据；第七，被告并不存在因严重违反国家法律、法规而给廊坊公司造成损失的行为，原告依据《补充决议》要求被告赔偿违约金100万元的主张没有依据；第八，被告不存在造成廊坊公司无法正常经营的主观故意，不应按照《补充决议》违约责任条款承担原告200万元股本金损失，且原告也未举证证明被告存在违反法律或廊坊公司章程的行为。

三、事实和证据

北京市丰台区人民法院经公开审理查明：2000年5月，某石化公司（甲方）与某销售公司（乙方）签订《出资协议书》约定，甲乙双方协商，签订出资额度及相关决议如下：甲乙双方一致商定共同出资500万元，在河北省廊坊市开发区组建廊坊公司；甲方出资200万元，占出资总额的40%，乙方出资300万元，占出资总额的60%；如股东单方违反此项规定及国家政策法律，给公司和股东造成了经济损失，应由责任方承担全部损失，并双倍赔偿无责任方；公司股东应对此规定共同监督，并分别承担相应责任等。

同年5月28日，廊坊公司召开了首次股东会议，形成了会议纪要，载明：“会议决定事项如下：……2. 本公司决定成立董事会，董事会由三人组成，其中共同选举乔某、刘某、王甲为公司董事，董事长、副董事长依廊坊公司章程的规定由董事会选举产生；3. 本公司决定设立监事一人，由股东代表担任，股东会选举产生；4. 选举荆某为公司监事；会议制定并通过了公司章程。某石化公司与某销售公司共同制定了廊坊公司章程。”

同日，廊坊公司召开首次董事会，并形成会议纪要，载明：“参加人员为乔某、刘某、王甲；主持人为乔某。决定事项如下：1. 选举乔某为董事长；2. 聘任刘某为公司总经理。”

同年6月6日，某石化公司与某销售公司形成了廊坊公司章程的《补充决议》，其中规定，载明：“……人员的聘用，因廊坊公司是国有控股公司，控股方某销售公司要指派财务管理人员和主要销售人员主导廊坊公司的经营管理，某石化公司也可向廊坊公司推荐有经验的销售人员；出资双方应认真遵守上述约定，任何一方违约，违约方应向守约方承担违约责任，违约责任赔偿的计算方式：1. 违约方因违反本约定给廊坊公司造成损失的，造成守约方实际应获利润减少，违约方应向守约方支付违约金；数额为守约方实际应分得的利润乘以两倍；2. 违约方因严重违反国家法律、法规的行为给廊坊公司造成损失的，应由违约方向守约方承担违约责任并支付违约金，违约金数额为100万元，如损失超过违约金的部分，另向守约方支付赔偿金，数额为实际损失部分；3. 因违约方的违约行为是主观上的故意，而造成廊坊公司无法正常经营以及守约方股本金的灭失，守约方有权选择终止廊坊公司的经营活动，违约方应向守约方承担违约责任，赔偿守约方含股本金在内的全部经济损失。”上述决议订立后，某销售公司依约向廊坊公司注资300万元，某石化公司亦依约注资200万元。

2000年6月15日，某销售公司出具证明一份，载明：经研究同意乔某、王甲两名同志到廊坊公司工作。

次日，某石化公司出具证明一份，载明：刘某、荆某两名同志是我单位正式职工，同意该两名同志到廊坊公司工作。

此后，经双方股东协商，廊坊公司于2000年9月18日制定《关于公司规章制度的补充说明》，规定：“全体股东及员工要认真遵守公司的各项规章制度，共同维护公司及股东的利益，如有员工违反公司的规定且给公司和股东造成损失的，应由负有责任的员工所属股东承担赔偿责任，股东违反规定造成损失的，由股东承担赔偿；违反国家法律、法规和公司的规定给公司及股东的利益带来损失，理应进行赔偿，赔偿的方式：1. 违约方给守约方实际应获利润造成减少的部分乘以两倍；2. 如确因违约行为是主观故意且又不承担赔偿责任的，应从违约行为发生的第二年起计算利息。”

此后，廊坊公司在经营中逐渐出现问题。2008 年 11 月 9 日，廊坊公司因未按照规定参加 2007 年度企业年检，被廊坊市工商行政管理局开发区分局吊销营业执照。2009 年 7 月 2 日，生效刑事判决书认定：王乙在担任某销售公司财务处处长、廊坊公司财务负责人期间……其行为构成贪污罪。2009 年 11 月 25 日，生效刑事判决书认定：乔某在担任某销售公司经理、廊坊公司经理期间……其行为已构成挪用公款罪。2011 年 9 月 22 日，生效刑事判决书认定：王乙在担任廊坊公司财务负责人期间……其行为构成贪污罪。

2010 年 10 月 31 日，某销售公司与某石化公司达成协议，共同委托廊坊公司所在地具有相应资质的第三方对廊坊公司财务账目进行审计，并出具报告。此后，某销售公司与某石化公司曾就廊坊公司善后事宜进行协商，但一直未能达成一致意见，故某石化公司诉至法院。

上述事实，有原告某石化公司提交的《出资协议书》、《公司章程》、《补充决议》、出资证明、《关于固定资产、财务管理、人员费用、工资及相关管理制度的若干规定》、《关于公司规章制度的补充说明》、刑事判决书、工商吊销信息、和解协议、审计业务约定书、《专项审计报告》，被告某销售公司提交的廊坊公司《公司设立申请书》及其附件、廊坊公司《首次股东会议纪要》、《首次董事会议纪要》、北京市工商行政管理局怀柔分局京工商怀处字(2007) 第 D2919 号《行政处罚决定书》及双方当事人陈述等在案佐证。

四、判案理由

北京市丰台区人民法院经审理认为：某石化公司与某销售公司签订的《出资协议书》，以及廊坊公司成立后，作为股东的某石化公司、某销售公司共同订立的《公司章程》、《补充决议》、《关于公司规章制度的补充说明》均系各方当事人真实意思表示，且未违反相关法律法规的强制性规定，应属合法有效。各方均应依约履行各自的义务。

关于某销售公司委派人员乔某、王乙的违法犯罪行为，是否应当认定为其所属股东即某销售公司的违约行为，并由某销售公司承担相应法律责任。本院认为，依据某石化公司与某销售公司共同订立的《补充决议》以及《关于公司规章制度的补充说明》的规定，现由于某销售公司委派到廊坊公司的乔某的挪用公款行为以及王乙的贪污行为，廊坊公司遭受了损失，应由其所属股东即某销售公司承担赔偿责任。故某销售公司关于其不存在违约行为，亦不应当承担违约责任的答辩意见，缺乏事实和法律依据，本院不予采信。

关于经双方共同委托由某会计师事务所出具的专项审计报告中载明的廊坊公司财务不规范行为，是否应当认定为某销售公司违约行为。本院认为，从本案现有证据可以看出，廊坊公司系由某石化公司与某销售公司共同设立，其高级管理人员亦经双方共同选举或者一致同意产生，某石化公司提交的证据不足以证明廊坊公司系由某销售公司单方经营，故本院认定廊坊公司经营系由双方共同参与，而财务记录是对廊坊公司整体经营情况的综合反映，该审计报告中无法看出不规范的财务行为系由某销售公司人员所为，故本院无法依据现有证据认定该审计报告上载明的不规范行为造成的损失应由某销售公司承担赔偿责任。

关于廊坊公司被吊销营业执照，是否应当追究某销售公司的违约责任。本院认为，本院无法依据现有证据认定廊坊公司被吊销营业执照以及终止经营系由某销售公司的行为导致。

关于乔某、王乙的违法犯罪行为给某石化公司造成利润减少的问题。本院认为，乔某、王乙的犯罪行为已经给廊坊公司造成了损失，但按照廊坊公司章程规定，利润分配必须经过弥补上一年度公司亏损、提取法定公积金、提取法定公益金、提取任意公积金等多项繁复的程序，且该利润分配方案必须经过股东会审议通过后才能分配利润，因此在本案中，依据现有证据，本院无法认定乔某、王乙的犯罪行为是否实际给某石化公司造成利润损失。故某石化公司要求某销售公司依据《补充决议》向其支付利润减少的违约金4351518.63元的诉讼请求因证据不足，本院不予支持。关于某石化公司要求某销售公司支付其他违约金100万元的诉讼请求，本院认为依据现已查明的事实，乔某、王乙系某销售公司委派人员，其犯罪行为对廊坊公司已经造成了损失，理应依据《补充决议》“违约方因严重违反国家法律、法规的行为给廊坊公司造成损失的，应由违约方向守约方承担违约责任并支付违约金，违约金数额为100万元”的规定承担违约责任，故该项诉讼请求于法有据，本院予以支持。关于某石化公司要求某销售公司支付股本损失200万元的诉讼请求，本院认为，某石化公司提供的证据不足以证明某销售公司存在“违约行为是出于主观上的故意，而造成廊坊公司无法经营以至股本金的灭失”的情形，故该项诉讼请求因证据不足，本院亦不予支持。

五、定案结论

北京市丰台区人民法院依照《合同法》第一百零七条、第一百一十四条，作出如下判决：

1. 被告某销售公司于本判决生效之日起十日内给付原告某石化公司违约金一百万元；

2. 驳回原告某石化公司的其他诉讼请求。

六、解说

本案中的争议焦点有两个，一是股东共同出资成立公司后，一方委派到公司担任高管的人员在公司经营中发生了违规甚至职务犯罪的行为，从而可能给公司造成损失时，作为委派方股东外的其他股东，是否能够以自己的名义直接向委派方股东主张损失赔偿；二是合资公司廊坊公司因经营失败遭受的损失，是否应当由委派方股东来承担。以下将结合本案案情予以详细阐述。

（一）原则上股东不能以自己的名义直接请求赔偿

我国《公司法》第一百四十九条规定："董事、监事、高级管理人员执行公司职务时违反法律、行政法规或者公司章程的规定，给公司造成损失的，应当承担赔偿责任。"第一百五十一条规定："董事、高级管理人员有本法第一百五十条规定的情形的，有限责任公司的股东、股份有限公司连续一百八十日以上单独或者合计持有公司百分之一以上股份的股东，可以书面请求监事会或者不设监事会的有限责任公司的监事向人民法院提起诉讼；监事有本法第一百五十条规定的情形的，前述股东可以书面请求董事会或者不设董事会的有限责任公司的执行董事向人民法院提起诉讼。监事会、不设监事会的有限责任公司的监事，或者董事会、执行董事收到前款规定的股东书面请求后拒绝提起诉讼，或者自收到请求之日起三十日内未提起诉讼，或者情况紧急、不立即提起诉讼将会使公司利益受到难以弥补的损害的，前款规定的股东有权为了公司的利益以自己的名义直接向人民法院提起诉讼。"上述规定的法理基础在于：公司作为享有独立人格的民事主体，当其利益受到公司董事、监事、大股东或者其他人的违法行为侵害时，按照常理应当由公司作为主体向法院提起诉讼。但也必须看到，公司作为法人，其诉权是由法人机关来行使的。一般情况下，公司机关能够代表公司及时行使公司诉权，使公司受到侵害的权利得到救济。但有时公司也可能出现不能或怠于起诉的情况，"不能"是指客观上存在障碍，"怠于"则指主观上存在障碍，如侵害公司利益的主体是公司的董事、经理、监事、控股股东或与之存在利益关系的其他主体。在这种情况下，法律赋予其他股东代表公司进行诉讼的权利，能够对中小股东的切身利益进行必要的救济。

从上述规定中可以看出：针对争议焦点一，高管人员因其违法行为给公司造成损失时，一般情况下主张损害赔偿的主体应当是公司，其他股东在公司怠于行使其诉权时可以为了公司利益提起诉讼，但案件中所得的权益也应当归公司；针对争议焦点二，承担赔偿责任的主体应当是违法犯罪的行为人本人，在没有证据证明委派方股东对高管人员的违法行为存在授意时，委派方股东不应承担赔偿责任，即一般情况下，其他股东不能直接向委派方股东主张损失赔偿，除非各股东之间曾就派出人员的行为后果以及损失赔偿作出过其他约定。

（二）有约定的可按约定请求赔偿

此类约定一般是基于股东各方意思自治，针对各自委派高管人员行为形成的一个契约，是对委派方股东的一种制约和限制，它要求委派方股东要有审慎监管己方高管人员的责任，以使各方委派高管人员都能够可靠勤勉、恪尽职守，避免因为违法犯罪给公司造成损失。这种约定在某些情况下具有保护中小股东的机制功能，因为在大多数情况下，如果公司实际上处于大股东实际控制之下，而违法犯罪的高管人员系该控股股东委派，即存在两种可能：其一，公司可能没有意愿启动追责机制，向该高管人员追究损失或者实际亦无法追究损失；其二，即使其他股东为了公司利益提起诉讼，此次诉讼的利益最后应当归公司，但此时公司实际上并不能代表所有股东的利益，尤其无法代表小股东的利益。这两种情况都将导致小股东遭受的损失无法得到救济，但如果在股东之间签订类似约定，就能够直接赋予其他股东向委派方股东主张违约损失的权利。这种基于契约的保护机制也是对股东派生诉讼机制的一种补充。

（三）针对本案的分析

本案中，涉案公司系由各方股东共同出资设立，其高级管理人员亦经各方股东认可的程序共同选举或者一致同意产生，即使高管人员在日常经营管理中出现违规或犯罪行为，在没有证据证明系委派方股东授意的情况下，其行为不等同于委派方股东的行为。因此，违法犯罪的主体不能直接归委派方股东，相应的法律责任自然不应由其直接承担。另外，原告主张的多项诉讼请求均没有得到支持，也是由于原告主张损失赔偿的依据是公司遭受损失为前提，而基于前述的《公司法》相关规定，其他方股东不能直接为自己的利益向派出方股东主张损失。诉讼请求中仅予以支持的一项是基于股东双方曾订立的《补充决议》对于委派的高管人员的行为后果进行了明确约定，赋予了非委派方股东直接向委派方股东主张损失赔偿的权利，而刑事判决书对于委派方股东委派的高管人员是否存在违法犯罪行为进行了明确定性。该部分金额实际上是委派方股东因为违约而应当支付给守约股东的违约金。

编写人：金　滢[*]

[*] 金滢，北京市丰台区人民法院民二庭法官，清华大学法律硕士。

公司减资程序存在瑕疵能否认定为股东抽逃出资行为

——上海某工程有限公司诉李某、张某股东损害公司债权人利益责任纠纷案

一、首部

（一）案由

股东损害公司债权人利益责任纠纷。

（二）诉讼双方

原告（上诉人）：上海某工程有限公司。

法定代表人：张某，上海某工程有限公司董事长。

一审委托代理人：夏某，律师。

二审委托代理人：郑某，律师。

二审委托代理人：梁某，律师。

被告（被上诉人）：李某。

委托代理人：陈某，律师。

被告（被上诉人）：张某。

（三）审级

二审。

（四）审判机关和审判组织

一审法院：北京市丰台区人民法院。

合议庭组成人员：审判长，王永斌；人民陪审员，谢翠霞、孙桂华。

二审法院：北京市第二中级人民法院。

合议庭组成人员：审判长，闫飞；代理审判员，陈洋、许晓晨。

二、一审诉辩主张

（一）原告诉称

2004 年 8 月 20 日，原告与北京某科技公司（以下简称某科技公司）签订协议约定，由原告全权代理销售某科技公司的技术和设备。现合同已履行，根据协议书以及确认函，某科技公司尚欠 114 万元未付。2010 年 6 月 4 日，原告向仲裁委员会提交仲裁申请，要求某科技公司支付佣金 114 万元，仲裁委员会裁决某科技公司向原告支付佣金及相关费用共计 813665 元，但某科技公司一直拖延支付。原告通过工商查询得知，李某、张某利用其北京某物业管理有限公司（以下简称某物业公司）股东的身份，于 2012 年 4 月在未通知作为债权人的原告的情况下，擅自对某科技公司（某物业公司当时为某科技公司唯一股东）办理减资手续，将某科技公司的注册资本由 1000 万元减少到 100 万元。李某、张某已经于 2014 年 1 月 14 日将某物业公司办理了注销手续，意图逃避前述债务。因此，李某、张某的行为已经侵害了原告作为债权人的合法权利，应当对某科技公司的应付债务承担赔偿责任。故起诉要求二被告：1. 对某科技公司应向原告支付的 813665 元承担赔偿责任；2. 对某科技公司应向原告支付的自迟延履行之日起至实际清偿之日止的延迟履行的债务利息承担赔偿责任；3. 承担本案诉讼费用。

（二）被告辩称

不同意原告的诉讼请求。当时某科技公司的股东并不是李某，而是某物业公司。某物业公司是从他人手中花 100 万元购得某科技公司股份。某科技公司作注册资本的减少变更，只是履行形式上的变更，并没有实际将公司的资产900万元抽逃出来，也没有给原告造成任何损害。某物业公司取得某科技公司的股权之后，某科技公司本身就是亏损的状态。某物业公司在办理公司注销的时候，已经不是某科技公司的股东了。综上，李某作为本案“股东损害公司债权人利益责任纠纷”的主体不适格，请求法院驳回原告的诉讼请求。

被告张某未答辩，亦未参加庭审。

三、一审事实和证据

北京市丰台区人民法院经公开审理查明：2010年12月14日，仲裁委员会作出裁决书，裁决被申请人某科技公司应在本裁决书作出之日起20日内向申请人上海某工程有限公司支付代理佣金及相关律师费、仲裁费等费用共计813665元。2011年5月5日，北京市第二中级人民法院立案受理上海某工程有限公司申请执行某科技公司仲裁一案。2011年8月1日，北京市第二中级人民法院作出执行裁定书，以被执行人北京某科技公司目前暂无财产可供执行为由，裁定终结本次执行程序。

某科技公司于2004年4月9日成立，注册资本、实收资本为1000万元，股东为中国某资源再生开发利用公司（出资510万元）、某投资有限公司（出资490万元）；某投资有限公司于2010年12月将北京某科技公司49%股权以1元的价格转让给某物业公司，中国某资源再生开发利用公司于2011年3月将某科技公司51%股权以100万元的价格转让给某物业公司。2012年4月，某科技公司的注册资本由1000万元减少至100万元。2012年9月，某物业公司将某科技公司100%股权以100万元的价格转让给刘某。

另查：1. 2011年1月，北京产权交易所挂牌出售某科技公司51%股权，挂牌价格：100万元；转让标的评估值：-401.7万元；成交价格：100万元；支付方式：转让价款一次付清；签约日期：

2011 年 3 月 1 日；交易方式：协议转让；转让方：中国某资源再生开发利用公司；受让方：某物业公司。某物业公司分别于 2011 年 3 月 3 日、2011 年 3 月 9 日交付北京产权交易所某科技公司股权款 30 万元、70 万元，共计 100 万元。

2. 某科技公司于 2012 年 2 月 25 日在《世界报》上刊登了减资公告。某科技公司没有将减资情况直接通知其债权人上海某工程有限公司，上海某工程有限公司也未在减资公告之日起 45 日内要求某科技公司清偿债务或者提供相应的担保。

3. 某物业公司于 2010 年 4 月 28 日成立，注册资本、实收资本为 50 万元，股东为李某（出资 30 万元）、张某（出资 20 万元），该公司已于 2014 年 1 月 4 日注销。

上述事实，有原告上海某工程有限公司提供的裁决书、受理案件通知书、执行裁定书、工商档案材料，被告李某提供的企业国有产权交易凭证、收据、股权转让协议，以及当事人的陈述等在案佐证。

四、判案理由

北京市丰台区人民法院经审理认为：公司减资，即公司注册资本减少，是指公司依法对已经注册的资本通过一定的程序进行削减的法律行为。公司减资分为实质减资和形式减资。实质减资是指减少注册资本的同时，将一定资产返还给股东，从而减少公司的净资产。形式减资是指只减少注册资本额，注销部分股份，不减少公司净资产，这种减资行为往往出现于亏损企业中，目的是使公司的注册资本与净资产水平保持相当。本案中，某科技公司的原股东分别以 1 元、100 万元的价格将某科技公司 49%、51% 的股权转让给某物业公司；且某科技公司 51% 股权挂牌交易时转让标的评估值为 -401.7 万元，处于亏损状态；故某科技公司注册资本由 1000 万元减少至 100 万元，属于形式减资；目前没有证据显示，作为某科技公司的股东，某物业公司通过某科技公司减资获得了一定资产。某科技公司在减资中没有直接通知其债权人上海某工程有限公司，上海某工程有限公司也未在某科技公司减资公告之日起45日内要求某科技公司清偿债务或者提供相应的担保。某科技公司无财产清偿上海某工程有限公司仲裁裁决书确认的债务，并非某科技公司减资所致。某物业公司在担任某科技公司股东期间，没有滥用公司法人的独立地位和股东的有限责任，逃避债务，严重损害公司债权人利益。在某物业公司注销后，上海某工程有限公司以股东损害公司债权人利益责任纠纷为由，要求某物业公司原股东李某、张某对某科技公司的相关债务承担赔偿责任的诉讼请求，本院不予支持。被告张某经本院合法传唤无正当理由拒不到庭参加诉讼，不影响本院依据查明事实依法作出裁判。

五、一审定案结论

北京市丰台区人民法院依照《公司法》第二十条、《民事诉讼法》第一百四十四条之规定，作出如下判决：

驳回原告上海某工程有限公司的诉讼请求。

六、二审情况

（一）二审诉辩主张

1. 上诉人上海某工程有限公司诉称

上海某工程有限公司主张李某、张某承担连带赔偿责任的法律依据是《公司法》及相关司法解释的规定，以上法律规定均没有区分何为“形式减资”、“实质减资”，更未规定“形式减资”就不会损害债权人的合法权益。李某、张某所实施的某科技公司非法减资、股权转让、利用虚假文件注销某物业公司的一系列行为，是有明确意图的，其目的是利用公司法人的有限责任制度，规避应当承担的法律责任，并致使上海某工程有限公司作为债权人的合法权益无法得到清偿。某科技公司已于2013年10月15日被北京市工商管理局丰台分局吊销营业执照，无法正常经营，更不可能向上海某工程有限公司清偿债务。李某、张某应对其一系列违法行为致使上海某工程有限公司无法得到清偿的债务承担连带赔偿责任。故上海某工程有限公司请求本院撤销一审判决，依法改判。

2. 被上诉人李某辩称

一审法院判决正确，请求维持一审判决。

3. 被上诉人张某

既未作出答辩，亦未参加本院二审庭审。

（二）二审事实和证据

北京市第二中级人民法院经审理，确认一审法院认定的事实和证据。

（三）二审判案理由

根据查明的事实，某物业公司于2010年12月以1元的价格受让某科技公司49%的股权，于2011年1月以100万元的价格受让某科技公司51%的股权，并且北京产权交易所挂牌出售某科技公司51%的股权时，转让标的评估值为-401.7万元。2011年8月1日，因某科技公司暂无财产可供执行，现终结本次执行程序。现有证据并未表明某科技公司在2012年减资时，某科技公司股东某物业公司实际抽回北京某科技公司的财产，进而导致北京某科技公司的偿债能力降低。《公司法》及相关司法解释也未明确规定公司减资程序存在瑕疵时，应当认定股东抽逃出资。故上海某工程有限公司关于李某、张某应当对某科技公司债务承担连带赔偿责任的上诉主张，缺乏法律依据和事实依据，本院不予支持。

（四）二审定案结论

北京市第二中级人民法院依照《民事诉讼法》第一百七十条第一款第（一）项之规定，判决如下：

驳回上诉，维持原判。

七、解说

本案的争议焦点在于，某科技公司的减资是否是股东的抽逃出资行为。研究该问题，涉及以下三个方面：

（一）形式减资和实质减资的区别

公司减少注册资本是指公司基于某种法定事由，依照法定条件和程序减少注册资本的行为。根据减资原因的不同可以划分为实质减资和形式减资。实质减资，事实上就是将公司的一部分资产返还给股东，从而导致公司的责任资产减少。形式减资往往发生在亏损企业中，公司并不向股东实际返还资产，只是名义上减少了公司注册资本的数额，其目的在于使公司注册资本与净资产水准相接近。显然，实质减资击破了债权人优先获得清偿的规定，这在学术界就等于“股东优先于债权人回收所投入的资本”，实际上使公司股东优先于债权人获得保护。形式减资不产生公司资产的外流，旨在实现公司资产与资本的真实回归。在实践中，区分形式减资和实质减资主要通过两种途径，一是我国《公司法》规定了减资需编制资产负债表及财产清单，通过对此材料的审查，可确定属于何种形式的减资；二是通过审查股东是否获得实际财产来判断，获得实际财产即为实质减资，相反即为形式减资。本案中，某科技公司在股权挂牌交易时转让标的评估处于亏损状态，减资后股东并未实际抽回某科技公司的财产，也并未导致某科技公司偿债能力降低，故该减资行为应认定为形式减资行为。

（二）公司减少注册资本金与公司股东抽逃出资的区别

本案争议的焦点在于某科技公司的减资行为能否认定为股东抽逃出资行为。公司减少注册资本金与公司股东抽逃出资在法律性质上有着实质性区别。抽逃出资是指在公司验资注册后，股东将所缴出资暗中撤回，却仍保留股东身份和原有出资数额的一种欺诈性违法行为，而减少注册资本是履行了法定程序后的合法行为。《公司法》第三十七条规定了股东会的十一项职权，其中就包括“对公司增加或者减少注册资本作出决议”。同时，《公司法》第一百七十七条对公司减少注册资本的程序也进行了规定：“公司需要减少注册资本时，必须编制资产负债表及财产清单。公司应当自作出减少注册资本决议之日起十日内通知债权人，并于三十日内在报纸上公告。债权人自接到通知书之日起三十日内，未接到通知书的自公告之日起四十五日内，有权要求公司清偿债务或者提供相应的担保。”由此可以看出，公司股东会有权减少公司的注册资本，但应严格按照法律程序进行，并履行必要的变更手续。本案中，某科技公司按照法律程序办理了减资手续，只是在告知债权人环节存在瑕疵，但是显然不能据此将该减资行为认定为抽逃出资行为。

（三）公司减资程序存在瑕疵的后果

在特定情况下，公司依照法定程序进行减资是有必要的，因为如果一味坚持资本不变，可能造成资本在商业活动中的停滞，不利于充分发挥社会财富的经济效益。对于公司减资程序存在瑕疵时，债权人利益如何得到保护，《公司法》第二百零四条规定：“公司在合并、分立、减少注册资本或者进行清算时，不依照本法规定通知或者公告债权人的，由公司登记机关责令改正，对公司处以一万元以上十万元以下的罚款。”由此可以看出，该处罚的性质系行政处罚，对债权人的民事权利如何进行救济没有进行规定，在立法上尚需进一步完善。

结合本案具体案情来说，某科技公司虽然没有将减资情况直接通知其债权人上海某工程有限公司，应当受到行政处罚，但程序上的瑕疵不足以否认其减资行为的合法性。因上海某工程有限公司并无证据证明股东实际抽回了某科技公司的财产，亦无证据证明某科技公司因减资行为导致偿债能力降低，故该减资行为应认定为形式减资行为，而并非为上海某工程有限公司所主张的股东抽逃出资行为。综上，一、二审法院判决驳回上海某工程有限公司的诉讼请求是正确的。

编写人：王永斌* 曹 蕾**

---

* 王永斌，北京市丰台区人民法院民二庭法官，中国政法大学法律硕士。

** 曹蕾，北京市丰台区人民法院民二庭法官，北京航空航天大学国际经济法学硕士。

有限责任公司股东除名的要件

——某投资发展有限公司诉某科技发展公司等股东资格确认纠纷案

一、首部

（一）案由

股东资格确认纠纷。

（二）诉讼双方

原告：某投资发展有限公司（以下简称某投资公司）。

法定代表人：张某甲，某投资公司原董事长。

委托代理人：江某某，律师。

委托代理人：艾某某，律师。

被告：某科技发展公司（以下简称某科技公司）。

法定代表人：朱某某，某科技公司经理。

被告：某商贸公司。

法定代表人：王某，某商贸公司经理。

被告：某实业公司。

法定代表人：刘某某，某实业公司经理。

被告：某乙科技有限公司（以下简称某乙科技公司）。

法定代表人：张某乙，某乙科技公司经理。

第三人：某基金委员会（以下简称某基金会）。

法定代表人：杨某，某基金会主任。

委托代理人：张某，某基金会职员。

（三）审级

一审。

（四）审判机关和审判组织

审判机关：北京市丰台区人民法院。

合议庭组成人员：审判长，张建超；代理审判员，徐全影；人民陪审员，李之仁。

二、诉辩主张

（一）原告诉称

某投资公司是某基金会投资控股的有限公司，四被告为某投资公司另外四个股东。2001 年 2 月，某基金会通过调查发现，张某甲代表的四家股东在 1999 年办理改制登记过程中，采取伪造银行进账单的手法，虚假出资 1533.83 万元，直接责任人张某甲、李某某被依法逮捕并判处刑罚。由于某投资公司未及时年检，国家工商局于 2003 年吊销其营业执照。根据《公司法》规定，某投资公司应办理清算注销手续，鉴于虚假出资的四被告均已被吊销营业执照，无法履行出资义务，且无法取得联系，故某投资公司诉至法院，请求判令某科技公司、某商贸公司、某实业公司、某乙科技公司不具备某投资公司的股东资格，并承担本案诉讼费用。

（二）被告辩称

被告某科技公司、某商贸公司、某实业公司、某乙科技公司未答辩，亦未参加本案庭审。

（三）第三人述称

同意原告的诉讼请求。某基金会作为某投资公司的唯一合法出资股东，某基金会的意见就应代表股东会的意思，公司也应按此执行。现某基金会同意将四名被告从某投资公司除名，不再作为公司股东。现某投资公司的股东应该只有某基金会一家。

三、事实和证据

北京市丰台区人民法院经审理查明：某投资公司于 1999 年经核准设立，注册资本为 3099.63 万元，工商登记的股东为某基金会（以经评估确认的某投资公司净资产值 1565.8 万元作为出资）、某科技公司（以货币方式出资，出资额为 500.84 万元）、某商贸公司（以货币方式出资，出资额为 187.82 万元）、某实业公司（以货币方式出资，出资额为 313.02 万元）、某乙科技公司（以货币方式出资，出资额为 532.15 万元）。

2003 年 4 月 25 日，已生效刑事裁定书认定：被告人张某甲（某投资公司法定代表人）、李某某（某投资公司财务总监）于 1999 年 2 月，在某技术开发公司的股份改制工作中，为了使某商贸公司、某科技公司、某实业公司、某乙科技公司成为某投资公司合法股东而预谋虚报注册资本。在明知上述四家公司均无资金出资的情况下，由被告人李某某采取私刻某银行北京分行国际业务部印章等手段，伪造了某商贸公司出资 187.82 万元、某科技公司出资 500.84 万元、某乙科技公司 532.15 万元、某实业公司出资 313.02 万元的虚假银行进账单，骗取了北京某会计师事务所出具的验资报告，致使上述四家公司成为某投资公司股东。后二被告被抓获。

另查，某科技公司成立日期为 1993 年 2 月 1 日，于 2002 年 9 月 20 日被吊销营业执照；某商贸公司成立日期为 1993 年 4 月 14 日，于 2000 年 10 月 18 日被吊销营业执照；某实业公司成立日期为 1989 年 4 月 13 日，于 2005 年 11 月 2 日被吊销营业执照；某乙科技公司成立日期为 1994 年 10 月 20 日，于 2000 年 12 月 4 日被吊销营业执照。

上述事实，有某投资公司提供的公司设立登记申请书、股东（发起人）名录、某投资公司章程、某号刑事裁定书、企业信息查询、京工商西处字某号行政处罚决定书、成批吊销未检企业营业执照存档页、企业机读档案登记资料、市场主体注册登记情况证明及某投资公司、某基金会陈述等在案佐证。

四、判案理由

北京市丰台区人民法院经审理认为：根据我国《民事诉讼法》的规定，当事人有答辩并对对方当事人提交的证据进行质证的权利，本案四被告经本院依法传唤，无正当理由拒不到庭参加诉讼，视为其自动放弃了答辩和举证质证的权利。公司的股东应当按期足额缴纳公司章程中规定的各自所认缴的出资额。股东以货币出资的，应当将货币出资足额存入有限责任公司在银行开设的账户；以非货币财产出资的，应当依法办理其财产权的转移手续。有限责任公司的股东未履行出资义务，经公司催告缴纳但在合理期间内仍未缴纳的，公司可以通过股东会决议的方式解除该股东的股东资格。本案中，一方面，四被告的股东身份系以非法方式取得，并未实际出资，其因被吊销营业执照又已经丧失补缴出资的行为能力；另一方面，某基金会作为某投资公司唯一出资的股东明确表示将四被告从某投资公司除名，据此，某投资公司请求判令四被告不具备某投资公司的股东资格的诉讼请求，本院予以支持。因四被告不具备股东资格，某投资公司实收资本小于注册资本，故某投资公司应当及时办理法定减资程序。

五、定案结论

北京市丰台区人民法院依照《公司法》第二十八条、《公司法司法解释三》第十七条、《民事诉讼法》第一百四十四条的规定，判决如下：

确认被告某科技发展公司、某商贸公司、某实业公司、某乙科技有限公司不具备原告某投资发展有限公司的股东资格。案件受理费、公告费由四被告负担。

六、解说

本案的焦点问题在于：原告能否请求法院将四被告从股东中除名。所谓股东除名，是指股东在不履行股东义务，出现法律规定的特定情形时，公司依照法定程序将该股东从股东名册中除名，强制其退出公司，终止他与公司和其他股东的关系，绝对丧失其股东资格的法律制度。[①] 股东除名制度的核心价值在于，通过将严重违反义务的股东或者因自身因素不适合继续担任股东的人除名，确保公司存在的价值，维护其他股东继续经营公司的权益。[②] 然而，从被除名股东角度，公司单方面即可将其除名，使其丧失公司股东资格，可谓影响甚巨，因此必须严格把握股东除名的条件。

关于股东除名制度，我国《公司法》并未涉及。2011 年施行的《公司法司法解释三》第十八条第一款，现为 2014 年修订后《公司法司法解释三》第十七条第一款，对有限责任公司股东除名制度予以了补充，弥补了《公司法》的空白。该款规定："有限责任公司的股东未履行出资义务或者抽逃全部出资，经公司催告缴纳或者返还，其在合理期间内仍未缴纳或者返还出资，公司以股东会决议解除该股东的股东资格，该股东请求确认该解除行为无效的，人民法院不予支持。"依照该款，有限责任公司可以将股东除名，但需要同时具备以下四个要件：第一，有限责任公司的股东未履行出资义务或者抽逃全部出资；第二，公司已经催告该股东缴纳或者

---

① 刘炳荣：《论有限责任公司股东除名》，载《厦门大学法律评论》第 8 辑，厦门出版社 2004 年版，第 426 页。

② 杨君仁：《有限责任公司退股与除名》，神州图书出版有限公司 2000 年版，第 117 页。

返还出资；第三，被催告的股东在合理期间内仍未缴纳或者返还出资；第四，公司通过股东会决议的方式将股东除名。下文将结合本案案情围绕上述四要件中的关键问题分别进行阐述。

(一) 具备除名事由

从股东除名制度的立法目的以及被除名股东合法权益保护两个角度考虑，只有当被除名股东严重违反股东义务，或者自身存在严重不适合担任股东的情形时，方能将其除名，即股东除名事由必须具有重大性。① 例如，不履行出资或屡催不缴、以不正当行为妨害公司利益、因自身精神异常等原因无法参与公司事务等。② 我国《公司法司法解释三》对有限责任公司股东除名事由进行了明确列举，即股东除名仅适用于股东完全未履行出资义务或者抽逃全部出资两种情形，体现了司法解释的谨慎态度。本案中，原告某投资公司原法定代表人张某甲、原财务总监李某某，通过虚报注册资本和伪造银行进账单的方式，骗取了四被告出资的验资报告，进而使四被告成为原告某投资公司股东。此外，在原告设立后，四被告也未曾向原告补缴任何出资，属于股东完全没有履行出资义务的情形，具备股东除名的事由基础。

(二) 公司进行催告并给予合理期限

股东不履行出资义务或者抽逃全部出资时，公司不宜直接将股东除名，而是应当首先催告其缴纳或返还出资，并给予合理期限，便于被催告股东改正其瑕疵出资行为。对于公司而言，公司积极地进行催告并给予被催告股东一定的合理期限，可以使公司探知其是否具有继续担任公司股东的意愿，如果愿意继续担任，被催告股东会在合理期限内积极作为，消除除名事由，否则会消极不作为。对

---

① 赵德勇：《论公司除名制度中的事由界定——兼评〈公司法解释三〉第17条》，载《求是学刊》第42卷第3期，第81页。

② 张凡：《有限公司股东除名机制之理论基础与构建》，载《金陵法律评论》2012年春季卷，第111页。

于严重违反出资义务的股东而言，公司的催告和给予合理期限也是其改正瑕疵出资行为和确保股东地位的正当程序保障。然而，有疑问的是，若公司明确知道未履行出资义务或抽逃出资的股东不能再履行出资或返还抽逃的出资，催告程序和给予合理期限是否还是股东除名的必经程序？本案即面临这样的问题。

本案在审理中查明，四被告均已被吊销营业执照。根据现行《公司法》第一百八十条、第一百八十四条、第一百八十五条、第一百八十六条之规定，公司因被吊销营业执照而解散，需要成立清算组进行清算，包括处理与清算有关的公司未了结业务，清理债权、债务，处理公司清偿债务后的剩余财产，代表公司参加民事诉讼活动等，而不得开展与清算无关的经营活动。但对其他公司继续履行出资义务的行为，目的在于继续享有股东资格，并获得相应的收益，在性质上应当属于经营行为，与清算行为的清理性质及注销公司主体资格的目的明显相悖。因此，在四被告已经被吊销营业执照的情况下，再苛求原告对它们进行催告并给予合理的缴纳期限不再具有必要性和合理性。原告某投资公司在此情况下直接请求法院将四被告除名，具有正当理由。

（三）股东会决议除名

根据《公司法司法解释三》的规定，股东除名属于有限责任公司股东会的保留事项和权限，应当由全体股东表决决定。然而，对于进行股东会表决所应遵循何种规则，《公司法司法解释三》并未予以明确。结合表决权行使中无法回避的问题以及本案案情，股东会作出除名决议还需要讨论以下三个问题：

1. 拟被除名的股东能否行使表决权

对于股东除名事项，拟被除名股东必定持反对态度，投反对票，因此，拟被除名股东能否行使表决权是决定除名事项能否通过股东会决议的关键问题，尤其在拟被除名股东是大股东的情况下。本文认为，在股东会对股东除名问题进行表决时，应当限制被除名股东的表决权，理由主要在于：股东除名制度赋予公司单方面强制严重违反义务的股东退出公司的权利，如果拟被除名股东仍享有表决权，那么在被除名股东的表决权占比较大时，除名决议将无法顺利作出，制度目的将落空，[①] 对其他股东而言亦难言公平。本案中，原告某投资公司共有五名股东，除了某基金会之外的其他四名股东均未履行出资义务，而成为拟被除名的对象。因此，在法院审理查明公司意愿时，基于限制拟被除名股东表决权的考虑，可以不再考虑其意见，仅查明某基金会的意见即可。

2. 以何种表决规则进行

由上述分析可知，本案中某基金会是原告某投资公司就四被告除名事项唯一具有表决权的股东，而且它同意将四被告除名，因此不再涉及除名表决应当适用何种表决规则的问题。但是，在同类案件中，如果拟被除名股东之外还存在两名及以上股东时，上述问题将无法回避。

在我国《公司法》中，有限责任公司共有三种表决规则：其一是按人头进行表决，如股东向股东以外的人转让股权，应当经其他股东过半数同意；其二是简单资本多数决，即经代表二分之一以上有效表决权的股东通过即可，如公司为公司股东或者实际控制人提供担保的，需由出席股东会的其他股东所持有效表决权的过半数通过；其三是绝对资本多数决，即需经代表三分之二以上有效表决权的股东通过，如股东会会议作出修改公司章程、增加或者减少注册资本的决议，以及公司合并、分立、解散或者变更公司形式的决议，必须经代表三分之二以上表决权的股东通过。就股东除名而言，其法律后果是公司减少注册资本，或者由其他股东或第三人缴纳相应出资，前者是公司绝对资本多数决事项，后者如若由第三人缴纳相应出资，在性质上相当于向股东之外的人转让股权，属于按股东人头表决事项。因此，为稳妥起见，在股东会对股东除名事项

① （2014）沪二中民四（商）终字第1261号判决，即以此为由判决限制被除名股东表决权的股东会决议有效。

进行表决时，应当兼采绝对资本多数决和按人头表决规则，即必须经代表三分之二以上有效表决权的股东同意，且上述股东人数应占持有有效表决权股东总人数的半数以上。

3. 公司可否不经股东会决议直接向法院提起诉讼

《公司法司法解释三》第十七条第一款规定，公司应当通过召开股东会的方式将股东除名，并未规定公司可否直接向法院提起诉讼。在本质上，将严重违反义务的股东除名是公司单方面享有的形成权，[①] 在法律没有规定必须通过诉讼方式行使的前提下，既可以通过股东会决议的方式行使，也可以通过提起诉讼的方式行使。但值得注意的是，是否将股东除名属于公司自治事项，司法不应当代替公司股东作出决定，过多地干预公司自治，必须探求其他全体股东的真实意思表示。因此，通过提起诉讼的方式行使股东除名权，原则上也需要股东会通过提起股东除名诉讼的决议，由于这一决议和股东除名决议在内容上具有一致性，因此通常情况下，通过诉讼方式行使除名权也需要以股东会除名决议为前提。

然而，就有限责任公司而言，由于股东人数不多，在其他所有股东对股东除名事项以书面形式一致表示同意时，也可以不召开股东会会议，直接作出决定，并由其他全体股东在决定文件上签名、盖章。本案中，原告某投资公司一共有五位股东，除四位拟被除名股东外，仅有某基金会股东就股东除名事项拥有表决权。虽然原告没有召开股东会作出除名决议，但由于某基金会作为第三人参与了本案诉讼，并明确表明同意除名并由本案记录在案，属于以书面形式表示同意的情形。在此前提下，本案最终判决将四被告除名，不具有原告公司的股东资格，合理有据。

综上所述，本案的判决结果是正确的。最后需要提及的是，因股东完全未履行出资义务或者抽逃全部出资而被除名时，根据

---

① 刘德学：《股东除名权法律问题研究》，中国政法大学 2008 年博士学位论文，第 8 页。

《公司法司法解释三》第十七条第二款的规定，法院在判决时应当释明，原告公司应当及时办理法定减资程序或者由其他股东或第三人缴纳相应的出资。

编写人：邓　颖[*]　李威娜[**]

---

[*] 邓颖，北京市丰台区人民法院副院长，中国人民政法大学诉讼法学博士。

[**] 李威娜，北京市丰台区人民法院研究室助理审判员，中国政法大学民商法学博士。

股东请求解散公司的法定要件

——王某诉某投资公司公司解散纠纷案

一、首部

（一）案由

公司解散纠纷。

（二）诉讼双方

原告（上诉人）：王某。

被告（被上诉人）：某投资公司。

法定代表人：章某，执行董事。

第三人：章某。

（三）审级

二审。

（四）审判机关和审判组织

一审法院：北京市丰台区人民法院。

审判员：兰国红。

二审法院：北京市第二中级人民法院。

合议庭组成人员：审判长，石东；审判员，周岩、唐旭超。

二、一审诉辩主张

（一）原告诉称

2013年6月4日，原告与章某合作成立了某投资公司，注册资本为500万元，其中原告认缴245万元，占公司股份的49%，章某认缴255万元，占公司股份的51%；第一期实缴注册资本为150万元，全部由原告一人所出。公司由章某担任法定代表人，负责公司的全面经营工作；公司成立后，章某实际控制公司，由于其对公司业务不熟悉及疏于经营管理，公司持续亏损；王某与章某就公司的经营发展情况一直无法达成共识，目前章某控制着公司的大部分资料、证照及公章，公司经营管理发生严重困难，继续存续下去必将会对原告的股东利益造成巨大损失，故诉至法院，请求解散某投资公司。

（二）被告辩称

本案不符合法定解散的理由。公司才成立不到一年，亏损系正常现象；公司目前正常运转；公司另案起诉王某抽逃出资一案正在审理过程中，公司不应解散。不同意原告的诉讼请求。

（三）第三人述称

不同意原告的诉讼请求，理由与被告的答辩意见一致。

三、一审事实和证据

北京市丰台区人民法院经公开审理查明：2013年3月8日，王某（甲方）与章某（乙方）签订《合作协议》，约定："第一条，甲乙双方共同设立公司，以连锁经营的方式开办'某某'品牌宝玉石连锁店，并由乙方负责宝玉石的全部销售业务。第二条，新设立公司的名称为'某某（北京）有限公司'（以工商注册为准），注册资本为500万元。第三条，甲乙双方合作方式、股权比例与工商注册登记。乙方负责组建资深经营管理团队，实际对新设公司的运营进行全面管理。甲方负责提供运营管理所需全部资金支持和宏观指导。甲方以现金出资占有新公司股份的49%，乙方以管理团队、管理技术和运营能力对价折股占有新公司股份的51%。甲方不参与新公司运营管理业务，乙方不参与甲方产品开发及其供应业务。”

2013年6月4日，某投资公司成立，注册资本为500万元，实收资本为150万元，公司股东为王某和章某，其中王某出资73.5万元，占出资比例的49%，章某出资76.5万元，占出资比例的51%。章某任公司执行董事及经理，王某任公司监事。《公司章程》规定：“第八条，股东会由全体股东组成，是公司的权力机构，行使下列职权：……（九）对公司合并、分立、解散、清算或者变更公司形式作出决议。第十条，股东会会议由股东按照出资比例行使表决权。第十三条，股东会会议作出修改公司章程、增加或者减少注册资本的决议，以及公司合并、分立、解散或者变更公司形式的决议，必须经代表三分之二以上表决权的股东通过。第十七条，公司设监事一人，由股东会选举产生。第十八条，监事行使下列职权：（一）检查公司财务；（二）对执行董事、高级管理人员执行公司职务的行为进行监督，对违反法律、行政法规、公司章程或者股东会决议的执行董事、高级管理人员提出罢免的建议；（三）当执行董事、高级管理人员的行为损害公司的利益时，要求执行董事、高级管理人员予以纠正；（四）提议召开临时股东会会议，在执行董事不履行本法规定的召集和主持股东会会议职责时召集和主持股东会会议；（五）向股东会会议提出提案；（六）依照《公司法》第一百五十二条的规定，对执行董事、高级管理人员提起诉讼。第十九条，执行董事为公司的法定代表人。第二十二条，公司的营业期限为20年，自公司营业执照签发之日起计算。”

2013年8月，王某与章某就公司经营事宜产生争议，王某要求解散公司，章某不同意，双方就该争议进行过协商，但无法达成一致意见。庭审中，王某向本院提供两份某投资公司会议记录，其中，2013 年 8 月 25 日的会议纪要记载：“……三、新公司的法人由章某变更为王某；……五、即日起新公司人事、财务运营中的重大事件均由管理层共同协商，达成共识后再作决定。某投资公司及章某对上述会议纪要的真实性不予认可，某投资公司的公司章程亦未作出过相应的变更。”2013 年 8 月 28 日的会议纪要记载：“一、解除合作合同，处理善后问题；……”但上述会议记录仅有王某的签字，某投资公司及章某对该会议记录亦不予认可。王某在庭审中另称章某侵害公司财务，并提供了章某的取款明细予以证明，章某对此不予认可。

上述事实，有原告王某提供的公司章程、工商登记材料、会议纪要、取款明细，被告某投资公司提供的合作协议以及各方当事人陈述等在案佐证。

四、一审判案理由

北京市丰台区人民法院经审理认为：《公司法》第一百八十二条规定：“公司经营管理发生严重困难，继续存续会使股东利益受到重大损失，通过其他途径不能解决的，持有公司全部股东表决权百分之十以上的股东，可以请求人民法院解散公司。”公司解散是《公司法》为打破公司僵局所采取的最终手段，应当在充分考虑法定条件后谨慎适用。公司解散应当同时满足以下三个条件：一是公司经营管理发生严重困难，二是公司继续存续会使股东利益受到重大损失，三是通过其他途径不能解决。本院认为，公司经营管理出现严重困难，是指因股东或管理人之间的利益冲突和矛盾导致公司的有效运行失灵，公司事务处于瘫痪状态。本案中，根据某投资公司的公司章程规定，股东会系公司的权力机构，有权决定公司的经营方针和投资计划，公司的执行董事有权执行股东会的决议，制定公司的基本管理制度等。现章某持有公司 51% 的股权，并任公司执行董事，王某持有公司 49% 的股权，任公司监事，根据资本多数决的原则，即使章某与王某之间就公司经营管理事宜存在分歧，某投资公司的股东会对公司的日常经营管理仍可以作出有效决议，并不影响公司的正常经营管理，王某亦未能举证证明某投资公司在经营管理方面存在何种严重困难。王某主张章某对公司的经营管理失控，公司持续亏损，损害了股东的利益。对此，本院认为，王某虽然是公司的股东，但公司的权力机关和执行机关为公司的股东会和执行董事，并不是股东，王某同时作为公司的监事，可以行使对公司执行董事、高级管理人员的监督权，并无对公司经营管理的直接控制权，此外，王某主张的公司亏损亦非公司解散的法定事由，故对于王某的上述主张，本院不予支持。对于王某主张的章某侵害公司利益的问题，其可以通过行使监事的职权或提起相关诉讼的方式进行救济，而不应径行解散公司。综上，本院认为，公司解散作为股东矛盾无法解决的最后手段，非必要不得轻易采取，截至本案立案之日，某投资公司成立尚不足一年，二股东虽然存在矛盾，但现有证据无法证明该矛盾导致了公司经营管理出现严重困难，故对于王某要求解散公司的诉请，本院不予支持。

五、一审定案结论

北京市丰台区人民法院依照《公司法》第一百八十二条的规定，判决如下：

驳回王某的诉讼请求。

六、二审情况

(一) 二审诉辩主张

1. 上诉人王某上诉称

一审法院判决认定事实不清。王某提供的事实和证据，充分证实某投资公司已经满足《公司法》规定的解散条件，应当解散。一审法院适用法律错误。在本案中，章某作为公司执行董事，经营公司一直亏损，自 2013 年 8 月 28 日至 2014 年 1 月 5 日一直未到公司上班，并且私自占用公司公章等公司证件，公司管理混乱。目前，王某已向公司垫付自有资金49万余元，公司经营已严重困难，股东会会议无法决策，王某作为监事无法制约章某，公司继续存续严重损害了王某的利益。根据《公司法》规定，法院应予解散某投资公司。综上，王某请求二审法院撤销原判，改判某投资公司解散，一、二审诉讼费全部由某投资公司承担。

2. 被上诉人某投资公司辩称

一审法院判决正确，请求维持一审判决。

3. 第三人章某述称

同意被上诉人答辩意见，一审法院判决正确，请求维持一审判决。

（二）二审事实和证据

二审法院认定事实和证据与一审法院认定一致。

（三）二审判案理由

北京市第二中级人民法院经审理后认为：根据本院查明的本案事实，某投资公司章程规定，股东会由全体股东组成，是公司的权力机构，股东会会议由股东按照出资比例行使表决权。章某现持有某投资公司51%股权，王某持有某投资公司49%股权，某投资公司股东会可以对公司日常经营管理事项作出有效决议。王某上诉主张某投资公司股东会不能作出任何决议，缺乏依据，本院不予支持。至于王某提出的章某不履行执行董事职责、侵害公司利益的问题，以及某投资公司经营亏损的问题等，均非公司解散的法定事由，有关各方因上述问题发生的争议可以另行解决，本院在本案中不予处理。因不符合《公司法》规定的公司解散条件，一审法院判决驳回王某关于解散某投资公司的诉讼请求，并无不当。王某的上诉理由不能成立，本院对其上诉请求予以驳回。一审法院判决认定事实清楚，适用法律正确，应予维持。

（四）二审定案结论

北京市第二中级人民法院依照《民事诉讼法》第一百五十三条第一款第（一）项之规定，作出如下判决：

驳回上诉，维持原判。

七、解说

本案的争议焦点在于某投资公司是否具备股东提起公司解散之诉的条件。股东请求解散公司，是《公司法》赋予股东的权利。如果公司经营管理陷入僵局、股东权益受损，股东可通过请求解散公司获得救济。但公司解散会引起公司人格消灭，因此应当严格把握。当股东向法院提起解散公司之诉时，法院应当审慎审查是否具备了解散公司的要件。

《公司法》第一百八十二条规定：公司经营管理发生严重困难，继续存续会使股东利益受到重大损失，通过其他途径不能解决的，持有公司全部股东表决权百分之十以上的股东，可以请求人民法院解散公司。据此，股东提起公司解散诉讼需要具备以下四个要件：1. 公司经营管理发生严重困难；2. 继续存续会使股东利益受到重大损失；3. 通过其他途径不能解决的；4. 提起诉讼的主体条件，即持有公司全部股东表决权百分之十以上的股东。在上诉四个要件中，提起诉讼主体条件的规定非常明确，即持有股权 10% 以上的股东可以提起公司解散诉讼，设置股东持股份额要求可以防止股东滥诉，因对股东提起解散公司诉讼的持股限额基本采取的是形式审查标准，对此笔者不再赘述。对其他要件，结合本案进行如下分析：

（一）何为“公司经营管理发生严重困难”

现实中，股东对于价值和利益会产生不同的取舍，绝大多数公司解散纠纷诉讼的起因就是各股东对公司盈亏、经营决策等问题产生矛盾，协商无果后，一方以“公司经营管理发生严重困难”为由起诉至法院，但公司盈利与否、股东个人矛盾却不是判断“公司经营管理是否发生严重困难”的主要因素。

《公司法司法解释二》第一条规定：单独或合计持有公司全部股东表决权百分之十以上的股东在符合以下条件时可以提起解散公司之诉：公司持续两年以上无法召开股东会或者股东大会；持续两年以上不能作出有效的股东会或者股东大会决议；公司董事长期冲突，且无法通过股东会或者股东大会解决；公司继续存续会使股东利益受到重大损失的情形。所以，判断公司经营管理是否出现严重困难，应当从公司的股东会、董事会或执行董事、监事会或监事的运行状况综合分析，侧重于考察公司管理方面是否存在严重内部障碍，该障碍是否使公司无法按照《公司法》的要求形成自主意志。根据《公司法》的规定，公司意志的表达主要通过召开股东（大）会或符合法定或约定比例的股东作出决议，如果上述途径均失灵，则公司无疑会陷入僵局。例如，某公司章程规定“股东会的决议须经代表二分之一以上表决权的股东通过，且二分之一以上不包括本数”，如果公司股东只有两名，每名股东各占50%的股份，只要两名股东意见出现分歧、互不配合，就无法形成有效表决，股东会表决机制失灵必然影响公司的运营，这种情形即为“公司经营管理发生严重困难”案件的典型。但在本案中，在王某与章某两位股东之间股权比例分别为49%、51%的情况下，根据资本多数决原则可以作出有效决策，因此王某诉称情形并非《公司法》第一百八十二条中所指的公司经营管理出现严重困难，并不能因此强制解散公司。

（二）“公司继续存续会使股东利益受到重大损失”如何把握

在公司解散之诉中，首先要分析目标公司的内部管理情况，如果“公司继续存续会使股东利益受到重大损失”是因为“公司经营管理出现严重困难”而导致的结果，则“股东利益遭受重大损失”可作为公司解散之诉的要件。正如上一要件分析所提到的，在公司解散纠纷中，公司的盈利与否并非评判公司是否符合《公司法》第一百八十二条所特指“经营管理出现严重困难”的必要条件。因此，如果股东就在此提到的“股东利益受到重大损失”仅举证证明公司经营状况欠佳，则判案法官需返回上一要件进行审查，如果公司经营状况欠佳与经营管理情况无关，则该理由难以在解散公司之诉中得到支持。

股东利益损失既包括经济利益损失，也包括损害股东权利所带来的非经济利益的损失。《公司法》第四条规定：“公司股东依法享有资产收益、参与重大决策和选择管理者等权利。”如果股东无法正常行使上述权利，则可认定其权益遭受重大损失。除第四条所作的总则性规定外，如有其他《公司法》赋予的股东权利在行使时受阻系因“公司经营管理发生严重困难”所导致，法官在作出裁判时可结合原告股东的举证对事实作出认定。

（三）何为“通过其他途径不能解决”

“通过其他途径不能解决”是指除了解散公司之外，已经没有更适当的方法可以解决公司已出现的经营困难和管理困难，也没有更有效的途径可以避免股东权益继续受到损害。实践中，即使出现经营决策困难、公司经营存在内部障碍等情况，是否支持股东解散公司，还应考察是否还有其他途径可以打破公司僵局。笔者并不认为需要股东提起其他诉讼作为公司解散纠纷之诉的前置程序，此处所强调的用尽其他方式，主要是转让股权、进行调解、召开临时股东会等方式。本案中的二位股东之间就经营管理事宜存在分歧，在作出公司决议时会出现一定的阻碍，但解散公司并非解决其矛盾的唯一途径，仍可通过股权转让等方式改变公司股权结构来实现公司目的，也可以通过调解化解股东矛盾并寻求其他解决思路，故现有证据不能证明此案已经穷尽其他途径。

综上，对于公司解散纠纷案件，应着重审查公司内部是否能够作出有效的经营决策、是否真正进入严重经营管理困难的境地，公司的司法解散会导致公司主体资格消灭，该结果是不可逆转的，因而作出解散公司裁决应当慎之又慎；同样，当公司经营管理发生严重困难，股东之间关系恶化至难以为继，若公司继续存续必将导致更大损失发生时，亦应从保护股东合法权益、维护经济秩序健康发展的角度，对符合解散条件的公司及时作出裁判。

编写人：王淼淼*

* 王淼淼，北京市丰台区人民法院民二庭助理审判员，中国人民大学法律硕士。

股东损害公司债权人利益责任纠纷的管辖依据

——某娱乐中心诉杨某某股东损害公司债权人利益责任纠纷案

一、首部

（一）案由

股东损害公司债权人利益责任纠纷。

（二）诉讼双方

原告（被上诉人）：北京市某娱乐中心（以下简称某娱乐中心）。

法定代表人：王某某，总经理。

二审委托代理人：王某，律师。

被告（上诉人）：杨某某。

（三）审级

二审。

（四）审判机关和审判组织

一审法院：北京市丰台区人民法院。

代理审判员：舒翔。

二审法院：北京市第二中级人民法院。

合议庭组成人员：审判长，许英；审判员，王顺平、张濡。

二、一审诉辩主张

（一）原告诉称

杨某某持有北京某饭店65%的股权，同时杨某某担任北京某饭店的法定代表人。北京某饭店从北京某医院承租北京市丰台区太平桥西里的房屋后，将部分房屋转租给某娱乐中心。租赁合同期内，北京某医院对该承租房屋进行拆迁，北京某医院向北京某饭店支付补偿款约800万元，但北京某饭店并未向某娱乐中心支付任何补偿，双方于2010年诉至北京市丰台区人民法院，后法院终审判决北京某饭店向某娱乐中心支付房屋装修损失费40万元并承担一审部分诉讼费。此后，北京某饭店未履行生效判决，某娱乐中心已向法院申请强制执行。法院在执行过程中经向北京某饭店的开户行查询得知，2010年4月14日，北京某饭店收到北京某医院支付的补偿款700万元。北京某饭店共向杨某某个人转账508万元。杨某某作为北京某饭店的股东，在该饭店收到北京某医院的补偿款后无故将大额资金转入其个人账户，杨某某显然是在恶意转移财产、逃避公司债务，是在滥用公司法人独立地位和股东有限责任损害某娱乐中心作为北京某饭店的债权人的利益。为此，请求法院判令杨某某向某娱乐中心支付北京某饭店所欠案款等。

（二）被告辩称

北京市丰台区人民法院向杨某某送达起诉状后，杨某某在法定答辩期内向该院提出了管辖权异议，认为其住所地为浙江省江山市市区山川坛1×9号，本案应移送至浙江省江山市人民法院审理。

三、一审裁定理由

北京市丰台区人民法院经审查认为：本案为股东损害公司债权人利益责任纠纷，应以《民事诉讼法》中管辖的相关规定为基础，综合考虑公司所在地等因素来确定管辖法院。本案所涉纠纷是基于某娱乐公司和案外人北京某饭店之间的债务纠纷所产生的，杨某某作为某饭店的股东，原告要求其对公司债务承担责任。而某饭店的住所地位于本院辖区内，故原告选择在本院起诉并无不当。杨某某所提应以其住所地确定管辖法院的理由不成立，应予驳回。

四、一审定案结论

北京市丰台区人民法院依照《民事诉讼法》第一百二十七条的规定，作出如下裁定：

驳回杨某某对管辖权提出的异议。

五、二审情况

（一）二审诉辩主张

上诉人诉称：《民事诉讼法》第二十一条规定，对公民提起的民事诉讼，由被告住所地人民法院管辖。尽管本案是基于某娱乐中心和某饭店之间的债务纠纷产生的，但本案被告是杨某某，依法应当由其住所地浙江省江山市人民法院管辖，一审法院的裁定是错误的。为此，杨某某请求撤销一审裁定，将本案移送至浙江省江山市人民法院审理。

（二）二审裁定理由

北京市第二中级人民法院经审查认为：本案系股东损害公司债权人利益责任纠纷，属侵权纠纷，应按照《民事诉讼法》第二十八条关于“因侵权行为提起的诉讼，由侵权行为地或者被告住所地人民法院管辖”的规定确定管辖法院。本案中，某娱乐中心诉称杨某某作为某饭店的股东，在某饭店收到补偿款后，无故将资金转入其个人账户，损害其作为该公司债权人的利益，故本案侵权行为地应为北京某饭店的住所地即北京市丰台区，北京市丰台区人民法院依法对本案享有管辖权。某娱乐中心选择向侵权行为地人民法院提起诉讼，符合法律规定，应予支持。杨某某上诉所提本案应由其住所地浙江省江山市人民法院审理的上诉理由不成立，其上诉请求应予驳回；一审法院裁定结果正确，应予维持。

（三）二审定案结论

北京市第二中级人民法院依照《民事诉讼法》第一百七十条第一款第（一）项、第一百七十一条、第一百七十五条之规定，作出如下裁定：

驳回上诉，维持原裁定。

六、解说

本案的争议焦点为：股东损害公司债权人利益责任纠纷案应该依据“与公司有关的纠纷”确定管辖法院还是依据一般管辖原则确定管辖法院。依据不同的管辖原则有可能直接导致管辖法院的不同。

《民事诉讼法》第二十六条对关于“与公司有关的纠纷”作出了规定：因公司设立、确认股东资格、分配利润、解散等纠纷提起的诉讼，由公司住所地人民法院管辖。2015 年新颁布的《民事诉讼法司法解释》对“与公司有关的纠纷”的管辖作了进一步的细化，规定因股东名册记载、请求变更公司登记、股东知情权、公司决议、公司合并、公司分立、公司减资、公司增资等纠纷提起的诉讼，依照《民事诉讼法》第二十六条规定确定管辖。但是，由于 2011 年 2 月 18 日最高人民法院发布的《民事案件案由规定》第八部分“与公司有关的纠纷”包括二十五类公司诉讼类型，而民事诉讼法及其司法解释对“与公司有关的纠纷”仅进行了列举规定，对于其他公司诉讼是否应适用公司住所地法院管辖存在争议。本案属于股东损害公司债权人利益责任纠纷，并未包含在法律明确列举的范围之内。

在 2012 年《民事诉讼法》修改前，法律未明确规定公司诉讼应由公司住所地法院管辖，法学理论界和司法实务界就此存在争论。目前主流观点是，因公司纠纷提起的诉讼，应以《民事诉讼法》中管辖的相关规定为基础，综合考虑公司所在地等因素来确定管辖法院。但此种观点并无明确的法律依据，容易引发争议。

《民事诉讼法》及其司法解释以列举的方式对公司诉讼管辖问题进行规定，但并不意味着所有公司诉讼都应由公司住所地管辖。对于法律未明确列举的纠纷，应当根据纠纷性质来认定。适用公司诉讼管辖应以是否与公司组织行为有关作为判断标准。因公司设立、确认股东资格、分配利润、公司解散、公司组织形式变更、公司合并、公司分立、公司资本变动等与公司组织行为有关的纠纷应适用《民事诉讼法》及其司法解释中的公司诉讼管辖规定，因为该类案件一般都会涉及与公司组织相关的多数利害关系人，集中由公司住所地管辖，可以避免当事人就管辖地起争议，方便当事人参与诉讼，也有利于人民法院通过审理查明案件，节省司法资源。但是，其他与公司有关的诉讼，如公司股东之间的出资纠纷，公司股东与债权人之间因公司而产生的纠纷，则应适用一般地域管辖的规定，因为这些案件虽然也可能涉及公司，但并不具备公司组织法上的性质，将其排除在公司诉讼管辖之外，有利于现有民事诉讼管辖体系的统一与稳定。

本案中，一审法院即北京市丰台区人民法院认为本案是因某娱乐中心和某饭店之间的债权债务所产生的。而某饭店的住所地位于法院辖区内，所以北京市丰台区人民法院对该案拥有管辖权。二审法院即北京市第二中级人民法院首先对股东损害公司债权人利益责任纠纷的性质进行了论述，即本案在性质上并不属于“与公司有关的纠纷”，而属于侵权纠纷，应按照侵权纠纷确定管辖法院。因侵权行为提起的诉讼，由侵权行为地或被告住所地人民法院管辖；侵权行为地包括侵权行为实施地、侵权结果发生地。某娱乐中心能否在北京市丰台区人民法院诉讼取决于本案的侵权行为地是否在丰台区。本案中，某娱乐中心认为杨某某将某医院的补偿款转入其私人账户，侵犯了自己的合法权益，即本案的侵权行为地应当为某饭店的住所地，故可以认定某饭店所在地为本案的侵权行为地，北京市丰台区人民法院对本案拥有管辖权。

在对本案管辖权的分析上，一审法院按照目前主流观点来确定管辖，但由于缺乏明确的法律依据，易引发当事人争议。而二审法院按照一般地域管辖原则来确定管辖，由于股东损害公司债权人利益责任纠纷本质上是一种特殊的侵权纠纷，应适用侵权纠纷的管辖规定，也从法律上找到了明确依据。需要注意的是，股东损害公司债权人利益责任纠纷在性质上为侵权纠纷，应由侵权行为地或被告住所地人民法院管辖。至于公司所在地是否可以被认定为侵权行为地来确定管辖依据，需要针对个案的侵权行为具体问题具体分析。所以，并非所有的股东损害公司债权人利益责任纠纷案件都能依据公司所在地进行管辖。

综上，本案一审、二审法院的审理结果是正确的，但二审法院的裁定理由更为充分、合理。

编写人：杨　灵* 郭　宏**

---

* 杨灵，北京市丰台区人民法院民二庭法官，中国政法大学法学学士。

** 郭宏，北京市丰台区人民法院立案庭助理审判员，北京师范大学国际法学硕士。

第二章　合同类纠纷

汽车买卖中销售者欺诈行为的认定

——赵某诉某有限公司买卖合同纠纷案

一、首部

（一）案由

买卖合同纠纷。

（二）诉讼双方

原告（上诉人）：赵某。

委托代理人：冒某某，某公司法律顾问。

被告（上诉人）：某有限公司。

法定代表人：田某，某有限公司董事长。

委托代理人：陈某某，某有限公司总经理助理。

委托代理人：陈某，律师。

（三）审级

二审。

（四）审判机关和审判组织

一审法院：北京市丰台区人民法院。

合议庭组成人员：审判员，罗红斌；人民陪审员，崔小卯、卢桂云。

二审法院：北京市第二中级人民法院。

合议庭组成人员：审判长，闫飞；代理审判员，陈洋、卓燕平。

二、一审诉辩主张

（一）原告诉称

2010年2月10日上午，赵某到某有限公司选购Jeep指南者汽车，某有限公司销售顾问戴某和女经理王某接待赵某，介绍了Jeep指南者的两款车型，重点介绍并一致推荐2009款Jeep指南者限量版，称该款限量版指南者更安全，主动被动安全配置更加全面，比运动版指南者多了TPMS数字式轮胎压力监测系统及前排座椅辅助侧气囊、音响多了几个喇叭等。在销售顾问和经理的极力推荐下，赵某在对比了指南者限量版和运动版的安全配置后，基于限量版车型更为全面的安全配置，能对自身有更加全面的保护，便放弃了Jeep指南者运动版，决定购买比运动版贵了3万元的2009款Jeep指南者限量版，并与某有限公司签订了编号为0000165的《汽车销售合同书》，合同约定：赵某向某有限公司购买一辆Jeep指南者限量版车，黑色，发动机号为9××6598，车款为255000元；销售方为购买方提供质量完好的商品车辆；销售方所售全新车辆在交车后按产品质量保修手册所规定的内容执行；本合约内之标准规格配备以厂家发布为准，如有变动，仍以原厂发布规格执行。合同签署后，赵某立即向某有限公司支付了车款255000元并将所购车辆提走，某有限公司于2010年2月10日向赵某出具了机动车销售统一发票。2010年4月中旬，赵某被某有限公司告知其购买的Jeep指南者限量版车型没有装配TPMS数字式轮胎压力监测系统及前排座椅辅助侧气囊，提出赔偿赵某5000元或加钱换购车辆装备，并要求赵某签署免责协议。赵某未同意。此后，某有限公司再未联系赵某。后赵某于2010年5月中旬至2011年5月19日一直与某有限公司就此事进行协商，但协商未果。赵某以某有限公司客观上实施了欺诈销售行为严重侵害了赵某的合法权益为由诉至法院，请求依法判令：1. 某有限公司赔偿255000元；2. 某有限公司向赵某书面赔礼道歉；3. 某有限公司承担本案诉讼费用。

（二）被告辩称

1. 某有限公司在涉案车辆销售时对于车辆缺少配置的情况并不知情，没有欺诈的故意。2. 赵某应当对"某有限公司在涉案车辆销售时明知缺少配置却故意加以隐瞒"承担举证责任，在没有充分证据证明的情况下，赵某要承担举证不能的不利后果。3. 某有限公司不存在任何欺诈行为，所以某有限公司不应承担惩罚性的加倍赔偿。故某有限公司愿意承担一定责任以解决与赵某的争端，但并不承担欺诈的赔偿责任。同时书面赔礼道歉只适用于人身权利受损，而本案是财产纠纷，不适用赔礼道歉。

三、一审事实和证据

北京市丰台区人民法院经公开审理查明：2010年2月10日，赵某与某有限公司签订《汽车销售合同书》（合同编号为0000165），合同约定：赵某向某有限公司购买Jeep指南者限量版车一辆，黑色，发动机号为9×××6598，车款为255000元；销售方为购买方提供质量完好的商品车辆；销售方在购买方车款全部到账时，将新车做完检验工作后，经购买方核对无误后交车；销售方所售全新车辆在交车后按产品质量保修手册所规定的内容执行；本合约内之标准规格配备以厂家发布为准，如有变动，仍以原厂发布规格执行。合同签订后，赵某向某有限公司支付了255000元车款并将所购车辆提走，某有限公司向赵某出具了机动车销售统一发票。根据Jeep指南者的配置表、用户手册及其生产厂家克莱斯勒汽车公司官网描述，Jeep指南者限量版车型应当装配TPMS数字式轮胎压力监测系统及前排座椅辅助侧气囊。2010年4月中旬，赵某被某有限公司告知其购买的Jeep指南者限量版车型没有装配TPMS数字式轮胎压力监测系统及前排座椅辅助侧气囊。

另查：2010年1月，董某某以257900元从某有限公司购买了一辆2009款Jeep指南者限量版，后发现该车并未配备TPMS数字式轮胎压力监测系统及前排座椅辅助侧气囊，便于同年1月5日将此情况告知了某有限公司的汽车销售人员与售后服务部门。2010年2月25日，某有限公司收到克莱斯勒（中国）汽车销售有限公司（以下简称克莱斯勒公司）关于指南者销售通知的电子邮件，其中载明："如下豪华型指南者实车装配与以往配置有所不同（缺少胎压检测装置和侧气囊），再次提醒各位引起重视并在交付客户时书面告知并获得认可。"2010年3月16日，某有限公司收到克莱斯勒公司的经销商告知函，载明："针对本公司授权贵公司销售的部分指南者豪华型车辆，因其配置与一般豪华型车辆相比，不具备轮胎压力监测系统（TMPS）及前排座椅侧面辅助气囊两项配置，因此，在之前已告知贵公司上述情况的基础上，本公司现对该批车辆提出特定销售要求。"

上述事实，有原告赵某提供的《汽车销售合同》、车辆购买发票、进口车辆随车检验单、机动车登记证书、车辆行驶证、车辆配置表、指南者用户手册、克莱斯勒官网资料及照片，被告某有限公司提供的2010年2月25日克莱斯勒公司通知、2010年3月16日克莱斯勒公司告知函邮件和相应附件、新车入库检测单、（2011）丰民初字第某号民事判决书、（2011）二中民字第某号民事裁定书及双方当事人庭上陈述等在案佐证。

四、一审判案理由

北京市丰台区人民法院经审理认为：赵某与某有限公司签订的《汽车销售合同》，系双方当事人真实意思表示，且未违反有关法律法规的强制性规定，应为有效合同。双方均应按照约定履行各自义务。本案中，作为经营者的某有限公司在向赵某销售车辆前，曾收到过客户对同类车型缺少配置的情况反映，但却未对其他同类同批次车辆特别注意及进行复检，仍按原配置车型向赵某进行销售，导致赵某作出"放弃购买Jeep指南者运动款，决定购买比运动版贵了3万元的2009款Jeep指南者限量版”的错误意思表示，某有限公司应承担相应的民事责任。但是，对于某有限公司是否存在欺诈行为，本院认为，尽管2010年2月25日克莱斯勒公司通知中表明对有关涉案车型存在配置缺少的情况是“再次告知”，但尚不足以证明2010年2月10日赵某与某有限公司签订《汽车销售合同书》时，某有限公司已经知晓同类车辆缺少TPMS数字式轮胎压力监测系统及前排座椅辅助侧气囊的事实。某有限公司在接到此后克莱斯勒公司的有关处理方案后，亦通知了赵某，并与赵某就相关问题进行了协商。此外，赵某提交的证据虽能够证明涉案车辆缺少TPMS数字式轮胎压力监测系统及前排座椅辅助侧气囊的配置，但不足以证明某有限公司存在隐瞒真实情况的欺诈故意。故对赵某要求某有限公司赔偿损失金额中的合理部分，本院予以支持。赵某并无证据证明某有限公司侵害其人格尊严或者侵犯其人身自由，故赵某要求某有限公司书面赔礼道歉的诉讼请求没有事实和法律依据，本院不予支持。

五、一审定案结论

北京市丰台区人民法院依照《合同法》第六十条第一款、第一百零七条，《民事诉讼法》第六十四条第一款，《民事诉讼证据规定》第二条的规定，作出如下判决：

1. 某有限公司于本判决生效之日起十日内赔偿赵某六万元；
2. 驳回赵某其他诉讼请求。

六、二审情况

（一）二审诉辩主张

1. 上诉人赵某上诉称

第一，一审法院判决未认定某有限公司在向赵某销售车辆时存在欺诈行为，与事实不符。2010年1月5日，案外人董某某已将2009款Jeep指南者限量版车辆未装备TPMS数字式轮胎压力监测系统及前排座椅辅助侧气囊的情况告知了某有限公司的销售人员及售后服务人员。同时，该车辆在销售给赵某前，某有限公司也表示对诉争车辆进行了售前检查，检查中可明确发现该车是否装配了 TPMS 数字式轮胎压力监测系统及前排座椅辅助侧气囊等相关配置，某有限公司在一审中也认可该配置是否装配是可以通过售前检查所知晓的。第二，一审法院适用法律错误，本案纠纷不应当适用《合同法》。某有限公司应当按照《消费者权益保护法》的规定进行赔偿。一审法院在审理此案时，应当按照赵某与某有限公司主张的法律依据及事实作出裁判，而不应当错误地援引《合同法》中的条款对本案进行裁判。综上，一审法院判决认定事实不清，适用法律错误，请求二审法院撤销一审法院判决，依法改判某有限公司赔偿赵某 255000 元。

2. 上诉人某有限公司上诉称

一审法院判决在确定赔偿金额时存在事实认定不清。赔偿金额应当以填平赵某的损失为限。指南者限量版和运动版的配置差别并不仅限于辅助侧气囊和胎压监测系统，还增加了包括真皮座椅、座椅加热功能、车身亮色防擦条、音响喇叭等多项功能。因此缺少辅助侧气囊和胎压监测系统给赵某造成的损失应当在 3 万元以内，根据这两项配置的零件总价，可以确定赵某的损失应为 5480.97 元。一审法院判决某有限公司向赵某赔偿 6 万元，缺乏事实依据，某有限公司无法接受。因此，请求二审法院撤销一审法院判决，依法改判某有限公司按照未加装配置的总价格 5480.97 元向赵某承担赔偿责任。

（二）二审事实和证据

二审法院查明的事实与一审法院审理查明的事实一致。

（三）二审判案理由

北京市第二中级人民法院经审理后认为：一方当事人故意告知对方虚假情况，或者故意隐瞒真实情况，诱使对方当事人作出错误意思表示的民事行为，可以认定为欺诈行为。《消费者权益保护法》第四十九条规定："经营者提供商品或者服务有欺诈行为的，应当按照消费者的要求增加赔偿其受到的损失，增加赔偿的金额为消费者购买商品的价款或者接受服务的费用的一倍。"由此可见，加倍赔偿的前提是有欺诈行为存在。本案中，赵某于2010年2月10日向某有限公司购买涉案车辆，某有限公司于2010年2月25日收到克莱斯勒公司的电子邮件通知，虽然该通知中表明对有关涉案车型存在配置缺少胎压检测装置和侧气囊是"再次告知"，但不足以证明2010年2月10日赵某与某有限公司签订《汽车销售合同书》时，某有限公司已经知晓同类车辆缺少TPMS数字式轮胎压力监测系统及前排座椅辅助侧气囊的事实。根据现有证据不能认定某有限公司存在故意欺骗赵某的主观故意及故意告知赵某虚假情况和故意隐瞒真实情况的行为，因此赵某要求某有限公司按照其购买车辆的价款进行赔偿的上诉请求没有事实及法律依据，本院不予支持。某有限公司作为经营者，应按约向赵某提供车辆，现某有限公司向赵某提供的车辆缺少TPMS数字式轮胎压力监测系统及前排座椅辅助侧气囊，不符合合同约定，应当承担相应违约责任，向赵某赔偿相应的损失。一审法院酌情判令某有限公司赔偿赵某损失6万元并无不妥。某有限公司上诉主张按照未加装配置的零部件销售价格5480.97元向赵某承担赔偿责任没有合理依据，本院亦不予支持。一审法院判决处理并无不当，应予维持。

（四）二审定案结论

北京市第二中级人民法院依照《民事诉讼法》第一百五十三条第一款第（一）项之规定，作出如下判决：

驳回上诉，维持原判。

七、解说

随着社会经济的发展以及人们生活水平的提高，车辆已经进入了千家万户的日常生活，但因购车产生的纠纷也日益增多。在大批购车纠纷中，买卖双方争议的焦点大多集中在两个方面：一是车辆买卖是否适用《消费者权益保护法》；二是车辆买卖中如何认定销售者的欺诈。本案是一起较为典型的购车纠纷，本文结合上述问题进行如下分析：

（一）本案是否适用《消费者权益保护法》

《消费者权益保护法》第二条规定："消费者为生活消费需要购买、使用商品或者接受服务，其权益受本法保护；本法未作规定的，受其他有关法律、法规保护。"由此可见，购车纠纷是否适用《消费者权益保护法》的关键在于，购车人购买车辆的目的是否是"为生活消费"、购车人是否属于消费者。本案中，赵某购买该车系因生活需要自用，某有限公司也没有证据证明赵某购买该车用于经营性行为，故赵某购买车辆的行为属于生活消费，可以适用《消费者权益保护法》。而现实生活中，如果购车人购买车辆用于经营性行为，而不是为满足自己的生活所需，则购车人不属于"消费者"，也就不应受《消费者权益保护法》的保护。

（二）某有限公司是否构成欺诈

对欺诈的认定，从法律规定来看，《民通意见》第六十八条进行了概括式的规定："一方当事人故意告知对方虚假情况，或者故意隐瞒真实情况，诱使对方当事人作出错误意思表示的，可以认定为欺诈行为。"同时，《北京市实施〈消费者权益保护法〉办法》第十四条第一款进行了列举式的规定。

从学理角度看，对欺诈的认定要从其构成要件进行考量：第一，经营者主观上具有欺诈的故意；第二，经营者实施了欺诈行为；第三，消费者因欺诈而陷入错误；第四，消费者因陷入错误而作出错误的意思表示。四要件须同时具备，才能认定为欺诈。

从现实案例看，对经营者欺诈的认定要把握主客观相结合的原则，考察经营者主观上的欺诈故意与客观上的欺诈行为。此外，在认定经营者是否存在欺诈的过程中，虽不以消费者受到实际损害结果为必要条件，但仍应考虑消费者因经营者的行为作出错误意思表示而使自己处于一种不利境地的客观因素。

而在实际审判中，对购车纠纷中销售者欺诈的认定不宜过严，对销售者推销宣传的售车行为一般不宜认定为欺诈。一方面，尽管汽车作为生活消费品已经日益普及，但其仍属于高端生活消费品，价值较高，所以，对购车纠纷中欺诈的认定要采取审慎的原则。另一方面，购车活动有其自身特点。购车买卖中，尽管销售者相较消费者在知识、经验上更为专业，销售者的介绍和推销可能会直接影响到消费者的购买意愿，但不能因此过度强化消费者的知情权进而提高销售者的告知义务。销售者在推销介绍时是否故意隐瞒真实情况或故意进行虚假宣传，销售者是否构成欺诈，仍应综合考虑多方面因素进行认定。此外，在购车活动中，车辆是作为整体被销售的，因此对车辆部分配置的不实介绍不能单独认定为欺诈。具体地讲，销售者的宣传推销行为是否构成欺诈，要从以下几点进行考量：第一，销售者主观上是疏忽大意的过失还是欺诈的故意；第二，销售者是对车辆整体的虚假宣传还是对车辆部分配置的不实介绍；第三，销售者不实介绍的部分配置是车辆的关键性配置还是一般配置；第四，销售者不实介绍的部分配置的价值占车辆总价款的比重是否较高。

结合本案，某有限公司向赵某推销的 2009 款 Jeep 指南者限量版车型，客观上缺少 TPMS 数字式轮胎压力监测系统及前排座椅辅助侧气囊这两项安全配置。对相关车型缺少配置的不实介绍，某有限公司主观上确实存在过错。但在某有限公司已经尽到了基本的合理注意义务的前提下，宜认定为疏忽大意的过失，而非隐瞒真实情况的欺诈故意。同时，虽然 TPMS 数字式轮胎压力监测系统及前排座椅辅助侧气囊是 2009 款 Jeep 指南者限量版车型与 2009 款 Jeep 指南者运动版车型在安全配置上的显著差异，但这两项配置并不是 2009 款 Jeep 指南者限量版车型的最关键性配置，且本身的价值占车辆全款的比重较小。因而，对某有限公司推销 2009 款 Jeep 指南者限量版车型行为，不宜认定为欺诈。

（三）某有限公司应承担何种法律责任

本案中某有限公司的行为不构成欺诈，不适用《消费者权益保护法》的第四十九条双倍赔偿的规定。[①] 某有限公司与赵某存在买卖合同关系，其向赵某销售的车辆客观上缺少 TPMS 数字式轮胎压力监测系统及前排座椅辅助侧气囊这两项安全配置，与合同约定不符。同时，销售车辆前，某有限公司曾收到过客户对同类车型缺少配置的情况反映，但却未对其他同类同批次车辆特别注意及进行复检，仍按原配置车型向赵某进行销售。故对某有限公司的行为宜认定为一般的违约行为，而非欺诈行为，某有限公司需承担违约责任，并需对赵某进行相应的赔偿。

根据《合同法》第一百一十三条规定，当事人一方不履行合同义务或者履行合同义务不符合约定，给对方造成损失的，损失赔偿额应当相当于因违约所造成的损失，包括合同履行后可以获得的利益，但不得超过违反合同一方订立合同时预见到或者应当预见到的因违反合同可能造成的损失。经营者对消费者提供商品或者服务有欺诈行为的，依照《消费者权益保护法》的规定承担损害赔偿责任。某有限公司具体的赔偿数额包括直接损失和合同履行后可预见的损失，据此法院酌定某有限公司赔偿赵某 6 万元。

编写人：罗红斌[*] 侯 斌[**]

---

① 修订后，2014 年 3 月 15 日施行的《消费者权益保护法》第五十五条第一款规定："经营者提供商品或者服务有欺诈行为的，应当按照消费者的要求增加赔偿其受到的损失，增加赔偿的金额为消费者购买商品的价款或者接受服务的费用的三倍；增加赔偿的金额不足五百元的，为五百元。法律另有规定的，依照其规定。"

* 罗红斌，北京市丰台区人民法院婚姻家庭案件审判庭法官，首都师范大学法学学士。

** 侯斌，原北京市丰台区人民法院民二庭助理审判员。

民事裁判中鉴定不能情况下证明标准的确定

——葛某诉北京某汽车销售服务有限公司买卖合同纠纷案

一、首部

（一）案由

买卖合同纠纷。

（二）诉讼双方

原告：葛某。

被告：北京某汽车销售服务有限公司（以下简称某汽车销售公司）。

法定代表人：夏某某，某汽车销售公司总经理。

委托代理人：郑某某，某汽车销售公司行政主管。

委托代理人：赵某某，某汽车销售公司销售主管。

（三）审级

一审。

（四）审判机关和审判组织

审判机关：北京市丰台区人民法院。

代理审判员：李佳。

二、诉辩主张

（一）原告诉称

2015年6月20日，原告（乙方）为购买宝骏730汽车（1.8L豪华）与被告（甲方）达成《购车服务协议》，约定："此车官方指导价为89800元，双方约定购买此车价格合计95800元，所包含项目为车款、保险；交强；车船税及本公司所含利润，送16000元的油卡（中石化、中石油），油卡为免费赠送油卡9.5折回收缴付乙方。"合同签订后，原告履行了全部的合同义务后，被告却拒绝履行合同部分义务，拒绝为原告购买商业险，并将"16000元油卡"篡改为"160.00元油卡"，事后原告自己购买商业险花费3800元。因被告不履行合同义务，现原告诉至法院，请求判令被告：1. 支付原告油卡折现款15200元；2. 赔偿原告损失45600元；3. 退还原告购买商业险金额3800元；4. 承担本案证人出庭作证的费用326元及本案受理费。

（二）被告辩称

不同意原告全部诉讼请求。第一，合同约定油卡金额为160元，我公司已经给付原告。第二，原告主张的损失没有依据。第三，合同未对商业险进行约定。第四，不同意承担证人作证费用和诉讼费。

三、事实和证据

北京市丰台区人民法院经公开审理查明：2015年6月20日，葛某（乙方）与某汽车销售公司（甲方）签订《购车服务协议》，约定：葛某在某汽车销售公司的协助下购买颜色为大地棕的宝骏730（1.8L豪华）汽车，此车官方指导价为89800元，双方约定购买此车价格合计95800元整，提车手续齐全（同时以上商定价格含某汽车销售公司利润）。所包含项目为车款、保险；交强；车船税及该公司所含利润，送16000元的油卡（中石化、中石油），油卡为免费赠送油卡 9.5 折回收缴付葛某。合同第三条约定，关于以上商定购买此车价格，某汽车销售公司已告知葛某且葛某认可了全部内容，购车服务合同一式两份，经双方签字（按手印）后生效。合同第六条约定，车辆选装装饰均为赠送（免费），包括进口膜、地胶、脚垫、凉垫、把套、香水、掸子、底盘装甲、麂皮、全车封釉、全车镀膜。

合同签订后，某汽车销售公司将唯一一份合同原件收走，未给葛某合同原件。葛某给付某汽车销售公司 1000 元定金。双方共同到河北某汽车销售服务公司廊坊分公司提车，葛某先后支付了 83350 元和 1380 元，之后双方到汽车装饰店完成汽车装饰，在该店支付了 11100 元，某汽车销售公司持葛某身份证办理其他手续，并为葛某所购车辆购买了交强险，支付保费 1100 元，交纳车船税 280 元、购置税 6821 元，并退还葛某 1000 元。某汽车销售公司向葛某采取油卡折算现金的方式向葛某返还现金 152 元。后葛某自行购买商业险花费 3774.3 元。

庭审中，双方对承诺返还油卡的金额是否被修改的事实进行了举证质证和解释说明，某汽车销售公司对合同第一条倒数第三行手写内容“车款、保险；交强；车船税及本公司所含利润，送 16000 元的油卡（中石化、中石油），油卡为免费赠送油卡 9.5 折回收缴付乙方”在两次庭审中陈述不一：第一次开庭时主张先书写金额（包括小数点），后盖章，再用笔描重该小数点；第二次开庭时主张整段文字系盖章在先，书写在后。

本案审理中，葛某申请就《购车服务协议》原件中“160.00 元的油卡”中的“.”与加盖在“160.00”上的“北京某汽车销售服务有限公司合同专用章”的形成先后顺序进行鉴定。经北京市高级人民法院随机选定鉴定机构，本院委托北京某司法鉴定所进行文检鉴定。2015 年 10 月 22 日，该司法鉴定所出具《终止司法鉴定通知书》，载明：经审查，因超出我所技术条件，鉴定工作无法完成，终止鉴定。双方当事人对《终止司法鉴定通知书》认可，并表示均不申请重新鉴定。

上述事实有原告葛某提供的购车服务协议复印件、定金条、银行卡客户交易查询单、现场照片、对账单、刷卡消费凭证、葛某与范经理（132××××3614 机主）通话录音、网站截图 13 页、购车发票、交强险发票、交强险保单、商业险保单、商业险发票、葛某 2015 年 6 月 19 日来京火车票、王某某 2015 年 9 月 16 日来京出庭火车票、通话记录打印单、《终止司法鉴定通知书》，被告提供的购车服务协议原件及双方当事人陈述等在案佐证。

四、判案理由

北京市丰台区人民法院经审理认为：葛某与某汽车销售公司之间的买卖合同系双方当事人的真实意思表示，并未违反有关法律、行政法规的强制性规定，应为有效，双方均应依约履行。买卖合同签订后，葛某交纳了合同约定价款，某汽车销售公司履行了部分合同义务，向葛某交付了车辆，并购买了交强险、交纳了车船税、购置税等税费。

本案的争议焦点主要集中在优惠金额是否被单方面修改这一事实及其法律性质的认定。对此，本院根据双方举证质证及庭审查明情况阐述如下：第一，葛某与某汽车销售公司签订的买卖合同中明确约定，合同应一式两份，但某汽车销售公司作为合同文本的提供方，并未让葛某签订两份合同，并且将唯一一份合同原件收走，之后交给葛某合同复印件，不符合合同约定，且不符合书面订立买卖合同的交易习惯。第二，该优惠金额中小数点的书写不符合本合同及正常的书写习惯。本案购车服务协议中，全部数字的书写习惯除确有必要保留小数点后一位以外（如 9.5 折、1.8L 豪华等），其他整数数字均保留到整数位（如指导价 89800 元、购车价格为 95800 元等），无保留两位小数点的情况，如果此处金额确为 160 元，其书写方式保留到小数点后两位，即“160.00 元”，与其他各处的书写方式均不一致。第三，本案审理中，某汽车销售公司对合同第一条倒数三行手写内容“车款、保险；交强；车船税及本公司所含利润，送16000元的油卡（中石化、中石油），油卡为免费赠送油卡9.5折回收缴付乙方”在两次庭审中陈述不一：第一次开庭时主张先书写金额（包括小数点），后盖章，再用笔描重该小数点；第二次开庭主张整段文字系盖章在先，书写在后。某汽车销售公司未对该事实作出明确且合理的说明。第四，“送16000元的油卡”的优惠金额有其他证据相互佐证。在葛某与某汽车销售公司工作人员于缔约阶段采取电话方式就交易价格进行协商的过程中，某汽车销售公司工作人员承诺返还的加油卡金额系20000元，即在官方指导价的基础上采取现金优惠和返还油卡的方式作出3万余元优惠承诺。此承诺与双方最终签订的买卖合同中返还油卡的优惠幅度能够相互佐证，形成完整的证据链。第五，囿于鉴定技术条件的限制，鉴定机构出具《终止司法鉴定通知书》终止了本案鉴定程序。虽然该司法鉴定程序并未就“16000元的油卡”数字中间的小数点与其上印章形成的先后顺序作出鉴定结论，但该《终止司法鉴定通知书》并未加强或减弱其他证据就此事实的证明力。综上，本院认为，该“送16000元的油卡”的承诺系买卖双方签订合同时出卖方某汽车销售公司承诺的价格优惠方式及金额，其应当依约履行。

关于返还油卡金额修改的法律性质一节。双方签订买卖合同后，某汽车销售公司单方面修改优惠金额“16000元油卡”为“160元油卡”，系价格的变更，应视为新要约，现葛某不认可该价格变更，则应认定为未承诺，故新要约失效，某汽车销售公司应该按照原合同价款履行。对于葛某主张某汽车销售公司构成欺诈并要求根据《消费者权益保护法》的规定赔偿3倍损失的请求，本院认为，欺诈系一方虚构事实或隐瞒重要事实使对方陷入错误的意思表示。本案中，葛某基于某汽车销售公司就交易价格采取赠送16000元油卡再折价回收的方式予以优惠的承诺，做出与某汽车销售公司订立买卖合同的意思表示，一经双方达成合意，合同即告成立。之后，某汽车销售公司修改优惠价格，其行为性质系对合同价款单方面的修改，现葛某不同意该价款的变更，双方应按照变更前协商一致的价款履行。故某汽车销售公司不存在欺诈行为，因此，对葛某该项主张，本院不予支持。

关于某汽车销售公司应依据合同折价回收油卡从而向葛某返还现金的具体金额，其计算方式应为：16000 元（合同承诺优惠金额）×95%（9.5 折）－152 元（某汽车销售公司已返还金额），即 15048 元。故关于葛某要求某汽车销售公司返还油卡折现款的诉讼请求，本院对其合理部分予以支持。对于葛某要求某汽车销售公司按照损失的 3 倍赔偿 45600 元的诉讼请求，无事实与法律依据，本院不予支持。

五、定案结论

北京市丰台区人民法院依照《合同法》第八条、第一百零七条之规定，作出如下判决：

1. 北京某汽车销售服务有限公司于本判决生效之日起十日内给付葛某加油卡折现款一万五千零四十八元；

2. 北京某汽车销售服务有限公司于本判决生效之日起十日内给付葛某保险费三千七百七十四元三角；

3. 驳回葛某其他诉讼请求。

六、解说

该案例涉及在鉴定机构因鉴定材料不具备鉴定条件而无法出具鉴定意见，鉴定程序终止的情况下，案件事实认定的问题。根据《民事诉讼法》第六十三条第一款的规定，鉴定意见与其他证据种类证明力相同，并不具有更强的证明力。鉴定意见能否被其他证据推翻，鉴定机构对案件材料经审查后因客观原因无法出具鉴定意见时，是否应据此对申请鉴定一方的主张不予采信，司法实践中也存在争议。目前，大多数观点认为，鉴定不能时，应当由申请鉴定一方承担举证不能的法律后果。实践中，大多数案件直接得出对申请鉴定一方主张不予支持的结论。

本案中，葛某主张某汽车销售公司伪造小数点，从而拒绝其按原合同约定的16000元的价格于折后返还加油卡款项的请求，存在欺诈行为。但是，在法院委托鉴定过程中，囿于笔迹形成时间、笔迹大小等客观因素，鉴定机构无法对合同上书写小数点与其上加盖印章的交叉时序做出认定，因此终止鉴定程序，未能出具具有证明效力的鉴定意见。有鉴于此，根据《民事诉讼证据规定》第七十三条的规定："双方当事人对同一事实分别举出相反的证据，但都没有足够的依据否定对方证据的，人民法院应当结合案件情况，判断一方提供证据的证明力是否明显大于另一方提供证据的证明力，并对证明力较大的证据予以确认。因证据的证明力无法判断导致争议事实难以认定的，人民法院应当依据举证责任分配的规则作出裁判。"本案参照该条规定采用优势证据原则，对全案其他证据材料进行审查，结合庭审情况，对案件事实进行认定，不仅弥补了鉴定不能的问题，而且得出支持鉴定申请一方主张的结论，充分保障了消费者的合法权益，对维护社会秩序、贯彻保护交易安全原则具有示范意义，对民事诉讼中解决鉴定不能问题具有一定的参考借鉴意义。

（一）民事诉讼中的高度盖然性标准

目前，我国民事诉讼的证明标准是"高度盖然性"标准，如果其他证据能够相互佐证，达到高度盖然性标准，则足以作为缺乏鉴定意见情况下认定案件事实的依据。《民事诉讼证据规定》第七十三条的描述就是"高度盖然性"的证明标准，即"双方当事人对同一事实分别举出相反的证据，但都没有足够的依据否定对方证据的，人民法院应当结合案件情况，判断一方提供证据的证明力是否明显大于另一方提供证据的证明力，并对证明力较大的证据予以确认。因证据的证明力无法判断导致争议事实难以认定的，人民法院应当依据举证责任分配的规则作出判断"。这一条款被认为是将盖然性优势的认识手段运用于民事审判中，在证据对待证事实的证明无法达到确实、充分的情况下，如果一方当事人提出的证据已经证明该事实发生具有高度的盖然性，人民法院即可对该事实予以确认。①

（二）高度盖然性标准在鉴定不能情况下的运用

本案中，由于双方当事人对买卖合同价款的优惠金额是否被修改这一事实争议较大，法院委托了具有相应资质的鉴定机构针对数字中书写的小数点与其上印章形成的先后顺序进行了鉴定，经鉴定机构审查，因受到鉴定能力和方法的限制，鉴定机构终止鉴定，未能出具有效的鉴定意见。且双方当事人明确表示不再申请重新鉴定。

在此情况下，对本案的处理有三种不同意见。

第一种意见认为，缺乏鉴定意见的事实无从认定。鉴定意见是认定事实的重要依据，申请鉴定一方委托鉴定后，如果不能做出鉴定意见，法院应当据此否定其所主张的事实，对其相应的诉讼请求不予支持。

第二种意见认为，缺乏鉴定意见的事实处于真伪不明状态，应当依据《民事诉讼证据规定》，由提出主张一方承担举证不能的法律后果。现原告主张存在金额被修改的事实并申请就此问题进行鉴定，故应当由原告方承担举证不能的法律后果。

第三种意见认为，未经鉴定意见确认的事实依然可以通过其他证据予以佐证。如果当事人能够补充证据，或者其他证据已经足以达到民事诉讼相应的证明标准，则应当对其主张的事实予以认定，并支持其相应诉讼请求。

（三）对本案的分析

笔者同意第三种意见。理由如下：

---

① 黄松有：《民事诉讼证据司法解释的理解和适用》，中国法制出版社 2002 年版，第 353 页。

本案中，双方针对争议事实，分别进行了举证质证，结合全案其他证据，以及双方当事人的当庭陈述，可以从五个角度就证据的高度盖然性进行分析。

一是交易习惯。根据《合同法司法解释二》第七条的规定，交易习惯是指不违反法律、行政法规强制性规定，在交易行为当地或者某一领域、某一行业通常采用并为交易双方订立合同时所知道或者应当知道的做法，或者当事人双方经常使用的习惯做法。买卖合同虽非要式行为，但针对购买机动车等生活消费中的大额交易，一般应采取书面方式订立合同。本案中，双方已采取签订书面合同书的方式进行交易，且合同约定合同书一式两份，则双方应当签订两份书面合同。但是，被告作为合同书提供方，未提供两份合同书，且将仅有的一份双方签字盖章的合同书在一段时间间隔后复印交予原告，既不符合合同约定也不符合采用书面方式订立合同的交易习惯。

二是书写习惯。书写习惯系生活经验与常识的一种，属于《民事诉讼证据规定》第九条第一款第（三）项规定的“根据法律规定或者已知事实和日常生活经验法则，能推定出的另一事实”。本案被告的书写习惯既不符合合同其他各处的书写习惯，也不符合日常书写习惯，故针对被告主张原本就存在该小数点的问题应当持存疑态度。

三是证据间的矛盾冲突。本案审理中，通过前后两次的庭审询问，被告方的当庭陈述出现矛盾之处。在这种情况下，法庭应当敏锐察觉，并相应降低对其所主张事实的确信程度。

四是其他间接证据的佐证。原告方提交了被告发布的优惠广告、双方采取电话等方式磋商时的电话录音、现场缔约时的相关证明、照片等诸多证据材料，虽然其广告等证据材料不能作为合同要约、承诺或者合同的有机组成部分，但是其能够在一定程度上印证原告主张的优惠价格的幅度，从而得以对合同价款予以佐证。故法院对原告主张的事实进一步增强了确信程度。

五是对鉴定不能的原因分析以及对鉴定过程的中肯意见。鉴定机构终止鉴定时，法院应当对当事人充分说明该鉴定意见无法做出的原因，并在此基础上对该委托鉴定的“结果”阐明观点，从而反驳“应当据此驳回申请鉴定一方诉讼请求”的辩称意见。

综上，法院在认为《终止司法鉴定通知书》并未加强、减弱其他证据就此事实的证明力的基础上，通过对其他证据的分析和认定，得出原告方主张符合高度盖然性标准的结论，确认了原告主张事实之存在，支持了其相应的诉讼请求。

编写人：李　佳*

* 李佳，北京市丰台区人民法院民二庭法官，首都经济贸易大学经济法学硕士。

商事交易中合同显失公平的认定标准

——某酒店用品公司诉某国际酒店公司买卖合同纠纷案

一、首部

（一）案由

买卖合同纠纷。

（二）诉讼双方

原告（反诉被告）：某酒店用品公司。

法定代表人：赖某，某酒店用品公司总经理。

委托代理人：陈某，律师。

被告（反诉原告）：某国际酒店公司。

法定代表人：马某，某国际酒店公司董事长。

委托代理人：田某，律师。

（三）审级

一审。

（四）审判机关和审判组织

审判机关：北京市丰台区人民法院。

代理审判员：李宝乾。

二、诉辩主张

（一）原告（反诉被告）诉称

原告和北京某投资有限公司于2011年3月签订《采购合同书》，双方约定由原告向北京某投资有限公司提供各类厨具、餐具等酒店用品，合同总价款为2616960元；合同生效后，原告适时全部履行了合同义务，实际供货总价款为2617581元，北京某投资有限公司却未按合同约定履行付款义务，至今仅向原告支付货款905088元，尚欠1712493元；2011年3月31日，北京某投资有限公司、原告和被告签订三方协议，被告承继上述《采购合同书》中北京某投资有限公司的所有权利与义务，由被告继续履行该合同，但被告未付款；现原告诉至法院，请求判令被告给付货款1712493元及截至2011年10月31日的违约金537785.28元。

（二）被告（反诉原告）答辩并反诉称

原告确实交付过部分货物，但是，货物的数量与合同约定不符；原告在收货清单上提高了部分货物的价格以补足合同约定的数额，收货单是被告员工自行签字确认，被告从未授权员工对价格进行变更，故不应作为合同履行的依据；原告主张的违约金计算标准过高，请求法院予以酌减；另外，由于原告提供的相同物品、器具的价格畸高且有些物品的产地型号与合同约定不一致，而北京某投资有限公司与被告并不具有酒店经营的经验，因此，双方签订的合同显失公平，故反诉要求撤销《采购合同书》并由原告返还被告已支付的货款905088元，由被告返还原告已交付的货物（不能返还的部分可以补偿）。

（三）原告（反诉被告）辩称

双方签订的合同已经履行，但被告经营状况不佳，才以种种理由拒付，故原告不同意解除合同并返还货款；某国际酒店公司称没有经验的理由不成立，投资公司经营范围广泛，可以聘请专业人员经营；对于价格问题，酒店用品市场价上下浮动，物品规格、质量等并没有明确的统一市场标准，被告取得的单价是其单方取得，原告不认可。

三、事实和证据

北京市丰台区人民法院经公开审理查明：2011 年 3 月 31 日，北京某投资有限公司（买方、甲方）与某酒店用品公司（卖方、乙方）签订《采购合同书》，合同约定："货物内容为前厅用品；总价款为 2616960.00 元，具体项目、规格、数量、单位、单价等详细内容请见附件清单；由乙方将货物运至北京望京交货地点，甲乙双方当场签字验收；合同签订后三日内甲方支付合同总价的 30%（785088.00 元），于 2011 年 5 月 18 日、6 月 18 日、7 月 18 日、8 月 18 日、9 月 18 日、10 月 18 日、11 月 18 日之前甲方分别给付乙方合同总价的 10%（261696.00 元）；异议期限为到货起七日内；甲方在收到货物起七日后未能验收货物，应视为乙方交付货物质量合格；甲方如不能按期付清货款，则每一天按照赔偿未付货款的千分之五给乙方。"同日，北京某投资有限公司（甲方）、某酒店用品公司（乙方）与某国际酒店公司（丙方）签订《补充协议书》，该协议书约定："在丙方登记设立前，甲方代表丙方出资人同乙方签订的《采购合同书》，现丙方已经由北京市工商行政管理局批准设立；甲、乙、丙三方一致同意，采购合同的甲方主体变更为丙方，即由丙方继续履行采购合同，乙方无权要求甲方继续履行采购合同。"2011 年 4 月 11 日，北京某投资有限公司（甲方）同某酒店用品公司（乙方）签订《变更协议》，对某某餐厅后厨与中餐厅后厨明细进行变更。

上述协议签订后，某酒店用品公司分别于 2011 年 4 月 22 日、4 月 27 日、4 月 28 日、5 月 5 日、5 月 13 日等向某国际酒店公司提供货物。同年 5 月 18 日，某国际酒店公司员工对某酒店用品公司提供货物的数量、型号、单价等进行签字确认，货款总计 2617581 元，其中，某型号榨汁机数量 3 台，单价 3600 元；45 公斤制冰机 1 台，单价 12000 元。某国际酒店公司先后付款共计 905088 元。

案件审理过程中，经某国际酒店公司申请，本院委托北京某价格评估有限公司对采购合同项下的商品市场价值和现场清点项下的商品市场价值进行评估，北京某价格评估有限公司以 2012 年 12 月 17 日为评估基准日进行了评估，经评估，采购合同项下的商品市场价值为 2210300 元。

庭审中，某国际酒店公司提供制冰机使用说明书及报价表、某型号榨汁机产品说明书及询价单等，用以证明某酒店用品公司提供的部分货物与合同约定不符，而且合同价格高于市场价。对此，某酒店用品公同意按照上述价格计算，即 45 公斤制冰机单价为 3950 元、某型号榨汁机单价为 888 元。

另查，北京某投资有限公司设立于 2002 年 5 月 14 日，经营范围包括投资管理、投资咨询，销售日用百货、礼品以及建筑材料等；某国际酒店公司成立于 2011 年 3 月 24 日。

上述事实有原告某酒店用品公司提供的《采购合同书》、《补充协议》、《变更协议》、货件清单、送货清单、收货单、汇款凭证，被告某国际酒店公司提供的说明书、报价单、营业执照，北京某价格评估有限公司出具的评估报告以及双方当事人陈述等在案佐证。

四、判案理由

北京市丰台区人民法院经审理认为：从庭审情况可查，本案的争议焦点是合同是否显失公平，而根据相关规定，一方当事人利用优势或者对方没有经验，致使双方的权利和义务明显违反公平、等价有偿原则的，可以认定为显失公平，对于显失公平的民事行为，当事人有权请求予以撤销或者变更。对于本案，本院依据上述规定作出如下分析：

首先，北京某投资有限公司作为一家投资公司，其对于市场交易行情、交易风险、价格变化等应当负有高于一般商事主体的注意义务，否则应当自行承担相应的风险；其次，某国际酒店公司作为从事营利性交易行为的商事主体，亦应当对于交易的有关内容负有较大的审慎注意义务；再次，评估报告与该合同确定的物品价值未差额悬殊或者明显违反公平原则，故评估报告不足以证明采购合同显失公平；最后，本案中某酒店用品公司提供货物后，某国际酒店公司的员工已经予以接收，并在此后通过签订收货单的方式予以确认，故应视为其认可某酒店用品公司提供的货物。

因此，采购合同系某酒店用品公司、北京某投资有限公司以及某国际酒店公司的真实意思表示，并不违反有关法律、行政法规的强制性规定，应为有效，当事人均应依约履行。某国际酒店公司收取货物后未付款的行为属于违约，应当承担相应的违约责任，故某酒店用品公司要求某国际酒店公司支付货款及违约金的诉讼请求具有事实和法律依据，本院予以支持，但具体数额应以本院认定的为准。某国际酒店公司提出的反诉请求没有事实和法律依据，本院不予支持。

五、定案结论

北京市丰台区人民法院依照《合同法》第五十四条、第一百零七条、第一百一十四条，《民通意见》第七十二条之规定，判决如下：

1. 某国际酒店公司于本判决生效之日起十日内给付某酒店用品公司货款一百六十九万六千二百四十四元；

2. 某国际酒店公司于本判决生效之日起十日内给付某酒店用品公司违约金六万二千零八十一元；

3. 驳回某酒店用品公司的其他诉讼请求；

4. 驳回某国际酒店公司的反诉请求。

六、解说

本案的争议焦点是合同是否显失公平。根据《民通意见》第七十二条规定："一方当事人利用优势或者利用对方没有经验，致使双方的权利义务明显违反公平、等价有偿原则的，可以认定为显失公平。"本案结合庭审概况，综合考量合同的签订背景和履约情况等因素，认定涉案合同为当事人双方真实意思表示符合公平原则的要求。明确合同显失公平的认定标准与考量因素，对审判实践具有重要意义。

（一）合同显示公平的认定标准——基础考量因素

所谓合同显失公平，是指合同一方当事人利用其优势或者利用对方没有经验而与对方当事人订立合同，并对该方当事人产生明显不利。根据我国显失公平规则体系，① 实践中对显失公平的认定标准有两种观点：

一是客观说。该种观点认为显失公平的构成要件是单一性、唯一性的，即客观上当事人之间存在利益不均衡、权利义务不对等，则当然认定构成显失公平。此种观点不考虑造成显失公平的主观因素，不考究该种利益不均衡发生之原因，一定程度上也相对减轻了受害人承担的举证责任。

二是主客观统一说。该种观点认为显失公平的构成要件包括两个方面，即主观条件与客观条件。主观上要求一方主体故意利用优势或者另一方主体的轻率、无经验或者经验不足而签订了显

---

① 该规则体系涵盖了显失公平的上游原则与具体内涵，如我国《民法通则》第四条规定："民事活动应遵循自愿、公平、等价有偿、诚实信用的原则。"第五十九条规定："显失公平的民事行为属于可撤销或可变更的行为。"《合同法》第五条规定："当事人应当遵循公平原则确定各方的权利与义务。"第五十四条规定："下列合同，当事人一方有权请求人民法院或者仲裁机构变更或者撤销：……（二）在订立合同时显失公平的。"

失公平的合同,[①] 客观上要求双方主体之间形成了明显的利益不均衡。

结合上述认定标准以及我国法律相关规定，就合同显示公平基础考量因素阐述如下：

1. 结果要素

出现不公平的交易结果，即在交易发生后，双方利益出现严重失衡时，才可能认定该结果的发生可能是因显失公平引起的。也就是说当合同一旦付诸履行，必将导致双方利益明显失衡，即一方利益已远远超过了法律所保护的范围，双方的权利义务明显违反了公平、等价有偿等基本原则。结果的不公平作为显失公平构成的自然条件，在此不再赘述。

2. 过程要素

合同一方处于缺乏经验或不利的地位，并且在被对方利用该劣势的情况下订立合同。这是合同显失公平形成的主要过程，包含两层含义，一是利益受损方缺乏经验或处于不利地位，二是该劣势恰恰是在对方利用受损方缺乏经验或处于不利地位的情况下形成的。这是判断合同是否构成显失公平的关键因素。需要注意的是，合同一方主体地位上的劣势不能一概认定为自己缺乏经验或处于不利地位而主张整个合同显失公平，否则将扩大显失公平的适用范围。裁判者要认真研判利益受损方是否被对方利用或者在被动情况下订立合同，此种地位或态势形成的过程是掌握显失公平成立与否的难点和关键点。[②]

---

① 造成这种结果的原因可以概括为以下两个方面：一是未能理解合同的内容不能归咎于一方自己的原因。二是一方所处的地位完全没有同对方协商的余地。例如，现代社会中存在的格式合同。一方面，格式合同往往是由交易一方制作的具有很强技术性和专业性的合同条款，对方主体很难看透隐藏在固定条款中的合同目的，也难以全面深刻理解合同内容；另一方面，恰恰由于格式条款的大量使用，使交易主体原本在市场交易中具有的平等地位受到挑战。

② 审判实践中，也应注意区分显失公平与欺诈、乘人之危、重大误解的差异。

3. 时间要素

上述过程形成于交易主体订立合同时，即这种客观上的利益失衡的形成过程有时间上的限制——须在合同订立时。合同签订后，在履行过程中，受市场规律的影响，包括价格在内的诸多内容都会发生变化，可能会出现对交易一方极为有利，另一方利益严重受损的情形，这是交易风险和特定市场规律相互作用的结果，[①] 并不属于显失公平的范围。

（二）合同显失公平的必要考量因素

审判实践中案件关系错综复杂，应注意把握合同显失公平的考量因素，否则会使合同被更改或撤销，不利于市场稳定和社会良好信誉的建立，亦与公平价值本身相悖。故从一定程度上说，有必要对特定情形下的特殊因素进行必要考量，也有利于案件事实认定和审判公正的实现。

1. 交易背景

合同交易的发生一般有其特定的交易背景，把握交易背景时，需要具有一定的社会认知，特别是对交易主体、交易经验等因素的考虑。审判实践中，裁判者应注意审核交易双方主体实际具有的资质和对相关事务的情感认知。若交易主体为公司，则需查清其经营范围、公司类型等；若交易主体为个人，则需查清其学历知识、履职经历等。从上述对比分析中，裁判者可以判断出交易主体双方在交易经验等方面是否明显失衡，一方是否比另一方具有更为明显的交易优势，其在订立合同时是否设定了较为合理的权利义务关系。

2. 交易原因

从理论上来讲，合同显失公平是一个相对的概念，在特定的

---

① 显失公平制度为公平交易规定了条件，由于在市场经济中存在交易风险，加之市场规律的特殊性，交易主体之间的利益分配会受到影响，不能用显失公平制度去实现交易结果的公平。审判实践中，应注意显失公平与交易风险的区别。

权利义务分配关系中，对于此合同可能是显失公平，对于彼合同未必就是显失公平。因此，唯有把引起合同显失公平的原因考虑进去，法律规定才能给出更加准确的评价。特别是在涉及家庭纠纷的合同案例中，如从结果上看，交易主体利益出现明显失衡，但如果交易主体间存在特殊关系（如亲属关系），则其作为案件中特殊因素，也可能理解为任何交易情况（包括但不限于价格等因素）与市场之间会存在较大差异，其真实意思表示也未建立在“一方利用优势”或“对方经验不足”上，故审判实践中裁判者还需发挥经验智慧，探寻合同“显失公平”背后之充分合理原因。

（三）本案案情分析

围绕本案争议焦点，现从上述考量因素的角度阐述如下：

本案中，某国际酒店公司的经营范围明确记载为“住宿、洗浴、餐饮服务……”，而北京某投资有限公司为某国际酒店公司的前身，其作为一家投资公司，无论是对市场交易行情、价格变化等相关因素的预见与分析，还是对交易内容的审核与判定，都应具备较高的认知程度，其对应地亦应负较高的注意与审慎义务；作为平等的商事主体，双方在订立合同时约定的主要权利义务并无不公平之处，其经济利益亦不存在显著失衡；而在合同履行过程中，某酒店用品公司提供货物后，某国际酒店公司的员工已经予以接收，并在此后通过签订收货单的方式予以确认，根据双方合同约定，验收方式为双方当场验收、提出异议的期限为到货后七日内，故某国际酒店公司员工接收货物并在收货单上签字的行为，应视为认可某酒店用品公司提供的货物。另外，收货单上载明了货物的名称、数量和单价，故某国际酒店公司员工签字的行为亦应视为对货物名称、数量和价格均没有异议，某国际酒店公司不能以此主张签订的合同显失公平。

综上，合同显失公平在我国法律上虽有规定，却具有抽象化的特点，在具体案件审理过程中，裁判者须以专业知识和工作经验对合同的显失公平进行价值补充，综合考虑合同交易结果、交易过程、交易时间、交易背景、交易原因等因素进行价值判断，以此更加准确地适用显失公平制度。

编写人：王　伟*

* 王伟，北京市丰台区人民法院民二庭助理审判员，中国人民公安大学法理学硕士。

《食品安全法》第一百四十八条第二款的理解

——杨某诉北京某商贸有限公司买卖合同纠纷案

一、首部

（一）案由

买卖合同纠纷。

（二）诉讼双方

原告：杨某。

被告：北京某商贸有限公司（以下简称某商贸公司）。

法定代表人：刘某，某商贸公司总经理。

委托代理人：杨某某，某商贸公司员工。

委托代理人：周某，律师。

（三）审级

一审。

（四）审判机关和审判组织

审判机关：北京市丰台区人民法院。

代理审判员：金滢。

二、诉辩主张

（一）原告诉称

原告于2015年5月15日、16日在被告处购买某品牌小黄蘑

116袋，单价为68元，合计7888元。在食用后发现涉案食品不符合国家食品安全标准，营养成分表中营养成分的标示值明显为虚假信息，涉案食品的能量标示显示每100g为119kJ，但根据（kJ/100g）=蛋白质×17+脂肪×37+碳水化合物×17，按照涉案食品标示的各种营养信息，涉案食品的实际能量计算值应为991kJ，远远高于涉案食品标示的能量值，故该标示值为虚假信息。该涉案食品违反《预包装食品营养标签通则》（GB28050－2011）及其他相关法律法规，被告明知涉案食品不符合国家食品安全标准仍公然销售。为此，原告诉至法院，要求被告退还货款7888元，并10倍赔偿78880元。

（二）被告辩称

不同意原告诉讼请求。第一，涉案食品是被告通过正常合法渠道进货，被告尽到了审慎义务；第二，标签瑕疵不等于产品不符合国家标准；第三，原告没有食用涉案商品，《食品安全法》规定食品造成人身伤害才赔偿10倍；第四，原告在本案中购买的小黄蘑不是用于食用，是用于职业打假，食品安全法的立法宗旨是保护消费者，原告并非消费者，不是相关法律保护的对象。我方同意退货，但不同意10倍赔偿。

三、事实和证据

北京市丰台区人民法院经公开审理查明：2015年5月15日、16日，杨某从某商贸公司多个门店购买200g某品牌小黄蘑共计116袋，单价为68元，货款总计7888元。上述商品外包装营养成分表上显示："能量每100克（g）为119（kJ），蛋白质为24.9（g），脂肪为1.8（g），碳水化合物为29.5（g），钠为5.6（mg）。"后杨某因认为上述产品外包装上标示的能量数值为虚假信息，违反了食品安全相关法律，故诉至法院。

本案审理中，杨某将在某商贸公司购买的同一食品举报至北京市丰台区食品药品监督管理局。2015年9月30日，该局出具的

《举报办理情况告知书》载明，对某商贸公司经营标签不符合《食品安全法》规定的食品的行为给予了以下行政处罚：1．警告；2．没收违法所得146元；3．罚款10000元。

上述事实，有原告杨某提交的购货发票、小票、商品实物举报办理情况告知书及双方当事人当庭陈述等在案佐证。

四、判案理由

北京市丰台区人民法院经审理认为：《食品安全法》第七十一条规定："食品和食品添加剂的标签、说明书，不得含有虚假、夸大的内容。生产经营者对其提供的标签、说明书的内容负责。"《预包装食品营养标签通则》（GB28050－2011）第3.1条规定："预包装食品营养标签标示的任何营养信息，应真实、客观，不得标示虚假信息，不得夸大产品的营养作用或其他作用。"《预包装食品营养标签通则》（GB28050－2011）问答（修订版）第三条（二十三）关于能量及其折算一节规定："能量指食品中蛋白质、脂肪、碳水化合物等产能营养素在人体代谢中产生能量的总和。"营养标签上标示的能量主要由计算法获得，即蛋白质、脂肪、碳水化合物等产能营养素的含量乘以各自相应的能量系数并进行加和，能量值以千焦（kJ）为单位标示。当产品营养标签中标示核心营养素以外的其他产能营养素如膳食纤维等，还应计算膳食纤维等提供的能量；未标注其他产能营养素时，在计算能量时可以不包括其提供的能量。食品中产能营养素的能量信息：蛋白质为17、脂肪为37、碳水化合物为17。根据上述规定，本案中涉案食品能量的计算值为991kJ/100g（蛋白质24.9×17＋脂肪1.8×37＋碳水化合物29.5×17）。

本案中，杨某从某商贸公司购买小黄蘑，即在消费者与经营者之间形成事实上的买卖合同关系。该涉案食品的标签上标注的能量与实际不符。某商贸公司作为专业的超市经营者应当认识到其销售食品的标签记载内容必须具备真实性，其在出售涉案食品时，未对其外包装盒上粘贴的食品标签进行核准，导致标签标示错误的食品得以销售。由上述事实可以认定，某商贸公司向消费者提供了标签标示错误的食品，而杨某根据涉案食品标签传达的错误信息，购买了涉案食品。根据法律规定，一方当事人故意告知对方虚假情况，诱使对方当事人做出错误意思表示的，也可以认定为欺诈行为，故杨某要求退货并返还货款的请求，本院予以支持。杨某主张某商贸公司的行为构成欺诈，应当承担惩罚性赔偿责任，提交了相应的证据，符合相关法律规定，本院予以支持，增加赔偿的金额为杨某购买涉案食品价款的10倍。某商贸公司的答辩意见缺乏事实和法律依据，本院均不予采信。

五、定案结论

北京市丰台区人民法院依照《食品安全法》第七十一条、第一百四十八条之规定，判决如下：

1. 杨某于本判决生效之日起十日内退还北京某商贸有限公司“200g某品牌小黄蘑”一百一十六袋；

2. 北京某商贸有限公司于本判决生效之日起十日内退还杨某货款七千八百八十八元；

3. 北京某商贸有限公司于本判决生效之日起十日内赔偿杨某七万八千八百八十元。

六、解说

本案是一起消费者以商品标签存在瑕疵为由向法院提起诉讼的买卖合同纠纷的典型案件。本案的争议焦点集中于《食品安全法》第一百四十八条惩罚性赔偿的构成要件，具体包括：1. 如何认定经营者销售明知是不符合食品安全标准的食品；2. 经营者承担“十倍赔偿”责任是否以造成消费者人身损害为前提；3.“知假买假”的职业打假人是否可以成为提起“十倍赔偿”的主体；4. 如何认定《食品安全法》第一百四十八条但书中的瑕疵。下文将结合本案对上述要件进行阐述。

（一）对“销售明知是不符合食品安全标准的食品”行为的认定

判断被告公司的行为是否构成“销售明知是不符合食品安全标准的食品”的行为，最重要的是理解“明知”的含义并且判断被告公司是否“明知”。所谓“明知”，包括“知道”和“应当知道”。“知道”是指明白、了解。“应当知道”是指有能力知道或有极大的可能知道。生产者和经营者达到“应当知道”的程度，就应当认定为明知。司法实践中，对于明知的判断，可以从经营者内在的态度和外在的行为两个方面进行。内在的态度指经营者销售不符合食品安全标准的食品时所持的心理态度，具体来说可以分为“故意”和“过失”。故意是指经营者明知自己的行为会发生某种结果，并希望或放任这种结果发生。过失是指经营者应当预见到自己的行为可能会发生的结果，因为疏忽大意而没有预见，或已经预见而轻信能够避免。外在的行为是指经营者销售不符合食品安全标准的食品时的行为，而上述行为可以具体分为作为和不作为，作为是指经营者积极履行了法律规定的义务或者违反了法律规定的消极不作为义务，而不作为是指行为人履行了法律规定的不作为义务或者违反法律规定的积极作为义务。

就本案而言，《食品安全法》第五十三条明确规定了食品经营企业的进货查验记录制度，《国务院关于加强食品等产品安全监督管理的特别规定》第五条明确规定销售者必须建立并执行进货检查验收制度。根据上述规定，经营者有义务检验预包装食品的标签。经营者作为商事主体，应当推定其知晓其应履行的各项义务，有能力预见到不履行义务所产生的后果。本案被告应当预见到自己的行为可能会发生的结果而没有预见，没有履行进货检查验收义务，故可以认定被告为“明知”。因此，应当认定本案被告的行为构成了“销售明知是不符合食品安全标准的食品”的行为。

（二）经营者承担“十倍赔偿”责任是否以造成消费者人身损害为前提

对于《食品安全法》第一百四十八条第二款的惩罚性赔偿是否以造成人身损害为前提，司法实践中存在两种观点。第一种观点认为，应当以造成人身损害为前提。主要理由在于：《侵权责任法》第四十七条规定，“明知产品存在缺陷仍然生产、销售，造成他人死亡或者健康严重损害的，被侵权人有权请求相应的惩罚性赔偿。”《侵权责任法》实施晚于《食品安全法》，依据“新法优于旧法”，故应当适用《侵权责任法》，即以人身损害为前提。第二种观点则认为，惩罚性赔偿不应当以人身损害为前提。主要理由在于：第一，该条第一款的主体为“受到损害的消费者”，第二款的主体为“消费者”。可见，该法中惩罚性赔偿条款的适用范围并不限于侵权损害，还包括违约损失，其应适用于违约和侵权之诉。第二，损失包括人身损失和财产损失，消费者购买不能食用的食品，至少受到了财产损失。第三，《食品药品案件若干规定》第十五条明确规定：“生产不符合安全标准的食品或者销售明知是不符合安全标准的食品，消费者除要求赔偿损失外，向生产者、销售者主张支付价款十倍赔偿金或者依照法律规定的其他赔偿标准要求赔偿的，人民法院应予支持。”因此，经营者承担“十倍赔偿”的责任不应当以造成人身损害为前提。本案中，杨某对于“十倍赔偿”的请求应当得到支持。

（三）“知假买假”的职业打假人是否可以成为提起“十倍赔偿”的主体

职业打假人是否可以成为提起“十倍赔偿”的主体，实践中存在肯定与否定两种截然相反的观点。本案支持肯定的观点，理由在于：第一，《食品安全法》第一百四十八条第二款的主体为消费者，消费者是指为生活消费需要购买、使用商品或者接受服务的人，是与生产者、经营者相对应的概念。本案原告杨某购买商品后并没有将商品用于生产，也没有进行出卖等经营性行为，因此杨某不是经营者也不是生产者，而是可以主张“十倍赔偿”的消费者。第二，《食品药品案件若干规定》第三条规定：“因食品、药品质量问题发生纠纷，购买者向生产者、销售者主张权利，生产者、销售者以购买者明知食品、药品存在质量问题而仍然购买为由进行抗辩的，人民法院不予支持。”综上，虽然杨某在本院有近百起“打假”案件，是一名职业打假人，但是仍可以作为本案的适格被告。

（四）涉案食品内外包装上营养标签数值错误是否属于《食品安全法》第一百四十八条但书中的瑕疵

依据《食品安全法》第一百四十八条但书中的内容，食品标签内容不符合相关法律法规要求，只有在不影响食品安全并且不会对消费者造成误导的情况下，才认定为“瑕疵”。《食品安全法》第二十五条、第二十七条明确指出，食品安全标准是强制执行的标准，由国务院卫生行政部门会同国务院食品药品监督管理部门制定。《预包装食品标签通则》（GB7718－2011）第3.4条规定标签：“应真实、准确，不得以虚假、夸大、使消费者误解或欺骗性的文字、图形等方式介绍食品，也不得利用字号大小或色差误导消费者。”《预包装食品营养标签通则》（GB28050－2011）第3.1条明确规定：“预包装食品营养标签标示的任何营养信息，应真实、客观，不得标示虚假信息，不得夸大产品的营养作用或其他作用。”

综上，笔者认为，对于但书中“不影响食品安全”的认定应当包括以下几个方面：1. 内容的真实性。其包括名称、成分、含量、生产日期、保质期等内容的真实。2. 标准的符合性。标签内容应符合食品安全标准要求。一是标签形式的符合，食品安全标准规定必须标示的所有内容必须做到项目齐全、标注方式合规；二是具体内容的符合，标签标示的食品添加剂的品种、适用范围和用量等符合食品安全标准要求。3. 没有违反禁止性条款。没有违反法律命令禁止的内容，如不得虚假标签标示食品营养等。

对于消费者造成误导的情形主要包括：1. 功能性误导，如夸大产品功能、用途以及影响的内容；2. 品质性误导，如“辣牛筋”的配料仅为豆制品；3. 概念性误导，如在产品标签上标示“纯天然”、“无添加”等可以进行多种解释且特别吸引消费者的概念；4. 价格性误导，如标示“最低价”、“特价优惠”等名不副实的情况；5. 产地误导，如“日本酸牛奶”产地为中国。

笔者认为可以算作瑕疵的标示错误主要有以下几类：1. 英文字母大小写错误；2. 虽然和国家标准不同，但是依据生活经验明显可以认为是统一内容的不同表述，如将食用盐表述为食盐；3. 明显符合国家标准但是标示不够规范，如国家规定某种成分用“<5g”标示，产品直接标示为2g，或者国家要求标注为1kg，产品标注为1000g；4. 标识上出现的不影响表意的错别字。对于这类瑕疵的处理参见《食品安全法》第一百二十五条。

就本案而言，涉案产品能量计算值内容明显错误，违反《预包装食品营养标签通则》（GB28050－2011）第3.1条的规定。因此，涉案食品包装标示错误不属于第一百四十八条但书中规定的瑕疵。

编写人：阎冰清*　谭静琦**

---

* 阎冰清，北京市丰台区人民法院民二庭法官助理，中国政法大学民商法学硕士。
** 谭静琦，北京市丰台区人民法院民二庭法官，中国政法大学经济法学硕士。

金融借款合同中贷款人能否要求阶段性保证人在抵押权因故未成立情形下一直承担保证责任

——某银行丰台支行诉某置业公司保证合同纠纷案

一、首部

（一）案由

保证合同纠纷。

（二）诉讼双方

原告：某银行丰台支行。

负责人：丰某，某银行丰台支行行长。

委托代理人：梁某，律师。

委托代理人：徐某，实习律师。

被告：某置业公司。

法定代表人：黎某，某置业公司董事长。

委托代理人：孙某，律师。

委托代理人：刘某，实习律师。

（三）审级

一审。

（四）审判机关和审判组织

审判机关：北京市丰台区人民法院。

合议庭组成人员：审判长，金滢；人民陪审员，董荣、李莉芳。

二、诉辩主张

（一）原告诉称

2012 年，原告与被告签订《个人房屋按揭贷款合作协议书》，约定：在符合原告贷款条件的情况下，原告同意为购买被告楼盘的借款人提供个人房屋按揭贷款等，并约定了违约责任；2013 年 1 月 5 日，原告依约向借款人赵某某、姜某某发放贷款共计 2766 万元；2014 年 7 月 15 日至 2014 年 10 月 15 日，借款人赵某某、姜某某已连续四期发生贷款逾期，且被告也未能履行其阶段性连带清偿义务；另外，借款人赵某某、姜某某向原告抵押的 14 套房产中已有 11 套办妥正式抵押登记手续，但仍有 3 套房产尚未办理完成抵押登记手续；被告已构成违约。故原告起诉要求：1. 请求判令被告某置业公司对借款人赵某某、姜某某所欠贷款本息共计 5461242.52 元（其中本金为 5262736.01 元，暂计至 2015 年 1 月 5 日的利息为 198506.51 元）以及截至实际清偿日的利息、逾期罚息和复利承担连带清偿责任；2. 请求判令被告承担本案的诉讼费、财产保全费等为实现债权的全部费用。

（二）被告辩称

不同意承担连带责任，理由如下：1. 原被告之间个人房屋按揭贷款是房产抵押加阶段性保证，而原告在具备办理房屋抵押的条件之后一直不去办理抵押，属于原告不正当地阻止担保条件成就，被告没有义务对贷款余额承担担保责任，被告早已将 14 套房产的房屋所有权证交予原告，原告仅对其中 11 套办理了抵押登记，怠于办理另外 3 套的抵押登记长达半年之久，直到 2014 年 11 月，原告才得知这 3 套已经被另案查封而无法办理抵押登记，原告对其中 3 套一直不办理的行为有违常理且缺乏正当理由，原告不正当地阻止了解除条件成就，导致被告的担保责任无限制延长，给被告造成了不应有的风险和损失；2. 原告无正当理由不去办理抵押登记，存在重大过错，应对无法实现抵押权利的不利后果自行承担责任；

3．原告与借款人之间恶意串通的行为损害了被告的利益；4．原告长期不办理抵押登记，违反诚实信用原则，不应得到法律支持。

三、事实和证据

北京市丰台区人民法院经公开审理查明：2012年，某银行丰台支行（甲方）与某置业公司（乙方）签订《个人房屋按揭贷款合作协议书》一份，约定：甲方同意为购买上述楼盘的借款人提供个人房屋按揭贷款；乙方承诺在竣工验收后，应会同借款人尽快向房地产主管部门申领上述房产的房屋产权证，并协助甲方办妥正式的抵押手续；乙方为本协议项下所有借款人向甲方申请的个人房屋按揭贷款提供连带保证责任，其担保方式为全额不可撤销的连带保证责任，保证范围为各借款人的借款本金及由此产生的借款利息（包括罚息）、违约金、赔偿金及甲方实现债权的费用，此担保为连续的无条件的保证，保证期限从本协议项下甲方每笔个人房屋按揭贷款发放之日起至乙方协助甲方办妥借款人所购房产的正式抵押登记手续之日止等。

2013年1月5日，某银行丰台支行（贷款人）与赵某某、姜某某（借款人兼抵押人）、某置业公司（保证人）签订编号为35341316000071的《个人贷款合同（抵押、保证）》，约定：本合同签订后，抵押人应会同贷款人或委托贷款人到有关登记部门办理抵押物的抵押登记手续；借款用途为购置商业房；借款金额为人民币128万元；借款期限从2013年1月5日起至2023年1月5日止；本合同项下的全部贷款采用“抵押担保＋连带保证责任”的担保方式，抵押物为丰台区某地块2号办公、商业楼21层2512，保证人自愿为借款人因在本合同项下借取贷款所产生的全部债务向贷款人提供阶段性连带保证责任，如借款人出现本合同项下的违约行为，保证人保证向贷款人履行还款义务，保证期间自本合同签署之日起至抵押人已就抵押物有效设定抵押，且相关抵押物权利证明及设定抵押的相关证明文件交付贷款人正式执管之日止；借款人选择等额还本付息方式偿还贷款本息等。

同日，某银行丰台支行（贷款人）与赵某某、姜某某（借款人兼抵押人）、某置业公司（保证人）签订编号为35341316000072的《个人贷款合同（抵押、保证）》，约定：借款金额为人民币195万元；抵押物为丰台区某地块2号办公、商业楼21层2511，其他条款内容与前述合同一致。

同日，某银行丰台支行（贷款人）与赵某某、姜某某（借款人兼抵押人）、某置业公司（保证人）签订编号为35341316000073的《个人贷款合同（抵押、保证）》，约定：借款金额为人民币265万元；抵押物为丰台区某地块2号办公、商业楼21层2513，其他条款内容亦与前述合同一致。上述合同签订后，某银行丰台支行依约于当日将上述3笔贷款128万元、195万元、265万元转入借款人赵某某、姜某某指定银行账户。

2014年4月11日，某置业公司将上述三份合同项下的3份房屋所有权证办妥后交付给某银行丰台支行，同时交付的还有其他合同项下的11份房屋所有权证。但某银行丰台支行和赵某某、姜某某一直未办理上述3套房的抵押登记。2014年7月8日起，涉案的3套房屋多次被司法查封，且一直处于查封状态。

截至2014年11月6日，上述三份合同项下赵某某、姜某某所欠本金共计5262736.01元，利息及罚息共计130603.57元。同日，某银行丰台支行向借款人赵某某、姜某某送达了《宣布贷款到期通知书》，赵某某、姜某某对该三份合同项下所欠金额予以确认。

2014年12月5日，某银行丰台支行向某置业公司送达《督促履行担保责任通知书》载明：……借款人姜某某、赵某某自2014年7月15日起即发生还款逾期，并且截至2014年11月20日已经连续五期逾期；我行通过北京市丰台区建委查询，借款人赵某某、姜某某因涉民间借贷纠纷，借款人上述房产已被福建省厦门市中级人民法院和福建省三明市中级人民法院查封……导致我行无法办理房屋抵押登记手续……向贵公司函告：贵公司应在接到本通知之日起一个月内，……将借款人赵某某、姜某某尚欠我行的全部贷款本金余额5262736.01元、应支付的全部利息和罚息及实现债权的费用（截至2014年11月20日）一次性存入贵公司在我行开立的账户并由我行进行扣划等。同年12月11日，某置业公司向某银行丰台支行回函，拒绝了某银行丰台支行的付款要求。此后，因某银行丰台支行与某置业公司就此事协商未果，故某银行丰台支行诉至法院。

审理中，某置业公司提交了某银行丰台支行职员与借款人赵某某的录音，用以证明某银行丰台支行应当就涉案3套房屋办理抵押登记而没有办理，存在重大故意或过失，不正当地阻碍了某置业公司担保责任的解除，无限期延长了被告的担保责任。某银行丰台支行对该证据的真实性不予认可。某银行丰台支行提交了借款人赵某某、姜某某出具的情况说明一份，用以证明涉案3套房屋没有及时办理抵押登记的原因是其二人未在该3套房产抵押文件上签字以及二人之前已将办理抵押登记情况告知某置业公司销售经理。某置业公司不认可该证据的真实性，且认为二人系利害关系人，不能证明该证据系二人的真实意思表示。

以上事实有原告某银行丰台支行提供的《个人房屋按揭贷款合作协议书》、《个人贷款合同（抵押、保证）》、《督促履行担保责任通知书》、《关于按揭贷款担保一事的函》、支行贷款借据、抵押登记情况查询记录、公证书、被告某置业公司提供的领取房产证名单和双方当事人陈述等在案佐证。

四、判案理由

北京市丰台区人民法院经公开审理认为：某银行丰台支行与赵某某、姜某某、某置业公司签订的三份《个人贷款合同（抵押、保证）》以及某银行丰台支行与某置业公司签订的《个人房屋按揭贷款合作协议书》，均为各方当事人的真实意思表示，内容未违反法律、行政法规的强制性规定，合法有效。各方均应依合同的约定履行各自义务。某银行丰台支行依约履行了放款义务，赵某某、姜某某应当依约每月向某银行丰台支行偿还贷款本息，其未能按期还款，已构成违约，应当承担相应法律责任。在贷款合同中虽然约定了以赵某某、姜某某所购房产作抵押，但赵某某、姜某某和某银行丰台支行未办妥抵押登记，因此抵押权未生效。

关于保证人某置业公司是否应当承担保证责任的问题，是本案当事人争议的焦点。某银行丰台支行、赵某某、姜某某和某置业公司在贷款合同中约定“保证人自愿为借款人因在本合同项下借取贷款所产生的全部债务向贷款人提供阶段性连带保证责任，如借款人出现本合同项下的违约行为，保证人保证向贷款人履行还款义务，保证期间自本合同签署之日起至抵押人已就抵押物有效设定抵押，且相关抵押物权利证明及设定抵押的相关证明文件交付贷款人正式执管之日止”，该约定将抵押人已就抵押物有效设定抵押，且相关抵押物权利证明及设定抵押的相关证明文件交付贷款人正式执管作为某置业公司解除保证责任的条件，因此属于附解除条件的合同。附解除条件的合同，自条件成就时失效。在条件成就之前，某置业公司应当承担保证责任。本案所涉房屋至今未能办妥抵押登记，故某置业公司解除保证责任的条件未成就。某置业公司辩称，某银行丰台支行从某置业公司处取走赵某某、姜某某的房屋所有权证后，不办理房屋抵押登记，是不正当地阻止条件成就，使保证期间可以届满而未能届满，存在过错。本院认为，按照赵某某、姜某某、某银行丰台支行和某置业公司所签贷款合同的规定，赵某某、姜某某是办妥房屋抵押登记的合同义务人，某银行丰台支行作为合同约定的抵押权人负有配合赵某某、姜某某办理抵押登记的义务。在赵某某、姜某某未亲自办理抵押登记，又未签署授权文件的情况下，即便某银行丰台支行单方向登记机关提出登记申请，也不会被受理，房屋抵押登记仍不能完成。因此，某置业公司提供的证据不足以证明赵某某、姜某某积极办理房屋抵押登记而某银行丰台支行存在明显怠于配合的情形，故不能认定某银行丰台支行的不作为属于“不正当地阻止条件成就”。且某银行丰台支行的债权是由抵押加阶段性保证来担保实现的，抵押权有效成立则保证责任解除，抵押权不生效则保证责任存续，故某置业公司的答辩意见缺乏事实和法律依据，本院不予采信。由于抵押登记未完成，某置业公司的保证责任不能解除，故某置业公司应当承担保证责任。某银行丰台支行的诉讼请求于法有据，本院予以支持。

五、定案结论

北京市丰台区人民法院依据《合同法》第二百零六条、第二百零七条,《担保法》第十八条、第三十一条的规定，判决如下:

1. 被告某置业公司对借款本金五百二十六万二千七百三十六元零一分、利息（截至二〇一四年十一月六日为十三万零六百零三元五角七分；自二〇一四年十一月七日起至付清之日止，以所欠本金为基数，按照中国人民银行同期贷款基准利率及合同约定计算）向原告某银行丰台支行承担连带保证责任；

2. 被告某置业公司在承担保证责任后，有权向债务人姜某某、赵某某追偿。

六、解说

本案中，双方诉争的焦点是：购房贷款合同中普遍存在于开发商承担阶段性担保责任的条款中，贷款银行与开发商的阶段性保证合同关系于何时解除的问题。所谓阶段性担保责任，就是开发商仅在办理房产抵押手续之前的特定时间段内为购房人向贷款银行承担保证责任，换言之，开发商的保证责任将在房产抵押办理后解除。设定该条款的目的在于防止购房人在办理房产抵押前发生还贷违约，同时也避免使开发商承受额外的交易风险。根据此类条款，购房人在申请贷款后，须将房产证明交予贷款银行，并由贷款银行对该房产办理抵押登记手续。这一过程不仅对降低银行信贷风险有重要意义，也与开发商的利益密切相关。其原因就在于，办理了房产抵押登记就意味着开发商承担阶段性担保责任的期限届满。在实践中，办理房产抵押登记需在贷款银行与开发商协作下进行，但就法院目前审理的房贷纠纷来看，开发商与贷款银行之间往往缺乏办理房产抵押登记的合作机制。贷款协议中既没有明确办理房产抵押登记的具体时间，也未对双方在合作办理房产抵押时的权利义务进行合理配置。正是这种程序上的模糊，容易导致贷款银行和开发商之间发生此类纠纷。

（一）购房贷款合同中阶段性担保合同的性质

由于双方在合同中约定抵押人已就抵押物有效设定抵押，且将相关抵押物权利证明及设定抵押的相关证明文件交付贷款人正式执管作为开发商解除保证责任的条件，因此属于附解除条件的合同。附解除条件的合同，自条件成就时失效。在条件成就之前，合同并未解除，保证人应当承担保证责任。《合同法》第四十五条规定："附解除条件的合同，自条件成就时失效。当事人为自己的利益不正当地阻止条件成就的，视为条件已成就；不正当地促成条件成就的，视为条件不成就"。

（二）本案中某银行丰台支行与某置业公司之间的保证合同是否解除问题探究

本案中，按照某银行丰台支行、赵某某、姜某某和某置业公司在贷款合同中的相关约定，合同各方将抵押人已就抵押物有效设定抵押，且相关抵押物权利证明及设定抵押的相关证明文件交付贷款人正式执管作为某置业公司解除保证责任的条件。某置业公司主张，某银行丰台支行存在无故怠于办理抵押登记的行为，应视为"不正当地阻止条件成就"，因此应当视为解除条件已经成就，导致双方之间保证合同关系解除。那么，双方之间的保证合同是否已经解除？笔者认为，本案中作为被告的某置业公司提供的证据不能证明其主张，其应当承担相应的举证责任，故本案中其主张不应被采信，合同解除条件尚未成就，因此保证合同尚未解除，某置业公司需要继续向某银行丰台支行承担保证责任。

（三）贷款银行是否存在不正当阻止条件成就的行为

在借款人及开发商已经将《房屋所有权证》及《土地使用权证》交付给贷款银行的情况下，贷款银行应当在多长时间内办理抵押登记手续为宜，若银行无故长期未办理相关事宜，是否属于“不正当地阻止条件成就”？由于法律上对该问题没有明确规定，合同双方亦未对此进行明确约定，因此笔者认为这一问题的解决，应当针对个案的具体情况，根据诚实信用原则进行综合考量。本案中，在某银行丰台支行收到涉案3份房屋所有权证后的三个月内，涉案房屋已被其他司法机关查封，某银行丰台支行在收到某置业公司交付的房屋产权证半年之后到房管部门办理抵押登记时，该3套房屋实际上已经不具备办理抵押登记的客观条件。在没有证据证明某银行丰台支行存在主观恶意和事实上的违约、违规行为时，不应认定某银行丰台支行存在“不正当地阻止条件成就”的行为。

针对此种情况，笔者认为各地相关的行业协会应当充分发挥指导作用，着眼于实际情况，在贷款银行和开发商之间进行有效沟通，早日订立协助办理抵押登记手续的指导期限，并对相关行为予以引导。这将有助于购房贷款合同中双方保证合同的顺利履行，也能够有效减少贷款银行和开发商之间纠纷的产生，促使市场更加健康地发展。如果没有相关的指引规范及时出台，贷款协议中也可以尝试性地明确约定办理房产抵押登记的具体时间，并对双方在合作办理房产抵押时的权利义务进行合理配置。

编写人：金　滢*

---

* 金滢，北京市丰台区人民法院民二庭法官，清华大学法律硕士。

应参照利息标准对担保费的设定予以限制

——某投资担保有限公司诉陈某甲、罗某某及第三人陈某乙保证合同纠纷案

一、首部

(一) 案由

保证合同纠纷。

(二) 诉讼双方

原告（上诉人）：某投资担保有限公司（以下简称某投资担保公司）。

法定代表人：王某甲，某投资担保公司总经理。

委托代理人：王某乙，律师。

被告（上诉人）：陈某甲。

被告（上诉人）：罗某某。

二被告共同委托代理人：戴某，律师。

第三人：陈某乙。

一审委托代理人：王某丙，律师。

二审委托代理人：米某某，律师。

（三）审级

二审。

（四）审判机关和审判组织

一审法院：北京市丰台区人民法院。

合议庭组成人员：审判长，赵昭；代理审判员，吕慧敏、王淼淼。

二审法院：北京市第二中级人民法院。

合议庭组成人员：审判长，钱丽红；审判员，韩耀斌、张璐。

二、一审诉辩主张

（一）原告诉称

2012年9月12日，某投资担保公司与陈某甲、罗某某签订《个人借款担保服务合同》及《收费协议》约定：陈某甲、罗某某向陈某乙借款352万元，借款期限自2012年9月13日至9月22日，某投资担保公司为陈某甲、罗某某向陈某乙提供该笔个人借款的担保，如陈某甲、罗某某逾期未归还借款，由某投资担保公司代为还款，代为还款后则某投资担保公司有权直接以北京市朝阳区建国路某号院某号楼1层118号房屋作价抵偿代偿款和有关损失，或直接变卖、委托拍卖机构拍卖该房屋，以所得款项抵偿代偿款和有关损失。上述协议签订后，罗某某以北京市朝阳区建国路某号院某号楼1层117号、118号房屋向出借人陈某乙提供担保，并进行了抵押登记。2012年9月12日，陈某乙将352万元支付给陈某甲、罗某某。借款到期后，陈某甲、罗某某未能如期还款，由某投资担保公司代偿，截至2013年6月18日，某投资担保公司共代偿352万元。陈某甲、罗某某先后向某投资担保公司偿还2225725元，截至2014年3月17日，尚欠本金1294275元，应付逾期违约金120160.14元，并应支付欠付的担保费388282.5元及律师费3万元。故某投资担保公司诉至法院，要求判令陈某甲、罗某某偿还借款剩余本金1294275元，支付法定违约金（以1294275元为基数，按银行同期贷款利率标准，自2013年

6月18日起至实际付清日止），支付担保费（每日按352万元的0.2%计算，自2013年5月23日起至实际付清之日止），支付违约金10万元，判令某投资担保公司对朝阳区建国路某号院某号楼117号、118号房产享有优先受偿权。

（二）二被告共同辩称

确实向陈某乙借款352万元，陈某甲及罗某某分16笔向某投资担保公司实际控制人金某转账共计3577690元。据了解，某投资担保公司并未履行保证责任。根据合同条款，保证合同应已解除，故请求驳回某投资担保公司的诉讼请求。

（三）第三人述称

不同意某投资担保公司的诉讼请求。某投资担保公司持有的收据上没有实际的资金往来，内容是某投资担保公司添加的；某投资担保公司并未履行保证责任；借款人与被借款人达成口头协议，将本金归还即可。

三、一审事实和证据

北京市丰台区人民法院经公开审理查明：2012年9月12日，陈某乙、罗某某、陈某甲与某投资担保公司共同签订《个人借款担保服务合同》。合同约定陈某甲、罗某某向陈某乙借款352万元用于归还银行贷款，借款期限自2012年9月13日至9月22日；某投资担保公司同意为陈某甲、罗某某向陈某乙提供该笔个人借款的担保，担保金额为352万元；陈某甲、罗某某所申请贷款银行不予批准时，本合同解除，陈某甲、罗某某须在银行通知不予放款之日起5日内向陈某乙返还全部借款；某投资担保公司替陈某甲、罗某某代偿借款后，即成为债权人，为了保证某投资担保公司债权的实现，某投资担保公司有权直接以坐落于北京市朝阳区建国路某号院某号楼1层118号房屋作价抵偿代偿款和有关损失，或直接变卖、委托拍卖机构拍卖本合同所涉房屋，以所得款项抵偿代偿款和有关损失，该损失包括某投资担保公司为索偿支付的律师费等。

同日，三方签订《收费协议》，协议约定陈某甲、罗某某因向银行申请办理房屋抵押贷款，需向陈某乙借款用于解押赎楼，鉴于某投资担保公司提供相关服务，陈某甲、罗某某在签署本合同当日向某投资担保公司支付担保费42240元，具体收费标准为借款期限10天以内，某投资担保公司按照实际借款金额的1.2%收取担保费，实际借款期限超出预计借款期限的，某投资担保公司有权每日按照借款金额的0.2%加收担保费，并有权从银行发放的贷款中直接予以扣除。

上述合同签订后，2012年9月12日，陈某乙向陈某甲、罗某某支付352万元。但陈某甲、罗某某并未在规定的期限内归还借款。2013年6月18日，某投资担保公司向陈某乙还款352万元。2013年12月1日，陈某甲向某投资担保公司出具欠款明细及承诺，确认已在2013年5月22日前还款2225725元，尚欠本金1294275元，确认自2013年5月23日起每月按合同约定应付未付的担保费，并承诺于2014年6月23日至当月月底前归还。

上述事实，有某投资担保公司提交的《个人借款担保服务合同》、《收费协议》、借据、收据、确认欠款明细、《承诺书》、《委托代理协议》、发票、银行汇款凭证、付款人说明、工商登记信息及各方当事人当庭陈述等在案佐证。

四、一审判案理由

北京市丰台区人民法院经审理认为：某投资担保公司与陈某乙、陈某甲、罗某某签订的《个人借款担保服务合同》，系各方当事人真实意思表示，各方均应依约履行。某投资担保公司履行保证责任，有权向陈某甲、罗某某追偿，故对某投资担保公司要求陈某甲、罗某某支付剩余本金的诉求，法院予以支持。合同虽未约定违约金，但因陈某甲、罗某某延期付款确实给某投资担保公司造成利息损失，故对某投资担保公司的相应诉求法院予以支持。收费协议约定了担保费，系某投资担保公司承担保证责任产生的费用，为合理费用，应予保护，但与利息损失之和的总数额以不超过银行同期贷款利率的四倍为限，在此范围内的部分，法院予以支持，此范围外的部分，应予驳回。某投资担保公司认为应另向其支付10万元违约金，但未提供证据证明合同约定的相应违约事实的存在，故法院对该项诉求，亦不予支持。某投资担保公司要求确认对相关房屋享有优先受偿权，但合同既未明确约定该种权利，某投资担保公司亦未取得相关房屋的其他权利凭证，故对其该项诉求，法院不予支持。

陈某甲、罗某某认为的实际付款数额，由于并非直接向某投资担保公司支付，故对某投资担保公司不认可的部分，本法院无法确认与本案相关。陈某甲、罗某某认为保证合同已解除，但未向法庭说明合同解除的具体条件并证明该条件已实际发生，故对其相应意见，法院不予采信。陈某乙向某投资担保公司出具收到本金的收据，某投资担保公司能够说明大部分款项的支付方式，法院确认证据的相关性，认为某投资担保公司履行了相应的保证责任，陈某乙提交的其他证据无法证明与本案相关，对其证明目的，法院不予认可。

五、一审定案结论

北京市丰台区人民法院依照《担保法》第三十一条、第三十三条、第五十三条，《合同法》第一百零七条之规定，判决如下：

1. 陈某甲、罗某某于本判决生效后十日内偿付北京某投资担保有限公司款项一百二十九万四千二百七十五元；

2. 陈某甲、罗某某于本判决生效后十日内支付北京某投资担保有限公司利息及担保费（自二〇一三年五月二十三日起至本判决作出之日止，以一百二十九万四千二百七十五元为基数；自本判决作出之日起至实际付清之日止，以实际欠付数额为基数，按中国人民银行规定的同期银行贷款利率的四倍计算）；

3. 驳回北京某投资担保有限公司其他诉讼请求。

六、二审情况

（一）二审诉辩主张

1．上诉人诉称

上诉人某投资担保公司诉称：请求二审法院撤销一审法院判决第三项，改判支持由陈某甲、罗某某支付某投资担保公司违约金10万元的诉讼请求，并由陈某甲、罗某某承担本案的一、二审诉讼费用。

上诉人陈某甲诉称：（1）本案所涉担保合同满足解除条件，即陈某甲、罗某某所申请贷款银行不予批准，本合同自动解除。因此某投资担保公司没有向陈某乙履行保证责任的义务，陈某甲亦没有向某投资担保公司还款的义务，陈某甲是在某投资担保公司的催促下，误将应还给陈某乙的借款支付给了金某，导致陈某乙没有收到任何借款本息。（2）一审法院判令陈某甲向某投资担保公司偿付款项1294275元错误，陈某甲已经向某投资担保公司实际控制人金某支付了全部借款本息，但是某投资担保公司仅认可陈某甲给付的200万元。因此，陈某甲提起上诉，请求二审法院撤销一审法院判决，改判驳回某投资担保公司的诉讼请求或发回重审，并由某投资担保公司承担本案的一、二审诉讼费用。

上诉人罗某某诉称：（1）涉案担保合同因满足解除条件即陈某甲、罗某某所申请贷款银行不予批准，本合同自动解除，故某投资担保公司并没有代偿义务。（2）陈某甲自行向某投资担保公司还款并出具承诺书，承诺书对罗某某没有约束力。（3）涉案合同已解除，故不存在利息和担保费，一审法院判令陈某甲、罗某某支付上述款项错误。因此，罗某某提起上诉，请求二审法院撤销一审法院判决，改判驳回某投资担保公司的诉讼请求或发回重审，并由某投资担保公司承担本案的一、二审诉讼费用。

2．被上诉人辩称

陈某甲在二审中针对某投资担保公司的上诉理由口头答辩称：

不同意某投资担保公司的上诉理由和请求。

罗某某在二审中针对某投资担保公司的上诉理由口头答辩称：不同意某投资担保公司的上诉理由和请求，担保合同已经解除，罗某某没有向某投资担保公司支付律师费的义务。

某投资担保公司在二审中针对陈某甲的上诉理由辩称：不同意陈某甲的上诉理由和请求。（1）陈某甲已经通过签署对账单的形式确认了欠款数额；（2）陈某甲所称担保合同已解除是错误的，贷款没有批下来，借款本息的违约责任仍需依据合同承担，某投资担保公司仍要承担代偿责任；（3）在陈某甲、罗某某没有还清借款之前，某投资担保公司承担了风险，担保费需要继续收取。

罗某某在二审中针对陈某甲的上诉理由口头答辩称：同意陈某甲的上诉理由和请求。陈某甲在罗某某不知情的情况下向某投资担保公司出具承诺书，该份承诺书对罗某某没有拘束力。

某投资担保公司在二审中针对罗某某的上诉理由辩称：不同意罗某某的上诉理由和请求。（1）某投资担保公司的责任是担保罗某某、陈某甲按期还款，现在二人没有如期清偿借款，那么某投资担保公司就需要承担担保责任；（2）陈某甲出具承诺书的目的是为了证明陈某甲、罗某某的欠付数额，如果罗某某不认可，需要其自行举证证明欠付数额。

陈某甲在二审中针对罗某某的上诉理由辩称：同意罗某某的上诉理由和请求。承诺书是陈某甲自行出具的关于与某投资担保公司发生的其他金融业务的汇总，与本案无关。

3. 第三人陈述

原审第三人陈某乙在二审陈述称：某投资担保公司未向陈某乙履行保证责任，某投资担保公司没有向陈某甲、罗某某追偿的权利。

（二）二审事实和证据

北京市第二中级人民法院经审理，确认一审法院认定的事实和证据。

（三）二审判案理由

北京市第二中级人民法院经审理认为，陈某乙、陈某甲、罗某某与某投资担保公司签订的《个人借款担保服务合同》系各方当事人真实意思表示，且不违反国家法律、行政法规的强制性规定，应认定为有效，各方当事人均应按照合同约定全面履行各自的义务。根据《个人借款担保服务合同》的约定，某投资担保公司为陈某甲、罗某某352万元的借款提供担保，自2012年9月12日陈某甲、罗某某取得借款时，某投资担保公司需对陈某乙债权的清偿承担保证责任。在陈某甲、罗某某未在规定期限内向陈某乙清偿借款的情形下，某投资担保公司作为保证人向陈某乙履行了保证责任，有权向陈某甲、罗某某追偿。陈某甲、罗某某关于合同满足解除条件、某投资担保公司没有代偿义务的主张以及罗某某关于合同满足解除条件不产生利息和担保费的主张，均缺乏事实和法律依据，二审法院不予支持。陈某甲主张其已向某投资担保公司的实际控制人金某偿还全部款项，某投资担保公司对此不予认可，并出具陈某甲签署的欠款明细及承诺书证明其尚有欠款未予偿还，陈某甲未就其主张提供相应证据予以佐证，故二审法院对其主张不予采信。罗某某主张陈某甲单方签署欠款明细及承诺书对其不产生效力，因罗某某与陈某甲作为共同借款人，应掌握借款清偿数额等重要交易信息，现陈某甲就偿还借款情况作出确认后，罗某某未提供证据证明其曾就欠款明细及承诺书载明的内容提出异议，故罗某某的该项请求缺乏依据，二审法院不予采信。一审法院考虑到支持除本金外其他损失、违约金的限额驳回某投资担保公司关于律师费的诉讼请求，并无不当，二审法院予以维持。综上所述，各方当事人的上诉请求均不能成立，二审法院不予支持。一审法院判决认定事实清楚，适用法律正确，二审法院依法应予维持。

（四）二审定案结论

北京市第二中级人民法院依照《民事诉讼法》第一百七十条第一款第（一）项之规定，判决如下：

驳回上诉，维持原判。

七、解说

本案的核心问题之一是担保费的收取标准是否应对当事人意思自治予以合理限制。

（一）对担保费的收取标准法律缺乏明确规定

关于担保费的收取标准，法律法规没有明确的规定。目前，仅有零星的部门规章和文件对于担保费的收取标准作出了些许规定，如2010年3月，银监会等七部委联合制定的《融资性担保公司管理暂行办法》第二十六条规定："融资性担保公司收取的担保费，可根据担保项目的风险程度，由融资性担保公司与被担保人自主协商确定，但不得违反国家有关规定。"该条款在赋予当事人意思自治原则的基础上，亦以不违反国家规定为限。2001年3月26日，财政部下发《中小企业融资担保机构风险管理暂行办法》，其中第七条规定，"担保机构收取担保费可根据担保项目的风险程度实行浮动费率，为减轻中小企业负担，一般控制在同期银行贷款利率的50%以内"，有文章据此认为，国家规定担保机构的担保费率必须低于同期银行贷款利率50%，但需要指出的是，该办法第二条规定，其所称的中小企业融资担保机构是指政府出资（含政府与其他出资人共同出资）设立的以中小企业为服务对象的融资担保机构。此外，《国务院办公厅关于转发发展改革委等部门关于加强中小企业信用担保体系建设意见的通知》中要求："为促进担保机构的可持续发展，对主要从事中小企业贷款担保的机构，担保费率实行与其运营风险成本挂钩的办法。基准担保费率可按银行同期贷款利率的50%执行，具体担保费率可依项目风险程度在基准费率基础上上下浮动30%～50%，也可经担保机构监管部门同意后由担保双方自主商定。"但该规定适用主体为主要从事中小企业贷款担保的机构。

上述规定均认可，对于担保费的收取，应当在赋予当事人意思自治的基础上予以合理限制，但规定的具体限制标准并不明确且规定适用的主体存在一定的局限性。因此，在司法实践中，法院在参照适用上述标准时存在一定的困难。

（二）对担保费的收取进行合理限制的必要性

在法院审理该类案件过程中，经常发现当事人遵循意思自治原则订立的担保费标准极高。有的费率远高于银行利率；有的按日计算，但计算截止日期远长于保证期间最后一日；甚至有的不以主合同违约后担保公司实际承担担保责任作为担保费收取的条件。在法律法规并无明确规定的情况下，面对上述种种权利义务极不统一的情况，法院在审判中应对当事人意思自治原则作出限制。唯有如此，才能防止担保行为演变为放高利贷的工具。

基于这种情况，法院从两方面考虑对当事人意思自治进行合理限制。一方面，从担保的性质角度出发，担保本身的从属性决定了担保的风险一般应小于主债务人承担的风险。该从属性不仅体现在针对主合同的从属地位，亦应体现为承担较债权人更低的风险，如果在订立合同时已知担保人承担的风险大于债权人，则保证人无须提供担保，直接放贷即可。故承担大于债权人风险的担保将损害金融秩序，应视为一项不为法律所保护的担保。在此基础上，根据权利义务相平衡原则，获得大于债权人收益的保费亦不应被法律保护。另一方面，从现有效力性规范角度看，《融资性担保公司管理暂行办法》第三条将“安全性”作为融资性担保公司的首要经营原则，第二十一条又明确禁止融资性担保公司发放贷款或受托发放贷款，这说明融资性担保公司应更为慎重地审查行为风险，更严格地执行担保职责，对与放贷等同甚至超过放贷风险的经营活动应坚决杜绝。

（三）对担保费的收取进行合理限制的参照标准

基于上述考量，法院以商事司法实践中考察违约金及利息约定是否过高的通行做法，即银行同期贷款利率的四倍，对本案所涉担保费进行规范。合同约定具体收费标准为借款期限 10 天以内，某投资担保公司按照实际借款金额的 1.2% 收取担保费，实际借款期限超出预计借款期限的，某投资担保公司有权每日按照借款金额的0.2%加收担保费，并有权从银行发放的贷款中直接予以扣除。按照此约定，担保费的收取金额将高于银行同期贷款利率的四倍，因此，银行贷款利率四倍以内的部分应予支持，此范围外的部分，应予驳回。

需要说明的是，在本院作出判决时，《民间借贷若干规定》尚未颁行。法院比照利息约定是否过高的标准裁量担保费约定的合理部分，并依照商法一般原则确认已支付的高于法院标准的部分，不再返还。这一审判思路与最高人民法院的《民间借贷若干规定》精神是一致的。《民间借贷若干规定》第二十六条规定："借贷双方约定的利率未超过年利率24%，出借人请求借款人按照约定的利息支付利息的，人民法院应予支持。借贷双方约定的利率超过年利率36%，超过部分的利息约定无效。借款人请求出借人返还已支付的超过年利率36%部分的利息，人民法院应予支持。"也就是说，年利率在24%以内的民间借贷受法律保护；年利率在24%~36%的民间借贷属于自然债务，当事人愿意自动履行，法院不反对；年利率超过36%的民间借贷，不受法律保护。我们认为，考察担保费是否过高的标准，特别是针对与本案相关的主合同为借贷的担保，应参照最高人民法院的《民间借贷若干规定》，这不仅是因为上文论及的保证人承担的风险一般小于主债务人承担的风险，也是因为该司法解释已经将调整范围扩大至自然人、法人、其他组织之间及其相互之间进行资金融通的行为。

编写人：赵　昭* 　赵晓蕾**

* 赵昭，北京市丰台区人民法院婚姻家庭案件审判庭法官，北方工业大学法律理论硕士。

** 赵晓蕾，北京市丰台区人民法院民二庭法官助理，北京大学法律硕士。

高速公路管理者在道路管理中应尽到安全通行保障义务

——岳某诉某有限公司服务合同纠纷案

一、首部

（一）案由

服务合同纠纷。

（二）诉讼双方

原告（被上诉人）：岳某。

委托代理人：余某，律师。

被告（上诉人）：某有限公司。

法定代表人：郭某，某有限公司董事长。

委托代理人：左某，律师。

委托代理人：马某，某有限公司员工。

（三）审级

二审。

（四）审判机关和审判组织

一审法院：北京市丰台区人民法院。

审判员：张英婷。

二审法院：北京市第二中级人民法院。

合议庭组成人员：审判长，申小琦；审判员，姚颖、胡君。

二、一审诉辩主张

（一）原告诉称

在岳某驾车进入高速公路后，岳某、某有限公司之间形成有偿使用高速公路的合同关系。岳某支付高速公路使用费，相当于支付了合同的对价，某有限公司作为高速公路的管理者，应为高速公路的车辆提供安全、快速、封闭的通行条件。但某有限公司违反合同义务，对高速公路疏于管理，防护栏多处倒塌没有及时维护，使得行人能走上高速公路，致使岳某在正常行驶的条件下与田某某相撞，给岳某造成一系列损失。故起诉某有限公司，要求某有限公司赔偿岳某损失共计134394.33元并承担本案诉讼费。

（二）被告辩称

1. 岳某的损失是因交通事故造成的，某有限公司对此无过错，不应承担责任。事故的发生是由于田某某酒后进入高速公路，导致其与岳某相撞。田某某是造成岳某财产损失的唯一侵权人；顺义区人民法院是依据交通部门作出的事故认定书来确定双方责任并判令岳某赔偿的，岳某驾驶未经年检的车辆上路，应对自己的过错承担责任，该责任的承担不应转嫁于某有限公司。2. 某有限公司已经尽到应尽的管理义务，对于交通事故的发生某有限公司不存在任何过错。某有限公司作为某高速公路的管理单位，已按照相关规定在某高速公路的两侧安装防护栏。如果有人恶意破坏防护栏，从而强行进入高速公路，这是某有限公司不可能也无法阻止的。另外，某有限公司对岳某不构成侵权，不应赔偿岳某任何损失。故岳某有关主张及诉求没有事实及法律依据，请求法院依法驳回岳某的诉讼请求。

三、一审事实和证据

北京市丰台区人民法院经公开审理查明：2009年8月15日4时55分许，在北京市顺义区某高速公路李天桥东侧，岳某驾驶轿车（车牌号为京KY×××8）由西向东行驶时，轿车前部与在高速公路上行走的田某某身体相撞，造成田某某重伤，轿车损坏，后田某某经医院抢救无效死亡。北京市公安局顺义分局交通支队经调查核实：岳某体内血液中未检出酒精，田某某血液中的酒精含量为256.9mg/100ml；岳某轿车未按规定定期检验；岳某具有合法的驾驶资格；发生事故时岳某驾驶的轿车位于其制动拖印起点处的瞬时速度高于65公里/小时。北京市公安局顺义分局交通支队认定田某某与岳某的违章行为如下：田某某违反规定进入高速公路；岳某驾驶未按规定定期检验的轿车且未确保安全。据此，北京市公安局顺义分局交通支队认定：田某某负主要责任，岳某负次要责任。

2009年12月3日上午，顺义区人民法院对事故发生路段周边的防护栏及行人通行条件等情况进行了现场勘查。查明如下事实：事故发生路段路基南北侧的防护栏总长度约为300米，该段防护栏存在4处明显破损未能维修，分别位于高速公路北侧路基护坡以西约2米的防护栏起点处（此处防护栏倒伏，因而存在约为2米的豁口）、高速公路跨越潮白河的公路桥下路基东侧防护栏中段处（此处防护栏未能封闭，存在宽约0.5米、高约2米的豁口）、高速公路南侧路基护坡起点南5米处（此处防护栏存在高约1米、宽约1.5米的三角形豁口）、高速公路南侧路基起点以东约20米的护坡南侧约8米处（此处防护栏存在高约0.7米、宽约1米的三角形豁口）。

2009年12月24日，顺义区人民法院作出民事判决书，判决岳某赔偿田某某家属死亡赔偿金、丧葬费、亲属处理丧葬事宜的交通费、住宿费、被抚养人生活费、精神损害赔偿金共计133394.33元，案件受理费1000元。该判决已生效。

以上事实，有顺义区人民法院生效民事判决书、酒精检验报告、车辆行驶速度鉴定意见书、道路交通事故车辆技术检验报告、照片等在案佐证。

四、一审判案理由

北京市丰台区人民法院经审理认为：高速公路的通行费属经营性收费，岳某驾车驶上高速公路，与某有限公司形成有偿服务合同关系。根据相关规定，收费公路经营管理者应当按照国家规定的标准和规范，对收费公路及沿线设施进行日常检查、维护，保证收费公路处于良好的技术状态，为通行车辆及人员提供优质服务。某有限公司作为高速公路的管理者，防护栏多处倒塌没有及时维修，在管理上存在疏漏，未提供安全、封闭的通行条件，故其作为合同相对方，未依约履行保障高速公路安全、封闭通行的义务，造成岳某损失，应当承担赔偿责任。但岳某驾驶未按规定定期检验的轿车且未确保安全，在交通事故的发生中亦存在一定过错，应承担相应的责任。根据该案具体情况，法院酌定，岳某承担赔偿金额的30%，某有限公司承担赔偿金额的70%即94076元。

五、一审定案结论

北京市丰台区人民法院依照《合同法》第一百零七条的规定，判决如下：

1. 某有限公司于判决生效之日起十日内给付岳某九万四千零七十六元。

2. 驳回岳某其他诉讼请求。

六、二审情况

（一）二审诉辩主张

1. 上诉人某有限公司上诉称

第一，某有限公司作为某高速公路的管理单位，已按照相关规定在某高速公路的两侧安装有防护栏。田某某作为一个完全民事行为能力人，其明知进入高速路可能导致的结果，仍在酒后强行进入高速公路，导致发生交通事故，显然与某有限公司无关。第二，岳某支付死亡赔偿金等是因其驾驶未经年检的车辆上路，在路上撞死醉酒的田某某而应承担的相应责任，某有限公司不应为岳某的交通违法行为负责。第三，以往发生的类似案例从未判决过某有限公司作为高速公路管理方承担赔偿责任。第四，一审判决随意扩大高速公路管理方的义务，开了一个非常危险的先例。综上所述，某有限公司已经尽到了应尽的管理义务，对于交通事故的发生不存在任何过错，不应赔偿岳某任何损失。请求二审法院查明本案事实，支持某有限公司的上诉请求。

2. 被上诉人岳某辩称

一审法院认定事实清楚、适用法律正确，请求二审法院维持一审法院判决，驳回上诉人的上诉。

（二）二审事实和证据

二审法院认定事实和证据与一审法院认定一致。

（三）二审判案理由

北京市第二中级人民法院经审理后认为：岳某驾车驶入北京市顺义区某高速公路，其与该公路的管理者某有限公司形成有偿服务合同关系。现某有限公司未及时修理防护栏，未谨慎履行管理义务，造成行人田某某得以进入高速公路。某有限公司未能为驾驶者岳某提供安全的行车条件，其不作为行为亦是交通事故发生的原因，所以，某有限公司应当对交通事故的发生承担相应的民事责任。岳某对交通事故的发生也存在一定的过错，应当承担相应的责任。一审法院酌定岳某承担损失的30%，某有限公司承担损失的70%，即94076元，并无不当。综上，某有限公司的上诉主张不成立，本院不予支持。一审判决事实清楚、适用法律正确，应予维持。

（四）二审定案结论

北京市第二中级人民法院依照《民事诉讼法》第一百五十三条第一款第（一）项之规定，作出如下判决：

驳回上诉，维持原判。

七、解说

本案是一起涉及高速公路的服务合同纠纷，从一审、二审审理过程及结果来看，主要的争议焦点是某有限公司与岳某之间的关系、某有限公司的义务是什么，以及某有限公司是否应当对岳某的损失承担责任。对此，本文作以下分析：

（一）岳某与某有限公司之间系服务合同关系

国家计委在1997年10月31日发布的计价管〔1997〕2070号《关于公路、桥梁、隧道收取车辆通行费有关问题的复函》中明确指出，高速公路的通行费属经营性收费。因此，高速公路收费系普通民事主体所做出的民事行为，故当车辆驾驶者驾驶车辆驶入高速公路后，即与高速公路管理者之间形成了有偿的服务合同关系，车辆驾驶者负有交纳通行费并依法安全谨慎驾驶的义务，而高速公路管理者应为车辆驾驶者提供安全、完好、快速的通行路况，并保障高速公路上车辆的行驶安全。

在案件审理过程中，有观点认为，高速公路管理者系受委托对高速公路进行管理，其收取的费用系车辆驾驶者因对公路设施占用所应交纳的行政管理费用，高速公路管理者与车辆驾驶者之间系行政管理关系，并非民事合同关系。对此，笔者认为，在我国目前行政体制下，高速公路管理者收取道路通行费，除经营行为外，确实兼具路政管理等行政职能，但是与此同时，其也是为解决自己经营活动所需经费问题而向过往车辆收取通行费，并且有关部门已经对该费用的性质作出权威说明，即高速公路管理者收取的通行费系经营性收费，而不属于行政事业性收费，故高速公路管理者与车辆驾驶者之间系有偿使用公路的服务合同关系，并非行政关系。因此，岳某驾驶车辆进入某有限公司管理的高速公路后，与某有限公司之间形成服务合同关系。

（二）某有限公司负有安全通行保障义务

《公路法》第三十五条规定：“公路管理机构应当按照国务院

交通主管部门规定的技术规范和操作规程对公路进行养护，保证公路经常处于良好的技术状态。”同时，《收费公路管理条例》第二十六条规定：“收费公路经营管理者应当按照国家规定的标准和规范，对收费公路及沿线设施进行日常检查、维护，保证收费公路处于良好的技术状态，为通行车辆及人员提供优质服务。”从以上规定可以看出，高速公路管理者的安全保障义务是指高速公路管理者应当对高速公路设施进行日常检查、维护，保证高速公路的完好、安全和畅通，保障车辆能够安全、畅通地通行。这是相关法律、行政法规确立的高速公路管理者的法定义务。同时，当车辆驾驶者驾车驶入高速公路、与高速公路管理者形成服务合同关系时，车辆驾驶者负有交纳通行费的义务，故根据权利义务相一致的原则，高速公路管理者则应履行保障高速公路完好、安全、畅通的职责和义务，该义务既是法定义务也是约定义务。

因此，某有限公司应当加强对高速公路设施的日常检查、维护，保证其所管理的某高速公路完好、安全和畅通，保障岳某能够安全、畅通地驾车通行。

（三）某有限公司违反了安全通行保障义务

根据相关规定，合同成立并生效后，当事人应当按照约定全面履行自己的义务，一方不履行合同义务或者履行合同义务不符合约定的，应当承担继续履行、采取补救措施或者赔偿损失等违约责任。具体到涉及高速公路的服务合同中，作为该服务合同的一方——高速公路管理者，应当保障过往车辆安全、畅通地通行，如果由于高速公路管理者违反法定义务或者合同义务的作为或者不作为，导致该服务合同的另一方——车辆驾驶者遭受人身或者财产损失，高速公路管理者则应当承担相应的违约责任。

本案中，某有限公司作为高速公路的管理者，在其负责管理的路段有多处防护栏倒塌且没有及时维修，从而导致案外人田某某醉酒后强行进入该段高速公路，给岳某造成一定的财产损失。因此，某有限公司没有及时检查、维护其负责管理的高速公路，没有为通行车辆及人员提供优质服务，故某有限公司违反了安全通行保障义务。

（四）某有限公司应当承担相应的违约责任

违约责任作为保障债权实现和债务履行的重要措施，其主要功能在于具有补偿性，即保障债权人能从债务人的财产中获得或尽可能获得因债务不履行所遭受的全部损失的补偿。同时，根据《合同法》第一百二十条规定："当事人双方都违反合同的，应当各自承担相应的责任。"因此，如果合同一方不履行合同义务或者履行合同义务不符合约定，给对方造成人身或者财产损失的，因违约所造成的损失即损失赔偿的数额。但是，如果该损失同时也是由于合同另一方违反合同义务所造成，则应相应减轻或者免除一方当事人的违约责任。

本案中，一方面，某有限公司违反了安全通行保障义务，该违约行为系造成岳某财产损失的原因；另一方面，岳某自己未能安全驾驶车辆，同样违反了安全、谨慎驾驶的义务，亦是造成其财产损失的原因，故应当适当减轻某有限公司的违约责任。因此，一审、二审法院在综合考虑双方当事人原因力大小的基础上，依据《合同法》第一百二十条的规定，从公平确定双方责任的角度出发，确定由双方共同分担法律责任，即酌情确定由某有限公司承担70%的赔偿责任，由岳某自行负担30%的财产损失，不但符合公平正义的司法理念，同时也有效地维护了双方的合法权益。

编写人：张英婷[*]　李宝乾[**]

---

* 张英婷，北京市丰台区人民法院民二庭庭长，中国政法大学法学硕士。

** 李宝乾，原北京市丰台区人民法院民二庭助理审判员。

保险人对免责条款仅作提示但未明确说明的免责条款无效

——潘某诉某保险公司财产保险合同纠纷案

一、首部

（一）案由

财产保险合同纠纷。

（二）诉讼双方

原告：潘某。

被告：某保险公司。

负责人：龙某，某保险公司总经理。

委托代理人：米某，律师。

（三）审级

一审。

（四）审判机关和审判组织

审判机关：北京市丰台区人民法院。

代理审判员：吕慧敏。

二、一审诉辩主张

（一）原告诉称

原告所有的车牌号为“京××××××”的轿车在被告处投

保机动车商业第三者责任保险，保险期限自2012年5月15日至2013年5月14日。该车辆于2012年7月21日15时在北京市丰台区方庄发生双车交通事故，造成损失4914元。后原告向被告理赔，被告无理拒赔，故原告诉至法院，请求判令被告向原告赔付车辆损失4914元，并承担本案诉讼费用。

（二）被告辩称

对于事故事实以及事故责任认定无异议，同意在交强险限额内向原告赔付2000元。但根据保险条款规定，持未按照规定审验的驾驶证的，保险人不负保险责任，本案保险事故发生时驾驶人戚某持有的驾驶证未按规定审验，故不同意承担第三者责任商业保险下2914元的赔偿责任，并不同意承担本案的诉讼费用。

三、一审事实和证据

北京市丰台区人民法院经公开审理查明：2012年5月14日，某保险公司向潘某签发机动车交通事故责任强制保险单及机动车辆保险单，内容为：某保险公司承保潘某所有的车牌号为“京××××××”的颐达DFL7160AB轿车，承保险种为机动车交通事故责任强制保险、商业第三者责任保险（保险金额为100000元）及不计免赔率特约条款（商业第三者责任保险）等，保险期间自2012年5月15日0时起至2013年5月14日24时止。机动车辆保险单明示告知一栏载明：1. 请详细阅读保险条款，特别是责任免除和投保人、被保险人义务。2. 收到本保险单后，请立即核对，如本保险单内容与投保事实不符或疏漏，请及时通知本公司并办理变更或补充手续。《机动车辆保险条款（2009版）》第一章第四条第一项用黑色加粗字体载明“发生意外事故时，驾驶人有以下情形之一的，保险人不负赔偿责任：（一）未依法取得驾驶证、持未按规定审验的驾驶证、驾驶与驾驶证载明的准驾车型不符的机动车的”。

另查，2012年7月21日15时25分，驾驶人戚某驾驶车牌号为“京××××××”的被保险车辆与车牌号为“京N×××××”的车辆发生交通事故，造成双方车损。双方签订《机动车交通事故快速处理协议书》，确定戚某驾驶的车牌号为“京×××××”的车辆负事故全部责任。事故发生后，潘某为修理“京N×××××”车辆支出修理费4914元，并向某保险公司申请理赔。2012年7月31日，某保险公司向潘某出具机动车辆保险拒赔通知书，载明：“经本公司审核，其中全部/部分损失共计2914元不属于我公司保险责任范围，拒赔理由是出险当时机动车辆驾驶员驾照逾期未审验，依据为《机动车辆保险条款（2009版）》第一章商业第三者责任保险第四条之规定”。

再查，2012年7月21日，据北京市公安局交通管理局网站查询资料显示，驾驶人戚某的驾驶证状态为逾期未审验。

以上事实，有原告潘某提供的机动车交通事故责任强制保险单、机动车辆保险单、《机动车交通事故快速处理协议书》、修车费增值税发票，有被告某保险分公司提供的北京市公安局交通管理局车辆查询资料、机动车辆保险拒赔通知书及双方当事人当庭陈述等在案佐证。

四、一审判案理由

北京市丰台区人民法院经审理认为：投保人潘某与保险人某保险公司签订的保险合同系双方当事人的真实意思表示，并未违反法律、行政法规的强制性规定，应为有效，当事人均应依约履行合同义务。保险事故发生后，潘某作为被保险人，有权要求某保险公司给付相应保险金。对于潘某所主张的保险车辆给第三者车辆造成的财产损失，保险人应当首先在机动车交通事故责任强制保险的财产损失赔偿限额内承担赔偿责任，对于超出2000元责任限额以上的部分，由保险公司在商业第三者责任保险范围内按照保险合同的约定进行赔偿。本案中某保险公司同意在机动车交通事故责任强制保险的财产损失赔偿限额内向潘某赔偿2000

元，本院对此不持异议。

本案的争议焦点在于：某保险公司以事故发生时保险车辆驾驶员驾驶证逾期未审验为由拒赔商业第三者责任保险项下的2914元能否成立。对此，潘某主张《机动车辆保险条款（2009版）》中第一章第四条属于免除保险人责任的格式条款，保险人对该条款未尽到明确说明义务，应属无效。某保险公司辩称保险单的明示告知部分和重要提示部分已经对该条款作出说明。本院认为，依照《保险法》第十七条之规定："订立保险合同，采用保险人提供的格式条款的，保险人向投保人提供的投保单应当附格式条款，保险人应当向投保人说明合同的内容。对保险合同中免除保险人责任的条款，保险人在订立合同时应当在投保单、保险单或者其他保险凭证上作出足以引起投保人注意的提示，并对该条款的内容以书面或者口头形式向投保人作出明确说明；未作提示或者明确说明的，该条款不产生效力。"《保险法司法解释二》第十一条规定："保险合同订立时，保险人在投保单或者保险单等其他保险凭证上，对保险合同中免除保险人责任的条款，以足以引起投保人注意的文字、字体、符号或者其他明显标志作出提示的，人民法院应当认定其履行了保险法第十七条第二款规定的提示义务。保险人对保险合同中有关免除保险人责任条款的概念、内容及其法律后果以书面或者口头形式向投保人作出常人能够理解的解释说明的，人民法院应当认定保险人履行了保险法第十七条第二款规定的明确说明义务。"本案所涉保险合同条款约定："未依法取得驾驶证、持未按规定审验的驾驶证、驾驶与驾驶证载明的准驾车型不符的机动车的，发生意外事故时，保险公司不负责赔偿。"某保险公司作为保险人，针对其格式条款中的免责事项负有向投保人进行提示和解释说明的义务。某保险公司在保险单中载有的明示告示和重要提示，以及在保险条款中用黑体字印刷，仅仅是予以提示的一种方式，不能等同于对免责条款的概念、内容及其法律后果所作的解释说明，没有尽到《保险法》第十七条第二款规定的保险人的明确说明义务，某保险公司与潘某签订的商业第三者责任保险合同中的免责条款不产生效力。故某保险公司依据上述免责条款主张不承担车辆修理费2914元的抗辩意见，缺乏事实和法律依据，本院不予支持。

五、一审定案结论

北京市丰台区人民法院依照《合同法》第六十条第一款、第一百零七条，《保险法》第十七条，《道路交通安全法》第十七条之规定，判决如下：

1. 被告某保险公司于本判决生效之日起十日内在机动车交通事故责任强制保险限额范围内赔偿原告潘某二千元；

2. 被告某保险公司于本判决生效之日起十日内在商业第三者责任保险范围内赔偿原告潘某二千九百一十四元。

六、解说

本案系以机动车为标的的财产保险合同纠纷，涉及的主要问题在于保险人对其免责条款的提示和明确说明义务。对此笔者作如下分析：

（一）保险人提示和明确说明义务的法理基础

保险人提示和明确说明义务的法理基础在于《保险法》的最大诚信原则，即指保险合同的双方当事人在订立或者履行合同过程中，必须以最大诚意履行自己应尽的义务，互不欺骗和隐瞒。因保险业务具有专业性，条款中涵盖大量专业术语，由于投保人与保险人在保险产品信息的掌握上具有不对称性，投保人在注意能力和交涉能力方面亦处于劣势，故其很难准确理解条款的含义和法律后果，造成双方当事人缔约地位的不平等和意思表示实质上的不自由。如保险人未作提示和解释说明而缔结合同，则难以实现意思自治，对投保人有失公平，违背《保险法》的最大诚信原则。

（二）免责条款的范围界定

《保险法》第十七条要求保险人对合同中“免除保险人责任的条款”作提示和明确说明，为便于识别“免除保险人责任的条款”，《保险法司法解释二》第九条对此作了限缩解释，认为包括“责任免除条款、免赔额、免赔率、比例赔付或者给付等免除或者减轻保险人责任的条款”，不包括“因投保人、被保险人违反法定或者约定义务，享有解除合同权利的条款”。至于保险合同中约定的“法律、行政法规规定保险人不承担保险责任的事由”，若保险合同将此作为责任免除条款的组成部分，被保险人以保险人未明确说明而主张该条款不生效的，人民法院亦不应予以支持，此等条款是否生效不取决于保险人是否对之有明确说明。

（三）提示义务和明确说明义务的关系

在目前的司法实践中，该类案件普遍存在三个问题：一是在保险人的答辩意见中混淆提示义务和明确说明义务，常以提示义务的履行代替明确说明义务的履行；二是通过电话销售、网络销售等方式订立的保险合同，保险人履行提示和明确说明义务存在瑕疵；三是由于保险公司的垄断地位和保险行业本身的技术性，部分投保人通常只是按照保险公司工作人员的指引在保险合同各处需要签字处进行签字，保险人实际并未履行明确说明义务。

保险人对免除保险人责任条款的提示义务是明确说明的前置义务，也是一项独立的义务。如保险人未能举证证明其已履行提示义务，使投保人知悉免除保险人责任条款的存在，则相关条款不产生效力，无须进一步审查保险人对这些条款是否明确说明。明确说明义务是在提示义务基础上对投保人的说明程度要求更高的义务，投保人仅履行提示义务，但未能就免除保险人责任条款的概念、内容及其法律后果进行明确说明的，免责条款无效。

（四）保险人提示义务履行的认定

《保险法司法解释二》第十一条第一款规定：“保险合同订立

时，保险人在投保单或者保险单等其他保险凭证上，对保险合同中免除保险人责任的条款，以足以引起投保人注意的文字、字体、符号或者其他明显标志做出提示的，人民法院应当认定其履行了保险法第十七条第二款规定的提示义务。”从上述规定上看，提示义务的载体包括投保单、保险单等所有保险凭证，只要该投保单凭证上存在需要提示的内容，保险人就应履行提示义务。实践中，有些保险公司的业务员在开展业务时，并没有按照《保险法》第十七条第一款的规定附上保险格式条款，既然格式条款都没有提供，保险人显然无法对格式条款上的免责条款进行提示；提示义务的履行方法包括从文字、字体、符号或其他明显标识等方面进行提示，如采取较大字号、特殊字体、黑体加粗、加框印制、特殊颜色等办法，使被保险人能够轻松识别应当注意的条款，如保险公司将免除保险人责任条款集中单独印刷，也应当认为其履行了提示义务；提示的程度必须达到足以使投保人注意的程度，此处的投保人应当理解为理性投保人，即处于同一条件下的投保人能够注意到，就应认为其已经尽到提示义务。对于通过网络、电话等方式订立的保险合同，《保险法司法解释二》第十二条允许保险人以网页、音频、视频等形式对免除保险人责任条款进行提示和明确说明，但其提示和明确说明必须达到该解释第十一条规定的标准，否则相关免除保险人责任条款不生效。实践中，有些保险公司设计的网络投保程序并没有主动出示格式条款，或者虽出示格式条款，但该格式条款并没有对免除保险人责任的内容采取特别标示，故不能认为其履行了提示义务。

（五）投保人明确说明义务的履行和举证责任

保险人对其履行明确说明义务承担举证责任。《保险法司法解释二》第十一条第二款规定：“保险人对保险合同中有关免除保险人责任条款的概念、内容及其法律后果以书面或者口头形式向投保人作出常人能够理解的解释说明的，人民法院应当认定保险人履行了保险法第十七条第二款规定的明确说明义务。”从上述规定上看，关于明确说明义务的履行应从三方面予以审查认定：首先，内容上要包括“有关免除保险人责任条款的概念、内容及法律后果”；其次，形式上采取了“书面”、“口头”、“网页、音频、视频”等形式；最后，效果上要达到“常人能够理解的程度”。实践中，对保险人提交的具有投保人签章的投保声明书是否足以证明其已经履行明确说明义务存在不同认识，故《保险法司法解释二》第十三条第二款规定：“投保人对保险人履行了符合本解释第十一条第二款要求的明确说明义务在相关文书上签字、盖章或者以其他形式予以确认的，应当认定保险人履行了该项义务。但另有证据证明保险人未履行明确说明义务的除外。”因此，原则上如投保人确认保险人已经履行明确说明义务的，则应认定投保人已经尽到举证责任。实践中，投保人的确认通常采用书面形式，即在保险人提供的投保声明书上签字或盖章，该投保声明书一般载有“投保人兹声明保险人已对免除保险人责任的条款的概念、内容和法律效果进行明确说明，投保人已理解保险合同条款及责任免除条款内容，并同意以本投保单作为订立保险合同的依据等”。投保人的签字或者盖章必须亲自为之，保险人或其代理人代为签字或者盖章的，不能视为投保人对保险人履行明确说明义务的确认。此外，投保人的上述确认亦可被推翻。保险人在诉讼中虽提交了具有投保人亲自签字或者盖章的投保声明书，但如投保人能够提供其他证据证明保险人确实未履行明确说明义务的，则相关免除保险人责任的条款仍然不生效。例如，如有保险业务人员证明，其在办理该业务时并未就相关条款进行说明，投保人只是在其劝说甚至诱导之下在投保声明栏后面签字或者盖章的，则不能认为保险人已经履行明确说明义务。

违反上述提示和未履行明确说明义务的法律后果为免责条款不产生效力。本案中，某保险公司辩称的“在保险单中载有的明示告示和重要提示，以及在保险条款中用黑体字印刷”，应该认定为履行了保险法第十七条第二款规定的提示义务，但不能等同于其对免责条款的概念、内容及其法律后果作出了解释说明，其没有尽到《保险法》第十七条第二款规定的保险人的明确说明义务，故某保险公司与潘某签订的商业第三者责任保险合同中的免责条款不产生效力。

编写人：吕慧敏[*]

---

* 吕慧敏，北京市丰台区人民法院民二庭法官，中国人民大学国际法学硕士。

网络投保中保险公司提示及明确说明义务的认定

——朱某、常某与某保险公司北京分公司人身保险合同纠纷案

一、首部

（一）案由

人身保险合同纠纷。

（二）诉讼双方

原告（被上诉人）：朱某。

委托代理人：陈某，某法律咨询服务中心主任。

委托代理人：王某，某法律咨询服务中心职员。

原告（被上诉人）：常某。

委托代理人：陈某，某法律咨询服务中心主任。

委托代理人：王某，某法律咨询服务中心职员。

被告（上诉人）：某保险公司北京分公司。

负责人：梅某，某保险公司北京分公司总经理。

委托代理人：牛某，某保险公司北京分公司员工。

（三）审级

二审。

（四）审判机关和审判组织

一审法院：北京市丰台区人民法院。

代理审判员：侯斌。

二审法院：北京市第二中级人民法院。

合议庭组成人员：审判长，程慧平；审判员，李丽；代理审判员，赵婧雪。

二、一审诉辩主张

（一）原告诉称

2013 年 5 月，投保人朱某某（原告朱某之父、常某之子）在被告处投保个人意外伤害保险——某海 e 通卡，保险单号为 211010670201××××57、211010670201××××61。保险期间自 2013 年 5 月 25 日 0 时起至 2014 年 5 月 24 日 24 时止。在保险公司工作人员激活本保险卡时，选择的受益人是法定继承人。2013 年 8 月 12 日，朱某某在北京郭某某养殖场的鱼池中意外溺水身亡。事故发生前，朱某某在北京郭某某养殖场工作，职务是养殖工，代码是 01××01，赔偿职业类别系数为 100%。该笔保险由某保险公司北京分公司工作人员张某某具体承办，由保险公司工作人员进行激活，投保人和法定受益人均没有委托张某某进行保险手续的办理，从始至终没有任何人向投保人和法定受益人解释保险内容，告知相关注意事项。被保险人朱某某因溺水身亡后，原告方及时通知了某保险公司北京分公司进行理赔，后来某保险公司北京分公司以被保险人不符合理赔条件为由拒绝理赔。故原告诉至法院，请求判令被告承担保险责任，向原告支付保险金 200000 元。

（二）被告辩称

不同意原告的诉讼请求，被保险人系饮酒后死亡，不在保险赔偿范围之内，某保险公司北京分公司工作人员也明确告知了原告保险人责任免除条款，因此某保险公司北京分公司不应当承担保险责任。

三、一审事实和证据

北京市丰台区人民法院经公开审理查明：2013 年 5 月 21 日，朱某某向某保险公司北京分公司支付 200 元保险费，购买了两份人身意外伤害保险——某海 e 通卡，投保了两份保险金额均为 10 万元的身故保险金，保险期间自 2013 年 5 月 25 日 0 时起至 2014 年 5 月 24 日 23 时 59 分 59 秒止，被保险人为朱某某。

2013 年 8 月 12 日 12 时左右，朱某某在北京市顺义区北小营镇北小营村鱼池因醉酒后失足落水致溺水身亡。同年 8 月 13 日，郭某某向某保险公司北京分公司报案并申请理赔。2013 年 10 月 19 日，某保险公司北京分公司出具《拒赔案件情况说明》，载明："某保险公司人身意外保险——某海 e 卡通保单号 211010670201 × × × × × 57、211010670201 × × × × ×61 下被保险人朱某某，因醉酒后失足落水致溺水身亡，保险人根据保险合同中责任免除部分第七条第二款，依法拒赔处理，请被保险人家属知悉，特此通知。"

另查，朱某系朱某某之女，常某系朱某某之母。除朱某、常某外，朱某某并无其他继承人。

庭审中，某保险公司北京分公司称，该款险种需由被保险人自行网上注册后才能生效，而注册时需首先阅读相应的保险条款。因此，既然朱某某已经注册成功，说明朱某某已经阅读并同意保险条款的内容；对此，朱某、常某表示不予认可，认为某保险公司北京分公司没有就免责条款的内容向朱某某明确说明。

上述事实，有原告朱某、常某提供的保单、死亡证明书、火化证明、书面证明、案件信息单，被告某保险公司北京分公司提供的拒赔说明、光盘、保险条款以及双方当事人陈述等在案佐证。

四、一审判案理由

北京市丰台区人民法院经审理认为：根据相关法律规定，对保险合同中免除保险人责任的条款，保险人在订立合同时应当在投保单、保险单或者其他保险凭证上作出足以引起投保人注意的提示，并对该条款的内容以书面或者口头形式向投保人作出明确说明；未作提示或者明确说明的，该条款不产生效力，现某保险公司北京分公司拒赔的依据系人身意外伤害保险条款第六条（原因除外）和第七条（期间除外）的约定，该两条属于免除保险人责任的条款，但某保险公司北京分公司提供的证据不足以证明其已经向朱某某作出提示或者明确说明，故该条款并不产生效力，某保险公司北京分公司以此为据拒赔没有合同依据。另外，现有证据亦不足以证明被保险人朱某某系因故意醉酒而导致身故，故某保险公司北京分公司拒赔亦无法律依据。因此，被保险人朱某某身故后，朱某、常某作为其第一顺序继承人，有权要求某保险公司北京分公司给付相应保险金，故本院对朱某、常某的诉讼请求予以支持。

五、一审定案结论

北京市丰台区人民法院依照《保险法》第十七条、第二十三条的规定，判决如下：

1．某保险公司北京分公司于本判决生效之日起十日内给付朱某、常某保险金二十万元。

2．如果未按本判决指定的期间履行给付金钱义务，应当依照《民事诉讼法》第二百五十三条之规定，加倍支付迟延履行期间的债务利息。

3．案件受理费二千一百五十元，由某保险公司北京分公司负担（于本判决生效之日起七日内交纳）。

六、二审情况

（一）二审诉辩主张

1．上诉人某保险公司北京分公司上诉称

一审法院认定事实有误，一审法院认为“对保险合同中免除保险人责任的条款，保险人在订立保险合同时应在投保单、保险单或者其他保险凭证上作出足以引起投保人注意的提示，并且该条款的内容以书面或者口头形式向投保人作出明确说明，未作提示或者明确说明的，该条款不产生效力，现某保险公司北京分公司拒赔的依据系人身意外伤害保险条款第六条（原因除外）和第七条（期间除外）的约定，该两条约定属于免除保险人责任的条款，但某保险公司北京分公司提供的证据不足以证明其已经向朱某某作出提示或者明确说明，故该条款不产生效力，某保险公司分公司以此为拒赔没有合同依据。”根据《保险法司法解释二》第十一条第一款规定：“保险合同订立时，保险人在投保单或者保险单等其他保险凭证上，对保险合同中免除保险人责任的条款，以足以引起投保人注意的文字、字体、符号或者其他明显标志作出提示的，人民法院应当认定其履行了保险法第十七条第二款的提示义务。”根据《保险法司法解释二》第十二条之规定：“通过网络、电话等方式订立的保险合同、保险人以网页、音频、视频等形式对免除保险人责任条款予以提示和明确说明的，人民法院可以认定其履行了提示和明确说明义务。”综上，请求二审法院支持上诉请求。

2．被上诉人朱某、常某辩称

一审判决认定事实清楚，适用法律正确，请求二审法院予以驳回某保险公司北京分公司的上诉请求。

（二）二审事实和证据

二审法院查明的事实与一审法院审理查明的事实一致。

（三）二审判案理由

北京市第二中级人民法院经审理后认为：根据《民事诉讼证据规定》第二条规定：“当事人对自己提出的诉讼请求所依据的事实或反驳对方诉讼请求所依据的事实有责任提供证据加以证明。没有证据或证据不足以证明当事人的事实主张的，由负有举证责任的当事人承担不利后果。”《保险法》第十七条规定：“订立保险合同，采用保险人提供的格式条款的，保险人向投保人提供的投保单应当附格式条款，保险人应当向投保人说明合同的内容。对保险合同中免除保险人责任的条款，保险人在订立合同时应当在投保单、保险单或者其他保险凭证上作出足以引起投保人注意的提示，并对该条款的内容以书面或者口头形式向投保人作出明确说明；未作提示或者明确说明的，该条款不产生效力。”本案中，某保险公司北京分公司没有证据证明其已将免赔条款向被保险人朱某某说明，故该免赔条款对朱某某不产生效力。综上，一审法院判决认定事实清楚，适用法律正确，依法应予维持。

（四）二审定案结论

北京市第二中级人民法院依照《民事诉讼法》第一百七十条第一款第（一）项之规定，作出如下判决：

驳回上诉，维持原判。

七、解说

本案争议的焦点问题在于网络投保过程中保险公司是否已经履行了提示和明确说明义务。网络投保是消费者通过互联网自主完成的保险交易，因其自主性强、方便快捷、公开透明等优势，受到越来越多消费者的青睐。与传统的投保方式相比，网络投保成功实现了将保险销售、核保、支付环节从线下到线上的数字化转变，其提示和说明义务的履行方式也与传统投保方式不同，下面结合本案，对网络投保方式下保险公司提示和说明义务的认定予以详细阐释。

（一）网络投保中提示和明确说明义务认定的特殊性

传统投保主要是保险代理人面对面与投保人进行沟通，在投保人表达有意购买某种保险产品后，由保险代理人将投保单、保险单等书面材料交于投保人阅读，并就其中主要条款，尤其是免责条款等进行明确说明，投保人需要在投保单上签字表明其已明确理解保险合同条款并接受相关的权利义务关系。《保险法》第十七条规定了保险人对于免责条款的提示及明确说明义务，最高人民法院在《保险法司法解释二》第十一条规定中对提示与明确说明义务进行了进一步的明确规定：“保险合同订立时，保险人在投保单或者保险单等其他保险凭证上，对保险合同中免除保险人责任的条款，以足以引起投保人注意的文字、字体、符号或者其他明显标志作出提示的，人民法院应当认定其履行了保险法第十七条第二款规定的提示义务。保险人对保险合同中有关免除保险人责任条款的概念、内容及其法律后果以书面或者口头形式向投保人作出常人能够理解的解释说明的，人民法院应当认定其履行了保险法第十七条第二款规定的明确说明义务。”

在网络投保的过程中，保险代理人的角色作用大大降低，甚至很多网销保单的销售过程中已经不存在这个角色，取而代之的是程式化的计算机程序设计：投保人需要独立地按照保险人提前设置好的流程、按照网页的指示进行一步步操作，并最终采取点击确认等方式进行投保。在整个网络投保的过程中，投保人在传统投保中人工填写、亲笔确认的方式转化为完全电子化的投保方式。由于在投保的过程中缺乏投保单等书面载体，无法直接证明保险人履行了提示和明确说明义务。网络投保中必须结合网上的程式化操作和网页留存的数据来判断保险人是否履行义务，从这个层面上来说在网络投保中保险人义务履行的认定是存在一定难度的。针对网络投保的新形势，《保险法司法解释二》第十二条对于网络、电话投保中保险人的提示和明确说明义务的认定也作出了说明：“通过网络、电话等方式订立的保险合同，保险人以网页、音频、视频等形式对免除保险人责任条款予以提示和明确说明的，人民法院可以认定其履行了提示和明确说明义务。”与传统投保模式相比，鉴于网络投保人仅仅是按照网页提示、按照流程顺序进行独立投保，而缺乏保险人的口头指导和说明，故司法解释从其特殊性出发更加关注了网络投保中提示和说明义务的形式，但对提示和说明义务的履行程度却没有展开详细论述，这为我们在司法实务中认定网络投保中保险人是否履行义务增加了一定的难度。各保险公司在网络销售的过程中计算机程序设计各有千秋，在考虑网络投保特殊性的同时，保险人履行何种程度的提示和明确说明义务才算是符合保险法规定的，是司法实务中亟待解决的问题。

（二）网络投保中保险人提示及明确说明义务的认定①

各保险公司为了最大限度地降低销售成本，在保险销售的网络平台程序设计中往往只看重投保程序的便捷性，而忽略了对于免责条款等特别注意条款的强制阅读和明确说明的程序设计。结合目前司法实践的现状来看，保险网络销售中对于免责条款的提示和说明形式主要存在以下问题：第一类问题是，个别保险公司格式条款设计提示说明程序缺失，随着保险人法律风险防范意识的增强，此种问题在司法实践中正逐步减少。更多的是第二类问题，即虽然设计了提示和说明义务程序，但是存在各种不规范现象：1. 格式条款并没有通过足以引起投保人注意的文字、字体、符号或者其他明显标志作出提示。2. 有的保险公司虽然设置了相关保险条款的提示性设计，但多以附带链接的方式，投保人需要另行下载后才可阅读，并且下载阅读提示性条款并非是进入下一步投保程序的必要步骤，故投保人可能不会下载，其在完成投保时并不必然知悉相关免责条款的内容，未引起足够的重视。3. 有的保险公司会在支付保费前后，将电子版保险条款推送到投保人注册的邮箱中，以供投保人下载和阅读，但由于技术等原因，保险公司未及时推送、投保人打不开电子文档等情况也屡见不鲜。② 通过观察可以发现保险公司在网络销售过程中提示和说明程序设计流于形式是最大的问题。为了兼顾保险人和被保险人双方的利益，平衡商事交易的效率与消费者的权利，《保险法司法解释二》中在对明确说明义务的内涵予以释明后，明确了采用形式审查的标准来判断义务履行的基本原则：只要保险人作出了“常人”所能理解的说明即可认定其履行了明

① 汪建海：《网络销售中保险人明确说明义务的履行与判定》，载《新“国十条”宣传暨浙江省2014年保险法学学术年会论文集》，第118－119页。

② 曹文兵：《网络营销模式下保险人的说明义务》，载《人民司法》2015年第4期，第44页。

确说明义务，而不是通过个案分析投保人的理解表达能力，以此来实质判断免责条款是否有效。但在保险网络销售中，存在格式条款流于形式的提示说明阅读程序设计并不等同于保险人已经就免责条款作出“明确说明”并达到足以使投保人理解的程度，针对网络投保的特殊性，有必要适当引入实质审查标准，以期达到与传统投保的审查力度相当的标准。

在司法实践中，关于网络投保中保险人提示和明确说明义务的认定，应当兼采形式审查与实质审查标准。所谓形式审查是指对保险人说明义务的履行方式、形式进行判断。具体而言，形式审查应当侧重于审查计算机的投保核保程序是否合理完善；在网页操作全过程中是否能保证投保人全面接触到所需要的保险条款和保险知识，尤其是审查格式条款的提示和明确说明程序设计是否以足以引起投保人注意的方式进行；要确保投保人已经知悉全部保险条款，并对与投保人利益息息相关的格式条款给予足够的重视。而实质审查是指以投保人对免责条款真实含义的实际理解为基准进行的判断。[①] 结合网络投保的特殊性来说，实质审查主要审查保险人是否通过必要的形式对免责条款的具体内容作出解释说明，并达到足以使常人能够理解的程度。根据实质审查的标准，在网络投保的过程中即使投保人按照顺序阅读，点击确认或是同意完成了网上投保流程，如果没有其他证据证明投保人了解相关条款的概念、内容和法律后果，仍然不能证明保险人尽到明确说明义务。更进一步而言，两个审查标准运用有先后之分，即应当先进行形式审查，如果形式审查不达标，便没有继续作实质审查的必要。如果形式审查达标，再进行必要的实质审查，只有满足双重审查标准，才可以认定网络投保的保险人履行了提示和明确说明义务。

---

① 覃有土、樊启荣：《保险法学》，高等教育出版社 2003 年版，第 176 页。

（三）网络投保纠纷相关法律风险提示[①]

保险公司在运用网络享受到便捷的同时，应当积极适应新形势，竭尽所能完善程序设计，充分履行保险人的提示和明确说明义务，同时要在双重审查标准下增强举证意识，规避举证不力带来的法律风险。结合网络投保常见纠纷，提出以下几点建议：

1. 将免责条款的提示和阅读作为投保的必经程序

结合保险网络销售的现状来看，目前在投保流程设计中设置免责条款等的阅读程序已经基本达成业界共识，但是以其选择性阅读的分支流程设计而引起纠纷的情况较多，为了能在最大程度上警示投保人，保险人在投保流程的主线中应将“足以引起投保人注意的免责条款阅读程序”作为投保的必要环节，通过强制停留或非选择性链接的方式，保障投保人能够阅读到免责条款，以更好地作出是否投保的选择。

2. 创新免责条款的解释说明形式

网络投保具有机械性特点，缺乏传统投保所具有的灵活性和直观性，这给保险人履行明确说明义务的实质判断增加了一定的难度。保险人可以从互联网销售的特殊性出发，创新解释形式，以通俗易懂的语言、生动活泼的形象制作视频或 flash 等视听资料，就免责条款等重点保险条款予以口头的解释说明，保障投保人能够以最简单的方式充分理解保险条款的含义，维护投保人的利益，保障保险业的良性发展，尽可能地避免网络投保纠纷的发生。

3. 设置提示说明义务履行完毕后的确认程序

保险人可以通过准确适用询问语言对该条款的说明目的进行询问并设置投保人的电子签名程序，一方面可以确认投保人已经知悉并了解相关免责条款的具体含义，保障其知情权。另一方面从《民事诉讼法》的证据层面来看，可以更好地留存投保交易记录，

---

① 宋哲、徐婷：《网络投保中的明确说明义务履行问题探析——以某保险公司的网上投保程序设计为模板》，载《中国保险》2013 年第 11 期，第 46 页。

降低保险人一方因举证不力带来的败诉风险。

最后结合本案来说，投保人朱某某在某保险公司北京分公司网站通过网络注册完成投保，双方成立真实有效的保险合同。《保险法司法解释二》第十三条明确了“保险人对其履行了明确说明义务负举证责任”，原告主张涉案的保险由某保险公司北京分公司工作人员张某某具体承办，由保险公司工作人员进行激活，投保人朱某某和法定受益人朱某、常某均没有委托张某某进行保险手续的办理，从始至终没有任何人向投保人和法定受益人解释保险内容，告知相关注意事项。某保险公司并没有举证其以网页、音频、视频等形式对免除保险人责任条款予以提示和明确说明，从举证责任的分配上来说，该保险公司首先应当承担举证不能的不利后果。从形式审查的角度来看无法认定保险人已经履行提示和说明义务，故某保险公司北京分公司主张的免赔条款对朱某某不产生效力。保险人拒赔的依据不足，应当予以理赔。故一审、二审法院对本案的处理是正确的，是合法有据的。

编写人：侯　斌* 　毕凯丽**

---

* 侯斌，原北京市丰台区人民法院民二庭助理审判员。

** 毕凯丽，北京市丰台区人民法院研究室法官助理，中国人民大学法律硕士。

财产保险合同中改装车辆与准驾车型不符的认定

——白某甲诉某保险公司财产保险合同纠纷案

一、首部

（一）案由

财产保险合同纠纷。

（二）诉讼双方

原告：白某甲。

被告：某保险公司。

法定代表人：龙某，某保险公司总经理。

委托代理人：王某，律师。

（三）审级

一审。

（四）审判机关和审判组织

审判机关：北京市丰台区人民法院。

代理审判员：李佳。

二、诉辩主张

（一）原告诉称

原告持有 C5 驾照，于 2013 年购买了一辆丰田花冠小客车，按照规定加装了辅助装置，并且通过了车检所的检验，与家人共同使用。2015年2月16日，其女儿白某乙驾驶此车在丰台区南四环东路发生了机动车碰撞事故，根据交警出具的交通事故认定书和车辆毁损的状况，某保险公司出具了事故车辆全损协议书，并将事故车辆进行了拍卖，原告按照某保险公司的要求提交了所有的书面材料后，某保险公司答应在一个月内将赔付款赔付到账，然而在2015年5月7日，某保险公司却突然发来了一份拒赔通知书，理由是准驾车型不符。原告认为某保险公司的拒赔理由与事实不符，其理由如下：1．原告加装的辅助装置是通过了北京市车辆管理所检验合格的，加装了此装置后不影响其他人驾驶，也没有改变该车的原有性能和结构，不存在准驾车型不符的问题。2．此车与家人合用，符合当前提倡的节能环保减轻道路拥堵的社会理念和残疾人家庭经济条件的实际现状。3．按照某保险公司的逻辑，当残疾人生病或与朋友聚会饮酒后将无法找到代驾，为残疾人的正常出行增添了障碍。4．某保险公司早在2014年9月对该车做过一次525元的理赔业务，当时也是原告的女儿驾驶这辆车发生的交通事故，某保险公司很快就进行了全额理赔，其间并没有提出过任何异议和提示，说明某保险公司对这种情况是认可的，是在正常的理赔范围之内的，而在此次理赔金额过大时却突然提出了准驾车型不符的拒赔理由。5．C1驾照准驾的车型是小型、微型载客汽车，而加装了辅助装置的小型自动挡载客汽车并没有改变小型载客汽车的结构和属性，依然属于小型载客汽车的范畴，不存在准驾车型不符的问题。

基于以上原因，原告认为某保险公司不应该以准驾车型不符为由拒绝理赔，现诉至法院请求判令被告赔偿原告车辆财产损失53740.4元。

（二）被告辩称

请求驳回原告的诉讼请求。原告作为投保人为车辆在我公司投保，保险期自2014年3月26日0时起至2015年3月25日24时止，险种为车辆损失险。该车辆加装了专类操纵辅助装置，即专为肢体残疾人而且是右下肢或双下肢肢体残疾人士使用的装置，属于残疾人专用小型汽车。对于事故我公司没有异议，在进行理赔调查时发现，驾驶人持有的驾驶证属于 C1，不能驾驶残疾人专用车，属于准驾车型不符，我公司依据保险条款第二章第五条的规定对其车辆损失拒赔，我公司认为我们的拒赔有事实和法律依据。

三、事实和证据

北京市丰台区人民法院经公开审理查明：彭某为京 N×××××丰田 TV×××GDX 轿车的所有人，白某甲系彭某朋友白某乙之父，为涉案车辆实际使用人，亦为机动车辆保险投保人及被保险人，持 C5 驾驶证。该车行驶证车辆类型一栏载明：小型轿车；备注栏载明：操纵辅助装置型号：CQFMBL××××；编号：25×××××。白某甲在某保险公司为该车投保车辆损失险及不计免赔险，保险期间自 2014 年 3 月 26 日 0 时起至 2015 年 3 月 25 日 24 时止。《机动车辆保险条款（2009 版）》第一部分第二章第五条规定："发生意外事故时，驾驶人有以下情形之一的，保险人不负赔偿责任：（一）未依法取得驾驶证、持未按规定审验的驾驶证、驾驶与驾驶证载明的准驾车型不符的机动车的。"《机动车辆保险条款（2009 版）》第一部分第二章第二十六条规定："保险人受理报案、进行现场查勘、核损定价、参与案件诉讼、向被保险人提供建议以及相关单证的出具和要求等行为，均不构成保险人对赔偿责任的承诺。" 2015 年 2 月 16 日 23 时，白某甲的女儿白某乙（持 C1 驾驶证）驾驶该车在北京市丰台区南四环东路发生交通事故，2015 年 4 月 13 日，某保险公司与白某甲签订《事故车辆全损协议书》，确定因事故造成的京 N×××××号机动车的损失已经达到全损程度，截至事故发生时，该车使用年限为 22 个月，实际价值为 84890.4 元，残值为 47500 元，二者差额确定为全损金额 37390.4 元，某保险公司勘查员李某和白某甲分别在协议书上签字确认。之后，某保险公司将事故车辆拍卖价款 37390.4 元打到白某甲女儿白某乙的账户。白某甲在按照某保险公司的要求提交了所有理赔材料后，某保险公司于2015年5月7日向白某甲发出《机动车辆保险拒赔通知书》，载明：经本公司审核，京N×××××号车全部损失共计53740.4元，不属于我公司保险责任范围，拒赔理由为：由于准驾车型不符，我公司根据《机动车辆保险条款(2009版)》第一章第四条及第二章第五条以及《机动车交通事故责任强制保险条款》第九条之规定，整案拒赔。故白某甲诉至法院，要求某保险公司赔偿车辆财产损失53740.4元。

另查，公安部2012年9月12日发布的第123号令《机动车驾驶证申领和使用规定》附件1准驾车型及代号中，规定了“准驾车型—代号—准驾的车辆以及准予驾驶的其他准驾车型”。其中第六项规定：“小型汽车—C1—小型、微型载客汽车以及轻型、微型载货汽车；轻型、微型专项作业车以及C2、C3、C4驾驶证对应的准驾车型”。第九项规定：“残疾人专用小型自动挡载客汽车—C5—残疾人专用小型、微型自动挡载客汽车（只允许右下肢或者双下肢残疾人驾驶）”。

上述事实有原告白某甲提供的机动车辆保险拒赔通知书、保险单、涉案车辆行驶证复印件、车辆注册登记信息复印件、车辆违法查询页、白某乙驾驶证，被告某保险公司提交的保险条款以及当事人陈述等在案佐证。

四、判案理由

北京市丰台区人民法院经审理认为：投保人白某甲与某保险公司签订的保险合同系双方当事人的真实意思表示，并未违反法律、行政法规的强制性规定，应为有效，当事人均应依约履行合同义务。白某甲向某保险公司投保了车辆损失险、不计免赔险，某保险公司应当在该保险责任范围内进行赔付。某保险公司认可白某甲改装行为的合法性和正当性，本院不持异议。庭审中，双方就涉案车辆经改装后由他人驾驶的行为是否合法争议较大。对此，本院认为，小型汽车与残疾人专用小型自动挡载客汽车并非日常概念中包含与被包含的逻辑关系，而是并列概念，本案中涉案车辆经过改装，客观上其操控方式已发生变化，不论是否进行过相应变更登记，其在性能上都应属于残疾人专用小型自动挡载客汽车，仅适用于持有 C5 驾驶证的驾驶人员驾驶。庭审中，白某甲认可 C5 驾驶证的取得需要经过特殊培训程序，与 C1 等驾驶证的培训程序有所不同。白某乙未经过该培训程序而持 C1 驾驶证驾驶该车，不能排除其在驾驶过程中存在不当操作的可能性，增大了事故风险。根据公安部2012 年9 月12 日发布的《机动车驾驶证申领和使用规定》，C1 驾驶证可以驾驶小型、微型载客汽车以及轻型、微型载货汽车；轻型、微型专项作业车及 C2、C3、C4 驾驶证对应的准驾车型。其中，不包括 C5 驾驶证对应的准驾车型。因此，白某乙持 C1 驾驶证驾驶残疾人专用小型自动挡载客汽车的情形属于准驾车型不符，符合保险合同中规定的免赔条款的适用情形，某保险公司据此拒赔符合法律规定及合同约定。

关于在先的理赔是否可以作为此次事故理赔依据一节，本院认为，由于交强险与车损险的制度目的不同，其在保险条款以及理赔原则等方面与车损险等商业险亦有所差异，故不应以交强险理赔的事实作为车损险应否理赔的依据。关于白某甲主张的残疾人专用小型自动挡载客汽车无法换人驾驶，不便于残疾人找代驾一节，应当认为在安全与便捷之间安全的价值更高，机动车驾驶人作为高速移动物体的使用人，应以安全而不是便捷作为首要追求目标。综上，白某甲主张的车辆损失赔偿于法无据，本院不予支持。

五、定案结论

北京市丰台区人民法院依照《保险法》第二条、第五十二条第二款之规定，判决如下：

驳回原告白某甲的诉讼请求。

六、解说

本案集中了改装车辆在审判实践中面临的典型问题：一是在机动车行驶证登记类型与实际情况相冲突的情况下如何认定准驾车型；二是C1驾驶证持有人驾驶残疾人专用小型自动挡载客汽车是否会增大事故风险。

（一）应当以机动车的客观实际性能作为准驾车型的认定标准

本案争议焦点之一是，涉案机动车在改装后，未进行行驶证的变更登记，其车辆类型依然标明“小型轿车”，虽然加注“（加装）操纵辅助装置”，原告据此认为，该车辆属于一般小型轿车，应当适用于持有C1驾驶证人员驾驶。

对此，应当认为，机动车作为一种特殊动产，其登记行为属于管理措施的一种（或为进行管理所进行的基础性工作），服务于车辆的使用行为，车辆登记与车辆的实际情况不一致时，应当以车辆的实际情况作为认定权利义务的标准。本案中，诉辩双方对车辆经过改装的事实均予以认可，在此种情况下，应当将车辆所属分类确定为残疾人专用小型自动挡载客汽车，而不是普通“小型轿车”。

（二）C1驾驶证持有人驾驶残疾人专用小型自动挡载客汽车增大了事故风险

本案第二个争议焦点是，持有“较高”驾驶资格的驾驶人驾驶“较低”驾驶要求的车辆是否会增大事故风险，从而增加保险公司的理赔义务。原告认为，涉案车辆虽经过改装，但仍然保留小型轿车的驾驶功能和操作方法，持有C1驾驶证的驾驶人仍然可以采取原有操作方式驾驶该车辆，同时，持有C5驾驶证的驾驶人可以通过加装的操作方式驾驶该车辆，改装车辆同时具有两种互不冲突的操作方式，具有对于驾驶人员的包容性，适合于任一驾驶资格人员驾驶，故持有C1驾驶证的人员亦可以驾驶该车辆。

对此，应当认为，虽然该改装车辆同时具有两种操作方式，但是，其缺乏有效机制确保其有针对性的操作方式不被错误使用，即无法防止持有 C1 驾驶资格的驾驶人在未经特殊培训的情况下，采取残疾人的驾驶方式驾驶该车，可能导致驾驶风险的增加。

因此，既然切实存在 C1 驾驶证与准驾车型的对应性规定，而该规定中明确排除了 C5 驾驶证的对应车型——残疾人专用小型自动挡载客汽车，那么，应当认为，驾驶残疾人专用小型自动挡载客汽车需要经过特殊培训是切实必要的，持有 C1 驾驶证的驾驶人员不得驾驶残疾人专用小型自动挡载客汽车，否则，可能使其驾驶行为陷于危险之中，并由此增大事故发生的风险，同时加大保险公司理赔责任。

综上，“小型轿车”经过相应改装后，其车辆类型已经变成残疾人专用小型自动挡载客汽车，白某乙持有 C1 驾驶证驾驶该改装车辆，属于与准驾车型不符的情形，被告保险公司据此主张适用保险免责条款的答辩意见应予采纳，故应当驳回原告的诉讼请求。

编写人：李　佳*

---

* 李佳，北京市丰台区人民法院民二庭法官，首都经济贸易大学经济法学硕士。

购买银行代销理财产品产生亏损应当由谁承担

——郝某诉北京某资产管理有限公司、余某、某银行丰台支行、杨某合同纠纷案

一、首部

（一）案由

合同纠纷。

（二）诉讼双方

原告（上诉人）：郝某。

被告（被上诉人）：北京某资产管理有限公司（以下简称某资产公司）。

被告（被上诉人）：余某。

被告（被上诉人）：某银行丰台支行。

被告（被上诉人）：杨某。

（三）审级

二审。

（四）审判机关和审判组织

一审法院：北京市丰台区人民法院。

审判员：王永斌。

二审法院：北京市第二中级人民法院。

合议庭组成人员：审判长，程慧平；审判员，李丽；代理审判员，赵婧雪。

二、一审诉辩主张

（一）原告诉称

郝某于某银行丰台支行购买了一款由该行理财经理杨某推荐的收益高、风险小的理财产品，郝某为购买此产品签署了《××××证券投资基金合伙协议》（以下简称涉案协议）等一系列协议，并向北京某投资管理中心（以下简称某中心）开立的账户汇入了400万元。一年后，郝某没有得到收益，反而亏损了80万元，找某银行丰台支行理论才得知其购买的是某资产公司及其普通合伙人余某发起的私募股权投资。故原告起诉要求四被告退还原告损失的本金80万元，以及按中国人民银行同期贷款利率计算的利息，并承担本案的诉讼费用。

（二）被告辩称

1. 某资产公司辩称

原告签订的合伙协议及风险协议书是其真实意思表示，合法有效。我方依法成立了合伙企业，并依约进行了审慎的风险投资，没有违法违约行为。损失属于市场风险，原告应自行承担，因此请求驳回原告的诉讼请求。

2. 余某辩称

我方和原告同为合伙人，涉案协议第二十二条对合伙条件作了详细约定，我方履行了合伙人义务，我方不应承担连带责任。

3. 某银行辩称

本案是合同之诉，我方与原告不存在合同关系，原告损失是由正常市场波动造成，此纠纷跟我方无关。

4. 杨某辩称

原告在购买此产品时向我询问，我只是如实解释，其损失由市场波动造成，我不应承担责任。

三、一审事实和证据

北京市丰台区人民法院经公开审理查明：2011 年 7 月，郝某与某资产公司、余某签订涉案协议，约定："有限合伙人与普通合伙人依据法律的规定……加入'××××证券投资基金'。基金管理人和投资顾问机构将恪尽职守，履行诚实、信用、谨慎、有效管理的义务，但并不保证合伙基金财产的运用无风险，不承诺保本和最低收益。本合伙基金主要运用于证券市场，证券投资具有较高风险，适合风险识别、评估、承受能力较强的合格投资者。……合伙基金类型：指定用途证券投资合伙制私募基金。……全体合伙人陈述与保证：所有合伙人对金融风险包括证券市场风险具有较高的认知和承受能力，对基金管理人和基金经理有较为深入的了解和认识，根据其自己独立的审核以及其认为适当的专业意见，已经确定本次认购合伙基金份额。……基金管理人对基金事务拥有充分的管理和控制权，有权代表合伙基金签订对外的法律文件，在有限合伙中处于核心地位，本合伙基金普通合伙人余某授权某资产管理有限公司为本合伙基金投资顾问，承担合伙基金管理人职责。本基金存在的主要风险有：市场风险……；合伙基金合伙协议、合伙基金说明书与风险揭示书共同组成合伙基金文件；合伙协议未规定的，以风险揭示书和合伙基金说明书为准……。"与此同时，郝某还分别在风险揭示书等文件上签字并参与该基金，汇入某中心账户 400 万元。

某中心、某资产公司等主体先后从事以下行为，经营合伙企业基金：1. 办理某中心的工商登记手续，并支付相应的费用。2. 租赁海淀区某办公室并支付租赁费用。3. 聘用某律师事务所为法律顾问并支付律师费。4. 在银行办理基金托管业务。5. 聘任证券经纪人，办理经纪业务。6. 进行证券经营。××××证券投资基金到期后，某中心退还郝某投资款320万元后注销。

四、一审判案理由

北京市丰台区人民法院经审理认为：郝某与某资产公司、余某签订的涉案协议为当事人的真实意思表示，应属合法有效。当事人应当按照协议约定履行自己的义务。协议中明确表明该合伙基金具有较高风险，并适用于风险承受能力强的投资者，全体合伙人明确表示对金融风险有较高的认知承受能力。可见，某资产公司、余某对于该基金存在的各种风险已经尽了详细的提示说明义务。郝某在风险揭示书上签字确认，其作为基金投资人，在决定投资时对其投资行为应有风险自担的意识，在投资由于市场波动亏损时对其损失应自行承担。协议签订后，某资产公司、余某履行了合同约定的义务，并无违约行为。基金亏损属于正常的商业投资风险，并不是某资产公司、余某违约所致，其对基金的亏损不承担赔偿责任。某银行丰台支行不是本案合同的一方当事人，与本案不存在法律关系。杨某与郝某同为基金的有限合伙人，没有法定或约定的义务赔偿郝某的投资损失。

五、一审定案结论

北京市丰台区人民法院依照《民事诉讼法》第六十四条第一款之规定，判决如下：

驳回原告郝某的诉讼请求。

六、二审情况

（一）二审诉辩主张

1. 上诉人郝某诉称

一审法院在两点事实上认定不清。其一，涉案协议约定保管协议等相关文件签订后涉案基金才成立，但此文件未签订，因此该基金未设立。其二，本案涉案合同应为委托理财合同，而某资产公司、余某未经中国证监会许可从事证券、期货投资咨询业务，不具有金融类委托理财资质。据此请求撤销一审判决。

2. 被上诉人某资产公司、余某、某银行丰台支行及杨某辩称服从一审判决，请求二审法院驳回上诉，维持原判。

（二）二审事实和证据

北京市第二中级人民法院经审理，确认一审法院认定的事实和证据。并补充查明事实：录音证据，证明郝某及家人找某银行丰台支行的相关领导沟通此事，并主张杨某代其在合伙基金单位认购单上填写客户基本信息，因此该理财产品是在某银行丰台支行购买的，某银行丰台支行和杨某应对其损失承担责任。某银行丰台支行主张录音中的话只是为了进行安抚，当时并未与杨某核实此事。杨某称某银行丰台支行未与其本人核实情况，录音内容不属实，并称其代郝某在合伙基金单位认购单上填写客户基本信息，是因为郝某委托其填写。

（三）二审判案理由

北京市第二中级人民法院经审理认为，本案的争议焦点主要有以下几点：一是涉案协议的性质是否为委托理财合同；二是涉案协议约定的基金成立条件是否成就；三是某银行丰台支行、杨某是否应就郝某的损失承担赔偿责任。

关于争议点一，根据涉案协议的内容可知合伙基金类型为指定用途证券投资合伙制私募基金，郝某是该协议所约定的有限合伙企业的合伙人之一，其认购的基金份额属于合伙企业财产，因此涉案协议并非委托理财合同。

关于争议点二，某资产公司在银行办理基金托管业务、聘任证券经纪人等符合涉案协议的约定，……郝某系某中心合伙人，应视为已确认其认购成功，某中心已将全部资金 3180 万元转入基金托管专户，基金成立条件已成就。

关于争议点三，涉案协议中已明确提示了风险，郝某在风险揭示书上也签字确认，表明其已知晓认购该基金的风险。郝某提交的证据亦不能有效证明某银行、杨某对其投资产生的损失存在过错。现其要求某银行、杨某予以赔偿，缺乏依据，本院不予支持。

（四）二审定案结论

北京市第二中级人民法院依照《民事诉讼法》第一百七十条第一款第（一）项之规定，作出如下判决：

驳回上诉，维持原判。

七、解说

本案的争议焦点在于，郝某购买银行代销的理财产品所产生的亏损应当由谁承担。所谓银行销售理财产品是指商业银行利用本行渠道，向客户销售或推介非本行开发设计的理财产品。[①] 在购买银行代销理财产品情形下，存在三方法律主体，即投资者、银行和发行机构。在认定责任时，应当在厘清三方主体之间法律关系的基础上分别进行。

（一）发行机构的民事责任认定

发行机构是理财产品的销售者，投资者与发行机构之间的权利义务关系应当依照双方之间的合同类型及内容予以确定。在司法实践中，双方可形成委托理财合同关系、借贷合同关系或合伙合同关系等。[②] 但无论双方形成何种合同关系，投资者若发生了财产损

---

① 中国银行业协会：《关于印发〈商业银行销售银行理财产品与代销理财产品的规范标准和销售流程〉的通知》（〔2015〕52 号）。

② 若合同内容有关于受托人将委托人的资产投资于期货、证券等交易市场或通过其他金融形式进行管理，所得收益由双方按约定进行分配或由受托人收取代理费等，则可根据实际案情认定为委托理财合同关系。若合同内容为本息保底，超额归受托人所有的（即约定保证本息固定回报条款），则可倾向于认定为借贷合同关系。若合同内容为委托人将资产委托给受托人，受托人提供专业理财服务，双方利益共享，风险共担的，则可综合全案认定为合伙合同关系。

失，在认定发行机构的民事责任时，首先要审查发行机构是否严格按照合同内容履行了合同义务，是否存在违约行为，即将《合同法》有关违约责任的规定作为请求权的基础进行审理。

在本案中，郝某与某资产公司、余某签订了合法有效的《××××证券投资基金合伙协议》。从内容来看，涉案协议为合伙协议，其中约定普通合伙人余某授权某资产公司为本合伙基金投资顾问，承担合伙基金管理人职责，对基金事务拥有充分的管理和控制权，有权代表合伙基金签订对外的法律文件，在有限合伙中处于核心地位。基金管理人及投资顾问机构并不保证合伙基金财产的运用无风险，不承诺保本和最低收益。从履行来看，某资产公司等主体先后从事了办理工商登记、租赁经营场所、聘用法律顾问、进行基金托管、聘用证券经纪人等行为，属正常经营合伙企业基金，应当认定发行机构已履行了对基金事务的管理职责。而郝某受到损失的原因在于资本市场正常的投资风险，而并非由于某资产公司及余某存在违约行为，因此，某资产公司及余某无须向郝某赔偿财产损失。

（二）银行的民事责任认定

银行承销其他发行机构的理财产品时，银行并不是发行机构与投资者之间合同关系中的当事人，银行与投资者仅形成间接推介关系，原因在于：其一，从文件内容及签署方来看，代销产品由发行机构理财合同或其他要约的文件组成，该类文件中不出现银行标识，银行不享有合同中的权利和义务；其二，在合同履行层面，代销产品的投资人将投资的资金汇入开发机构指定的托管账户，由发行机构组织经营，尽职地增加收益、防止亏损，按合同约定享有各自的利益，与银行无关。因此对于自身的财产损失，投资者欲追究银行的民事责任需另寻出路，在司法实践中，投资者可选择违约和侵权两条救济途径来维护自身合法权益。

1. 违约责任层面

若银行与投资者之间存在投资顾问服务合同的约定，则可根据该约定追究银行的违约责任。具体而言，合同的存在需要具备两个条件：一是银行与投资者有关于投资顾问服务的约定，该约定可以是口头、书面甚至是双方暗示，银行承担向投资者提供充分、诚实的投资建议；二是合同有相应的对价，如果投资者的民事责任认定银行单方向投资者提供投资建议，而投资者不向银行支付佣金，则不能认定双方存在合同关系。① 在存在合同的前提下，若银行向投资者推介了不适当的理财产品，导致投资者在理财中受到财产损失，则银行需向投资者承担违约责任。

2. 侵权责任层面

在现实生活中，投资者与金融机构之间在很多情况下没有投资顾问服务的约定，仅是金融机构事实上从事了推介行为。同时，投资者和金融机构之间在经济实力、专业能力和信息获取力等方面存在实质上的不平等，大多数理财产品充斥着各种金融术语、数学模型等专业知识，一般投资者显然无法深入掌握，在购买理财产品时要依赖银行提供建议、提示风险、说明内容等；与此同时，银行理财经理基于任务压力及业绩考量，在推介理财产品中往往避重就轻，夸大收益而淡化风险，最终导致投资者损失。② 为了实现双方当事人的利益平衡，通常以银行在推介理财产品时的注意义务，包括适度推介义务、信息披露义务、风险提示义务等，③ 对投资者在

---

① 朱宁宁：《代销类理财产品银行民事责任研究》，西南政法大学硕士学位论文，第27页。

② 张晨曲、宁广靖：《透视商业银行违规代销：过度销售隐瞒风险》，载《新金融观察报》2014年8月17日版。

③ 《商业银行法》第五条规定，商业银行与客户往来，应当遵循平等、自愿、公平和诚实信用的原则。《商业银行个人理财业务管理暂行办法》第三十七条规定，商业银行利用理财顾问服务向客户推介投资产品时，应了解客户风险偏好、风险认知能力和承受能力，评估客户财务状况，提供合适的投资产品由客户自主选择，并应向客户解释相关投资工具的运作市场及方式、揭示相应风险。

法律上予以倾斜保护，以实现实质意义上的法律平等。就银行代销理财产品而言，银行未向投资者履行适度推介、信息披露等法定义务，致使投资者基于错误认识购买了不适当的理财产品，并产生了财产损失，可以认定银行对投资者的损失存在过错，投资者可要求银行承担相应的赔偿责任，具体赔偿金额应根据银行与投资者各自的过错确定，投资者在购买理财产品过程中应尽到高度的审慎注意义务，存在过错的，可适当减轻银行的责任。

在本案中，郝某未与某银行丰台支行订立投资顾问服务合同，未支付服务佣金，且未举证证明某银行丰台支行及其工作人员杨某向其推介了涉案理财产品，亦未举证证明涉案理财产品与其自身的风险承担能力不相当，在已有证据证明某银行丰台支行尽到了提示风险义务的前提下，法院无法认定其存在过错，因此，郝某要求某银行丰台支行赔偿损失的主张无法成立。综上可知，某银行丰台支行及其工作人员对郝某的投资损失不承担赔偿责任。

（三）投资者的高度注意义务

在投资理财产品时，投资者作为从事市场投资的商事主体，应拥有相对专业的金融知识和投资能力，通过银行工作人员的讲解，了解理财产品的特点及风险收益。在从事理财行为时，应当尽到高度的审慎注意义务，在掌握自身财务情况的基础上，在银行等金融机构的帮助下，选择符合自身理财需求的理财产品。因此，若投资者在银行购买理财产品时出现了亏损，以“不知道、不懂”为由要求发行机构、银行进行全额赔偿，人民法院一般不予支持。

在本案中，郝某签署的涉案协议中明确约定“本合伙基金主要运用于证券市场，证券投资具有较高风险，适合风险识别、评估、承受能力较强的合格投资者”，但郝某在签署涉案协议、风险提示书等多份文件时，没有意识到其购买的产品属于存在高风险的私募基金，亦没有注意到其所从事的投资行为所造成的损失应由其自行承担，更没有理解到自身与银行及发行机构之间的法律权利和义务，因此法院认定，郝某没有尽到一个商事主体在从事商事行为时应尽到的高度审慎注意义务，由此引起的投资损失应自行承担。

编写人：徐全影* 田 磊**

---

* 徐全影，北京市丰台区人民法院婚姻家庭案件审判庭法官，中央民族大学经济法学硕士。

** 田磊，北京市丰台区人民法院民二庭法官助理，中国政法大学民商法学硕士。

银行卡盗刷案件相关法律问题探析

——李某诉甲银行支行借记卡纠纷案

一、首部

（一）案由

借记卡纠纷。

（二）诉讼双方

原告：李某。

被告：甲银行支行。

负责人：王某，甲银行支行经理。

委托代理人：孙某，甲银行支行职员。

（三）审级

一审。

（四）审判机关和审判组织

审判机关：北京市丰台区人民法院。

代理审判员：侯斌。

二、诉辩主张

（一）原告诉称

2010年12月18日，原告在甲银行支行开办借记卡一张，该卡设立支取密码，未办理余额变动短信提醒业务。2015 年 6 月 5 日，原告取钱时发现卡中的钱被盗，其立即拨打 110 报案，目前警方已立案。交易记录显示：2015 年 5 月 24 日该卡在河南省安阳市被消费两次，5 月 25 日、26 日连续被人从四川地区一个 ATM 取款，共损失 226150 元。原告因公司业务需要，5 月 24 日至 27 日均在上海出差，涉案银行卡一直随身携带，上述交易非原告操作，亦非原告授权操作。原告认为，其办理银行卡并存入钱款即与被告建立了储蓄存款合同关系，被告负有保障存款安全的义务，因被告未尽到此保障义务导致存款被盗，被告应当对其损失承担全部赔偿责任。故原告诉至法院，要求被告赔付存款 226150 元及利息损失（以 226150 元为基数，自 2015 年 5 月 24 日起至实际赔付之日止，按照中国人民银行同期活期存款利率计算）。

（二）被告辩称

不同意原告诉讼请求。1．根据本案现有证据，无法证明交易系伪卡交易；2．原告无证据证明被告存在过错；3．每一笔交易都必须确认账户信息和密码一致才能进行，原告未证明其妥善保管了银行卡及密码等；4．片面要求银行承担识别银行卡真伪的安全保障义务是不合理的，也与银行的交易规则相背离；5．本案应遵循“先刑后民”的原则，待刑事侦查结束后再进行审理。

三、事实和证据

北京市丰台区人民法院经公开审理查明：2010 年 12 月 18 日，李某在甲银行支行办理借记卡一张，该卡设有支取密码，未开通余额变动短信提醒业务。2015 年 5 月 24 日 14 时 52 分 44 秒，该借记卡账下发生一笔金额为 99450 元的消费业务，同日 15 时 47 分 26 秒，该借记卡账下又发生一笔金额为 86700 元的消费业务，两笔消费业务受理机构均为乙银行安阳分行，商户名称均为李家村个体工商户张某；5 月 25 日 23 时 15 分 37 秒至 5 月 26 日 0 时 11 分 25 秒，该借记卡共发生 16 笔单笔金额为 2500 元的 ATM 取款业务，受理机构为四川丙银行支行。李某于2015年6月5日发现该借记卡账下余额异常，将账户内剩余的2400元通过网上银行转出，并于当日向公安局报案。6月22日，公安局出具《立案告知书》，案件现仍处于侦查阶段。

另查，李某于5月24日乘坐KN5×66航班从北京飞往上海，入住上海××大酒店，5月27日中午办理退房手续，晚上乘坐KN7×96航班从上海返回北京。李某当庭陈述，本案借记卡一直由其本人控制，未授权他人使用涉案借记卡，亦未告知他人该借记卡的密码。李某主张该借记卡被盗刷226150元，要求甲银行支行返还被盗刷的款项及活期存款利息，故诉至法院。

上述事实，有原告李某提供的银行特殊业务凭证、机票、商户签购单、银行卡交易明细、交易查询结果单、立案告知书，被告甲银行支行提供的交易明细、航班信息查询单及当事人陈述等在案佐证。

四、判案理由

北京市丰台区人民法院经审理认为：李某在甲银行支行开办借记卡并存入钱款，双方之间形成了储蓄存款合同关系，该合同关系为双方的真实意思表示，未违反法律、行政法规的强制性规定，合法有效。《商业银行法》第六条规定："商业银行应当保障存款人的合法权益不受任何单位和个人的侵犯。"《合同法》第六十条第二款规定："当事人应当遵循诚实信用原则，根据合同的性质、目的和交易习惯履行通知、协助、保密等义务。"因此，甲银行支行应保障李某借记卡本身的安全，防止银行卡被伪造，防止李某个人信息、密码等信息数据被轻易盗用，此外还应保证其服务场所、系统设备安全。

本案借记卡项下涉案交易共18笔，其中2笔发生于2015年5月24日14时52分44秒、15时47分26秒，地点在河南省安阳市；另外16笔发生于2015年5月25日23时15分37秒至5月26日0时11分25秒，地点在四川省绵阳市。现李某有证据证明2015年5月24日、25日、26日均不在涉案借记卡被刷卡的地点。李某认为其借记卡被盗刷后，及时向公安机关报案，并提供了涉案借记卡。李某主张涉案交易不是由其本人操作，属于伪卡交易，并提交了相关证据予以证明，对此甲银行支行不予认可，在此情况下，甲银行支行有义务提供证据证明其主张。甲银行支行不能提供涉案交易的监控录像或其他证据以证明涉案交易为李某或经李某授权的人持真实银行卡进行的交易，其应承担由此造成的不利后果。

我国《合同法》在违约责任归责原则上采取的是严格责任原则，即不论违约的当事人主观上有无过错，只要不存在合同约定或者法律规定的免责事由，就必须承担违约责任。故甲银行支行应当赔付李某遭受的损失。

《经济纠纷案件中涉及经济犯罪嫌疑若干规定》第十条规定："人民法院在审理经济纠纷案件中，发现与本案有牵连，但与本案不是同一法律关系的经济犯罪嫌疑线索、材料，应将犯罪嫌疑线索、材料移送有关公安机关或检察机关查处，经济纠纷案件继续审理。"李某发现其借记卡被盗刷后，向公安机关报案，公安机关以信用卡诈骗立案进行侦查。此后，李某以借记卡纠纷对甲银行支行提起本案民事诉讼，虽然与公安机关所立信用卡诈骗案有牵连，但相关的刑事案件的侦查并不影响法院依据审理查明的事实，以及认定双方因借记卡纠纷所产生的民事法律责任。故对甲银行支行主张"在本案伪卡存在的事实不清的情况下，应驳回李某起诉，将案件移交公安机关处理"的请求，本院不予支持。

综上，李某要求甲银行支行赔偿存款损失及利息损失的诉讼请求，有事实及法律依据，本院予以支持。

五、定案结论

北京市丰台区人民法院依照《合同法》第六十条、第一百零七条，《商业银行法》第六条，《民事诉讼法》第六十四条第一款，

《民事诉讼证据规定》第二条之规定，判决如下：

1. 甲银行支行于判决生效之日起十日内赔偿李某二十二万六千一百五十元；

2. 甲银行支行于判决生效之日起十日内赔偿利息损失（以二十二万六千一百五十元为基数，自二〇一五年五月二十四日起至实际赔付之日止，按照中国人民银行同期活期存款利率计算）。

如果未按本判决指定的期间履行给付金钱义务，应当依照《民事诉讼法》第二百五十三条之规定，加倍支付迟延履行期间的债务利息。

六、解说

本案是一起典型的银行卡盗刷案件中的伪卡交易[①]类案件。此类案件的主要争议点包括应适用何种归责原则、持卡人与银行之间的举证责任如何分配及刑民交叉问题如何处理。对此，结合本案作以下分析：

（一）此类案件应适用严格责任原则

用户在银行开办银行卡并存入钱款，双方签订办卡协议，就形成了储蓄存款合同关系。此类案件发生后，银行常常以侵权的是犯罪分子、银行基于对密码的合理信赖而付款不存在过错为由进行抗辩。然而，货币作为特殊的种类物，其一经被占有即对其拥有所有权，即“占有即所有”，货币的占有和所有权是不能分离的，货币的占有人即货币的所有人。[②] 因此，银行是银行卡内钱款的所有人，犯罪分子盗刷银行卡侵害的是银行对银行卡内钱款的所有权，持卡人对银行享有的债权不受侵害。根据我国《合同法》的规定，在违约责任上采取的是严格责任原则，因此不论违约的当事人主观

---

① 伪卡交易是指他人盗用银行卡信息和密码，通过伪造或者变造的银行卡进行消费、取现、转账的行为。

② 梁慧星：《中国物权法研究》（上），法律出版社 2002 年版，第 61 页。

上有无过错，只要不存在合同约定或者法律规定的免责事由，就必须承担违约责任。

根据《商业银行法》第六条和《合同法》第六十条第二款的规定，银行作为银行卡的核发机构，掌握银行卡的制作技术和加密技术，具备识别真伪的技术能力和硬件设施，银行对持卡人负有安全保障义务，即银行不仅要保障其所核发的银行卡本身的安全性，防止银行卡被伪造，而且要防止持卡人信息、密码等信息数据被轻易盗用。此外，银行还应保证其服务场所、系统设备的安全。

本案中，李某在甲银行支行开办借记卡并存入钱款，双方之间形成了储蓄存款合同关系，银行卡被盗刷的事实即证明银行未识别伪卡，因此在不存在合同约定或者法律规定的免责事由的情况下，甲银行支行应当赔付李某遭受的损失。

（二）持卡人与银行之间举证责任的分配问题

举证责任分配的不同将会造成裁判结果的不同，因此确定持卡人、银行的举证责任至关重要。有观点认为，与持卡人相比，银行更容易掌握银行卡、设备、场所的管理及人员是否尽到安全保障义务等信息，在举证方面显然更具有优势，因此应实行举证责任倒置规则，由银行对自己已尽到安全保障义务及持卡人未妥善保管银行卡、密码承担举证责任。笔者认为，在此类案件中仍应适用“谁主张，谁举证”的举证责任分配的一般原则。其一，举证责任倒置规则是“谁主张，谁举证”这一原则的例外，仅适用于法律有明确规定的几类情形，[①] 不应随意扩大其适用范围。其二，银行证

---

① 《民事诉讼法司法解释》第七十四条规定：“在诉讼中，当事人对自己提出的主张，有责任提供证据。但在下列侵权诉讼中，对原告提出的侵权事实，被告否认的，由被告负责举证：（1）因产品制造方法发明专利引起的专利侵权诉讼；（2）高度危险作业致人损害的侵权诉讼；（3）因环境污染引起的损害赔偿诉讼；（4）建筑物或者其他设施以及建筑物上的搁置物、悬挂物发生倒塌、脱落、坠落致人损害的侵权诉讼；（5）饲养动物致人损害的侵权诉讼；（6）有关法律规定由被告承担举证责任的。”

明自己已尽到安全保障义务、持卡人未妥善保管银行卡和密码属于对持卡人相关主张的抗辩，并不是举证责任倒置规则的适用。

根据《民事诉讼法》第六十四条第一款和《民事诉讼证据规定》第二条的规定，在此类案件中，持卡人需证明银行卡内钱款被盗刷的事实，即涉案交易属于伪卡交易，若银行主张银行卡内钱款并非盗刷，则需证明涉案交易为经持卡人授权或交易者与持卡人存在串通等情形。

此类案件中，银行常以“每一笔交易都必须确认账户信息和密码一致才能进行，持卡人未证明其妥善保管了银行卡及密码”进行抗辩，认为持卡人在银行卡被盗刷的过程中亦存在过错。笔者认为，持卡人并不负有证明自己妥善保管了银行卡及密码的举证责任，银行主张持卡人未妥善保管银行卡、密码的，银行需承担举证责任。由银行承担持卡人未妥善保管银行卡、密码的举证责任具有合理性：1. 基于“风险和收益相一致”[①] 原则，银行利用储户的存款进行业务活动、赚取收益，对此银行应当承担相应的风险，持卡人未妥善保管银行卡、密码亦属于潜在风险之一，应由银行承担举证责任。2. 基于对诉讼效益的考量，相较于持卡人，银行具有更专业的资源和监控体系，对盗刷具有更强的防范能力，因此由银行承担持卡人未妥善保管银行卡、密码的举证责任，有利于节约诉讼成本，提高诉讼效益。3. 银行对交易、设备、人员、场所等具有更强的控制力，由银行承担持卡人未妥善保管银行卡、密码的举证责任更符合实体公正的要求。

本案中，涉案交易共 18 笔，其中 2 笔发生于 2015 年 5 月 24 日，地点在河南省安阳市；另外 16 笔发生于 2015 年 5 月 25 日、26 日，地点在四川省绵阳市。李某提供了相关证据证明其 2015 年 5 月 24 日、25 日、26 日均不在涉案借记卡被刷卡的地点。在发现

---

① 张新宝：《互联网上的侵权问题研究》，中国人民大学出版社 2003 年版，第 46 页。

借记卡被盗刷后，及时向公安机关报案，并提供了真实的银行卡。甲银行支行不能提供涉案交易的监控录像或其他证据以证明涉案交易为李某或经李某授权的人持真实银行卡进行的交易。本院认为综合考量交易发生地点、持卡人持有的银行卡所在地、交易时间、报案时间等时空距离，上述证据已经形成了完整的证据链，涉案交易系伪卡交易，甲银行支行未尽到安全保障义务，应当向李某承担违约责任。

（三）此类案件中刑民交叉问题的处理

对此类案件中刑民交叉问题的处理，目前存在两种观点：一种观点认为，此类案件应适用《经济纠纷案件中涉及经济犯罪嫌疑若干规定》第十一条的规定，先查明盗刷的相关事实，如银行卡如何被复制、犯罪嫌疑人如何获取的密码等，以便确定持卡人和银行的责任。因此，在刑事案件被查明之前，案件尚不具备实体审理的条件，应当裁定驳回起诉。另一种观点认为，此类案件应适用《经济纠纷案件中涉及经济犯罪嫌疑若干规定》第一条和第十条的规定处理，即只有在基于同一法律事实或法律关系，民事案件的审理必须以刑事案件的审理结果为依据，而刑事案件尚未审理终结时，法院才可以适用“先刑后民”原则，裁定驳回起诉或中止审理。

笔者赞同第二种观点，即对于此类案件中刑民交叉问题的处理，除非有证据证明持卡人主动泄露密码、与盗刷者恶意串通等，否则不应直接裁定驳回起诉，应当单独对民事纠纷进行审理。2005年8月，《最高人民法院关于银行储蓄卡密码被泄露导致存款被他人骗取引起的储蓄合同纠纷应否作为民事案件受理问题的批复》中说明“因银行储蓄卡密码被泄露，他人伪造银行储蓄卡骗取存款人银行存款，存款人依其与银行订立的储蓄合同提起民事诉讼的，人民法院应当依法受理”，明确了此类案件法院应当依法受理。在此类案件中刑民交叉问题的处理上，具体而言：1. 如果银行有证据证明持卡人主动泄露密码、与盗刷者恶意串通，或者公安机关或检察机关函告法院，认为有经济犯罪嫌疑，法院经审查认为确有经济犯罪嫌疑的，应当裁定驳回起诉。2. 如果案件有关事实已立案侦查，民事案件的审理必须借助刑事案件查证的事实和审判结果的，人民法院应当中止审理；如果通过民事案件的审理就可以查明事实、明确责任，而不需要借助刑事案件的审理结果的，人民法院应当继续审理民事案件。3. 如果人民法院已依法作出民事判决，但经公安机关查实，持卡人与盗刷者确系恶意串通的，应依法撤销该民事判决，并追究持卡人的法律责任。

本案中，李某发现其借记卡被盗刷后，立即向公安机关报案，公安机关以信用卡诈骗立案进行侦查，并出具《立案告知书》。此后，李某以借记卡纠纷对甲银行支行提起本案民事诉讼，虽然与公安机关所立信用卡诈骗案有牵连，但相关的刑事案件的侦查并不影响法院依据审理查明的事实，认定双方因借记卡纠纷所产生的民事法律责任。因此，法院应当受理，并进行民事案件的审理。

编写人：邵晓悦 *

* 邵晓悦，北京市丰台区人民法院研究室法官助理，中国政法大学法律硕士。

第三章　民间借贷纠纷

仅有转账凭证的民间借贷纠纷中举证责任的分配

——杨某某诉常某民间借贷纠纷案

一、首部

（一）案由

民间借贷纠纷。

（二）诉讼双方

原告：杨某某。

委托代理人：杨某乙，律师。

被告：常某。

委托代理人：张某某，律师。

（三）审级

一审。

（四）审判机关和审判组织

审判机关：北京市丰台区人民法院。

合议庭组成人员：审判长，李志峰；人民陪审员，李金秋、侯庆岩。

二、诉辩主张

（一）原告诉称

杨某某与被告系朋友关系。2011 年被告以生意需要钱为由向杨某某借款20万元。杨某某于2011年8月5日通过汇款方式将钱交给了被告，当时双方关系非常好，所以杨某某没有让被告写欠条。2013年被告向杨某某偿还了2万元。但直至今日，被告一直没有偿还剩余的18万元。故杨某某诉至法院，诉讼请求：1. 请求判决被告偿还借款18万元；2. 请求判决被告以18万元为基数按照年利率24%计算向杨某某支付自2014年1月1日起至实际清偿之日止的利息；3. 本案诉讼费用由被告承担。

（二）被告辩称

常某从事轮胎及相关产品批发零售业务多年，公司经营状况良好，收入一直比较稳定，经济条件并不比杨某某和刘某差，常某不需要向其借款。常某与杨某某、刘某是北汽配套轮胎项目合作关系，合作期间存在很多矛盾。2009年年底，常某和刘某口头协议准备做轮胎批发生意，常某负责厂家方面的业务联系，刘某负责记账收款。2010年5月左右，常某经人介绍认识杨某某。杨某某自称是北京汽车集团协调部部长，已经促成多个汽车车型配件供应采购项目。常某、刘某与杨某某协商合作，约定扣除费用后的利润三人平分。为了拿到北汽的项目，常某和刘某频繁地陪同杨某某吃饭喝酒、歌厅唱歌。根据刘某统计，花在杨某某身上的钱共计30万元左右。2010年9月到2011年7月，杨某某以借款名义向常某多次索取现金，每次2万元至4万元，总计20万元。由于项目合作诱惑太大，不敢得罪杨某某，所以借款均无欠条。项目自2010年5月启动到2011年8月迟迟没有进展。常某生意需要资金周转，杨某某主动归还20万元借款。自项目运作以后，因为没有任何盈利，杨某某不好意思要求分利润，却以各种借口多次以借款的形式向常某要钱。常某以项目不盈利为由拒绝了，后来由于杨某某承诺北汽搬家后将重卡汽车的装配交给常某做，装配数量2万套，装配费15元至20元每套。所以，常某于2013年9月借给杨某某2万元。杨某某所述借款一事纯属子虚乌有。按常理大额借款均需要对方打欠条，常某和杨某某认识一年左右又有求于他，不可能向其借款。常某不同意原告的诉讼请求。

三、事实和证据

北京市丰台区人民法院经公开审理查明：杨某某与常某系朋友关系。2011 年 8 月 5 日，杨某某通过银行转账汇入常某名下账号 20 万元。2013 年 9 月 10 日，常某通过银行转账汇入杨某某名下账号 2 万元。常某对此不予认可，主张双方存在其他债务。

上述事实有当事人陈述、交易回单、银行卡交易明细清单等在案佐证。

四、判案理由

北京市丰台区人民法院经审理认为：合法的民间借贷法律关系受法律保护。当事人对自己提出的诉讼请求所依据的事实有责任提供证据加以证明，没有证据或者证据不足以证明当事人主张的，由负有举证责任的当事人承担不利后果。原告仅依据金融机构的转账凭证提起民间借贷诉讼，被告抗辩转账系偿还双方之前借款或其他债务，被告应当对其主张提供证据证明。被告提供相应证据证明其主张后，原告仍应就借贷关系的成立承担举证证明责任。本案中，杨某某根据银行转账凭证主张其与常某之间存在民间借贷法律关系。常某对此不予认可，主张双方存在其他债务，但其未能提供充足的证据予以证明其主张，故常某应承担举证不能的不利后果。杨某某主张的借贷事实，本院予以认定。杨某某主张常某偿还借款 18 万元，于法有据，本院予以支持。自然人之间的借款合同对支付利息没有约定或者约定不明确的，视为不支付利息。故杨某某主张常某支付利息，本院不予支持。

五、定案结论

北京市丰台区人民法院依据《合同法》第二百零六条，《民间借贷若干规定》第十七条之规定，判决如下：

1. 被告常某于本判决生效之日起十日内向原告杨某某偿还借款十八万元。

2. 驳回原告杨某某其他诉讼请求。

案件受理费三千九百元，由被告常某负担（于本判决生效之日起七日内交纳）。

六、解说

民间借贷在生活中越来越普遍，已经成为民间资金流动的一个主要形式，其产生和发展有客观必然性。借条（借据）是民间借贷中常会出现的证明双方借贷关系的书面证据。但是当原告仅依据金融机构的转账凭证提起民间借贷诉讼而没有借据时，常常会使案件陷入真伪不明的状态。裁判标准的确定关系到法官能否对案件作出正确公正的认定，关系到当事人合法权益的保护，关系到诉讼的最终结果是否公平。故此时就需要法官根据证据规则的要求进行事实认定。

（一）仅有转账凭证时的举证责任分配

举证责任问题素有“民事诉讼的脊梁”之称，其在民事诉讼中的地位和作用非常重要。在民间借贷纠纷案件中，举证责任的分配至关重要。在本案中，双方的争议在于原告提供了金融机构的转账凭证来主张其与被告之间存在民间借贷法律关系，被告抗辩双方因其他债务而产生资金往来，双方并未形成过民间借贷的合意。此时，对应当如何分配举证责任，主要有三种观点：

第一种观点认为，应当将举证责任分配给原告。《民事诉讼法》第六十四条第一款规定：“当事人对自己提出的主张，有责任提供证据。”《民事诉讼证据规定》第二条规定：“当事人对自己提出的诉讼请求所依据的事实或者反驳对方诉讼请求所依据的事实有责任提供证据加以证明。没有证据或者证据不足以证明当事人的事实主张的，由负有举证责任的当事人承担不利后果。”第五条第一款、第二款规定：“在合同纠纷案件中，主张合同关系成立并生效的一方当事人对合同订立和生效的事实承担举证责任；主张合同关系变更、解除、终止、撤销的一方当事人对引起合同关系变动的事实承担举证责任。对合同是否履行发生争议的，由负有履行义务的当事人承担举证责任。”借款合同关系的基础事实包括款项的实际交付和双方存在借款合意。原告基于借贷关系主张返还借款的，应当对双方存在借贷的合意、借款履行的情况承担举证责任。若原告只是提供了金融机构的转账凭证，被告又辩称双方不存在借贷关系或者双方因其他债务而产生资金往来，而此时原告没有完成举证责任，则原告应当承担举证不能的法律后果。

第二种观点认为，应当将举证责任分配给被告。金融机构的转账凭证是原告已经将借款支付给被告的证据。原告向法院主张返还借款并提交了该证据，已经可以证明原告与被告之间的借款关系及原告已履行了出借义务。原告主张合同关系成立并生效应当可以认为其已经完成了举证责任。

第三种观点认为，应当根据民间借贷的特点，先由原告承担初步的举证责任。不应当简单地认为哪一方承担举证责任，因为在实践中借款合同关系的发生是非常复杂的，既存在不真实的借贷关系也存在因缺乏法律意识或碍于情面等而未书写书面借款合同的可能。因此，法院在审理这类案件时应当先进行原则性的举证责任分配，但是随着当事人诉辩的变动，如何重新分配举证责任应当交由法官运用自由心证进行判断最为适宜。

笔者赞成第三种观点，主要有如下理由：

第一，从举证责任分配的基本理论进行考量。举证责任也称证明责任，是指证明主体依据法定职权或者举证负担在诉讼证明上所应承担的相应责任。[①] 早在罗马法时代就已存在举证责任的分配。其主要有两大规则：一是原告应负举证责任，二是举证义务存在于主张之人而不存在于否认之人。它主要从举证行为的角度明确了当

① 毕玉谦：《证据法要义》，法律出版社2003年版，第364页。

事人所负的举证责任。在民事诉讼中，举证责任是指应当由当事人对其主张的事实提供证据并予以证明，若诉讼终结时根据全案证据仍不能判明当事人主张的事实真伪，则由该当事人承担不利的诉讼后果。[①] 举证责任具有双重含义，即行为意义的举证责任和结果意义的举证责任。行为意义的举证责任，是指当事人在具体民事诉讼中，为避免败诉的风险而向法院提出证据证明其主张的一种行为责任。结果意义的举证责任，是指待证事实的存在与否不能确定、真伪不明时，由一方当事人对不利后果进行负担的责任和风险。因此在只有金融机构的转账凭证时，原告与被告都有举证责任，但是不同的地方在于举证责任随着双方提供的证据对于待证事实的证明程度而不停转换。

第二，从我国现行证据规则制度进行考量。《民事诉讼法司法解释》第九十一条规定，“人民法院应当依照下列原则确定举证证明责任的承担，但法律另有规定的除外：（一）主张法律关系存在的当事人，应当对产生该法律关系的基本事实承担举证证明责任；（二）主张法律关系变更、消灭或者权利受到妨害的当事人，应当对该法律关系变更、消灭或者权利受到妨害的基本事实承担举证证明责任。”《民间借贷若干规定》第十七条对此亦有详细规定。但是如何认定被告尽到了其举证责任，则需要由法官根据证据规则运用自由心证进行判断。

第三，从民间借贷的特殊性进行考量。随着民间借贷市场的不断发展壮大，在实践中，民间借贷案件中当事人的法律风险防范意识往往不强，保存证据的意识亦不够，导致法院在查明案件事实时存在很大的困难。在现实生活中，借贷双方通常以现金或转账作为借贷的方式。出借方支付一定的现金或银行转账钱款给借款人。到期后，借款人向出借方返还该笔钱款并按约定支付利息。这种借贷形式是较为方便快捷的，产生的问题也较少。但是由于各种感情因

---

① 张永泉：《民事诉讼证据原理研究》，厦门大学出版社 2005 年版，第 160 页。

素、法律意识等人们常常不书写书面借款合同。考虑当事人已实际支付了款项，由接受金钱一方进行说明更具有合理性。因此有必要对于当事人的利益进行衡量，由被告先承担举证责任更符合公平原则。

（二）证据规则在欠缺借款合同案件中的运用

事实审查是民间借贷案件中的难点和重点。对于民间借贷案件的事实认定，法官常常需要根据证据规则进行判断，要推断出当事人之间既往发生的法律关系的事实过程就要通过对证据材料的审查和对其证明力的认定、判断、取舍。《民事诉讼证据规定》第六十四条规定："审判人员应当依照法定程序全面、客观地审核证据，依据法律的规定，遵循法官职业道德，运用逻辑推理和日常生活经验，对证据有无证明力和证明力大小独立进行判断，并公开判断的理由和结果。"当然，《民事诉讼证据规定》也设置了相关规则对证据进行限制。例如，《民事诉讼证据规定》第六十九条的补强规则，即在特定情形下，某种证据不得作为法官认定案件事实的唯一依据；第七十条的完全证据规则，即具备法定条件的证据经过质证环节后，法律直接肯定它的证据力，而不需要法官再予以自由裁量；第七十七条的最佳证据规则，即在数个证据对同一事实都有证据力，且不同证据证明了相反的事实主张的情况下，有关各个证据证明力大小的判断应该在法律规定的范围内进行；第七十九条的心证理由和救济公开等。

在审理缺乏借款合同的民间借贷案件时，法官重点审查当事人的经济能力、当地或当事人之间的交易方式、交易习惯、当事人财产变动情况、钱款转账的时间、当事人之间的关系，要综合判断借贷事实是否发生，如对于涉诉借贷是否属于"大额"要根据受诉法院和当事人的实际情况进行判断。当事人之间长期存在合作关系可以用来佐证诉争交易的真实性。借贷中会有中间人介绍、见证或担保等情况，要注意甄别证人证言的真实性、合法性，避免证人与当事人之间因为利益牵扯等提供虚假证言。

（三）本案案情的分析

本案原告杨某某仅提供两份银行转账记录，并称2011年8月5日通过汇款方式将20万元交给了被告，因当时双方关系非常好，故没有让被告写欠条。2013年被告通过银行转账偿还原告2万元。本案中虽然缺少了双方关于借贷合意的证据，即借款合同、借条、收条、欠条等，但根据本案案情，可以认定原告完成了初步的举证责任。此时被告对于双方存在借贷法律关系不予认可，主张双方系因为合作关系而产生的资金往来。对此被告应当提供相关证据予以证明其主张，如双方合作的协议、合作过程中产生的费用明细、账本等。被告若能初步证明其主张，则本案的举证责任将会转移至原告，则原告应当继续提供双方存在借贷合意的证据。但是，被告在举证期限内没有提供相关证据，未能推翻原告的主张。本案与一般民间借贷案件相比，由于原告提供的证据中缺少证明借贷合意的证据，导致双方争议较大、案情难以认定。法院结合双方的证据合理分配举证责任，判决支持了原告的诉讼请求。

编写人：李志峰[*]

---

* 李志峰，北京市丰台区人民法院婚姻家庭案件审判庭副庭长，中国人民大学法律硕士。

P2P 网络借贷平台的责任主体及承担

——甲公司诉乙公司民间借贷纠纷案

一、首部

（一）案由

民间借贷纠纷。

（二）诉讼双方

原告：甲公司。

法定代表人：李某一，甲公司董事长。

委托代理人：黎某，律师。

委托代理人：朱某，律师。

被告：乙公司。

法定代表人：李某二，乙公司总经理。

委托代理人：季某，律师。

委托代理人：兰某，律师。

（三）审级

一审。

（四）审判机关和审判组织

审判机关：北京市丰台区人民法院。

审判员：魏亚南。

二、诉辩主张

（一）原告诉称

被告自2014年起以李某某、张某一、张某二三人名义通过原告开办的某网络平台借款，借款到期后三人未能向出借人偿还款项，原告代其偿还。2015年5月20日，就代偿款项事宜被告向原告出具《还款承诺书》，承诺于2015年6月26日前向原告偿还本金、利息以及管理费共计24983926.88元。但至今未还，故起诉要求被告偿还欠款24983926.88元。

（二）被告辩称

在借贷关系中，是原借款人通过某网络平台借款，债权人是网络平台上的三百余名出借人，不是原告；债务人是三个借款个人，也不是被告，所以该案起诉原、被告主体都有误。

三、事实和证据

北京市丰台区人民法院经公开审理查明：被告自2014年以来，陆续以李某某、张某一、张某二三人名义，通过原告开办的网络平台借款，借款到期后三人未能偿还。2015年5月20日，被告向原告出具《还款承诺书》，载明：本公司通过与贵公司签署借款框架协议及借款确认单的形式并以张某一在大兴的某别墅作抵押担保，由李某某、张某一、张某二先后通过贵公司网络平台借款金额总计37534000元，该借款全部由本公司使用。自2015年2月11日起，本公司开始无法归还到期借款，由贵公司代为偿还，截至2015年8月3日，本公司应付本金及利息为24537476.33元，管理费为446450.56元，合计24983926.88元。现就借款还款问题，本公司承诺如下：本公司承诺于2015年6月26日前偿还如上本金、利息及管理费共计24983926.88元。落款处加盖被告乙公司公章。庭审中，被告称因公司经营困难，一直未能偿还上述款项。

上述事实，有李某某、张某一、张某二通过原告网站与出借人签订的系列借款协议，借款转账记录，2015 年 5 月 20 日被告向原告出具的《还款承诺书》，原告工商注册登记情况等在案佐证。

四、判案理由

北京市丰台区人民法院经审理认为：本案争议焦点主要有三个：两个是程序上的，一个是实体上的。程序上的争议焦点：一是甲公司作为原告起诉主体是否正确；二是原告把乙公司作为被告起诉主体是否正确。实体上的争议焦点是乙公司是否应该偿还上述款项。

首先针对原被告主体是否适格的程序性问题。法院认为，根据原告提交的证据一和证据二可以看出，在该网络平台上显示的借款人为李某某、张某一、张某二，而与之直接形成债权债务关系的出借人则为网络平台上的三百余名出借人，确实并非本案原、被告。在该网络平台发生借贷纠纷的双方当事人中既无原告又无被告，而作为借款交易平台的甲公司仅为交易的中介方。如果仅是基于此，那么甲公司作为原告起诉主体确实有误，把乙公司作为被告起诉亦无直接法律依据，确实存在原、被告主体有误问题。但是原告起诉依据的基础法律关系的证据并非上述证据，而是被告方出具的还款承诺，上述证据只是证明还款承诺书的由来。还款承诺书显示，虽然借款系由李某某、张某一、张某二通过网络平台借款，但三人仅为名义借款人，该款项的实际借款和使用人均为被告。另外，该协议中被告亦认可，自 2015 年 2 月 11 日起，因其公司无法归还到期借款，该款项由原告代为偿还，并对双方之间截至 2015 年 8 月 3 日的债权债务关系进行了一个结算，结算结果为被告应付原告本金及利息 24537476.33 元，管理费 446450.56 元，合计 24983926.88 元。

对于该承诺函的性质，法院认为，《还款承诺书》虽为被告单方意思表示，但原告据此起诉，视为其认可承诺函的内容。该承诺函首先确认了两个事实，一是李某某、张某一、张某二三人通过网络平台的借款，实际借款人和使用人均为被告。二是被告认可截至2015年8月3日，共欠原告代其垫付的本金、利息以及应收取的管理费，合计24983926.88元，并同意偿还。现在被告承认原告代其垫付了欠款，并同意偿还，原告也认可其承诺书所述，并要求其按照承诺书进行偿还，应当视为双方就之前的借款垫付关系和之后的偿还问题达成了一个新的合意。在这个新的债权债务关系中，主体即为原告、被告双方。故该案起诉，原告、被告主体均符合法律规定，并无不当。

关于实体上争议焦点的处理问题，即被告是否应该偿还欠款24983926.88元。法院认为，还款承诺系当事人自愿签订，且未违反法律、行政法规的强制性规定，为有效承诺。现原告提交的证据足以证明前期借款的由来以及后期原告代被告垫付还款的经过，故被告理应按照承诺约定，及时全面地履行向原告清偿债务的义务。因此原告起诉要求被告偿还欠款24983926.88元，并无不当，应予支持。

五、定案结论

北京市丰台区人民法院依照《民法通则》第一百零八条之规定，判决如下：

1. 被告乙公司于本判决生效后十日内偿还原告甲公司二千四百九十八万三千九百二十六元八角八分。

2. 案件受理费八万三千三百六十十元，由被告乙公司负担（于本判决生效之日起七日内交纳）。

六、解说

该案系由P2P（peer to peer或person to person）网络平台借款引发的纠纷。P2P是指互联网中的一种传输协议，数据的下载方和传输方均为个人。P2P网络借贷作为互联网金融的一种模式，就是借助P2P网络平台为借款人和投资人提供一个网络交易平台，借款人在网络平台上发布借款请求，投资人通过平台将自己的闲散资金根据个人偏好分散出借给借款人，借贷双方往往是非金融机构的自然人、法人或其他组织。近年来，随着互联网金融的快速发展，法院受理与P2P网络借贷相关的案件数量逐渐增加。既有网络平台上的出借人起诉网络平台上的借款人要求偿还借款本息的，又有出借人不起诉网络平台上的借款人，而直接起诉借贷平台要求偿还借款本息的，也有出借人既起诉借款人又起诉网络平台，要求连带偿还借款本息的，还有像本案一样网络平台替借款人垫付偿还借款后起诉实际借款人的。下面笔者就P2P网络借贷平台在日常生活中常见的五种商业模式及其责任承担情况进行一个简单的概述：

（一）居间模式

居间模式，就是指P2P平台本身无资金介入借贷双方，只是向双方提供一个信息交换的平台，利用互联网技术将出借人和借款人的需求相互对接，通过一定的规则实现借贷双方达成借款合同的目的。

在该种模式下，P2P平台与出借人和借款人形成的是居间合同关系，只承担居间合同的权利和义务，不承担因借款本身产生的违约责任及担保责任。《民间借贷若干规定》第二十二条规定："借贷双方通过网络贷款平台形成借贷关系，网络贷款平台的提供者仅提供媒介服务，当事人请求其承担担保责任的，人民法院不予支持。"故该种模式中，借贷案件的责任承担主体应为出借人和借款人，网络平台仅是居间纠纷的责任主体，对借款行为不承担任何保证责任。

（二）居间加风险准备金模式

居间加风险准备金模式，是指在P2P平台建立一个资金账户，当平台借贷成交时，向借款人提取一定比例资金暂存在此账户。当借款人发生逾期现象时，平台会启动风险准备金先行赔付投资人。

该种模式中P2P平台承担的是一种有限担保责任，即以风险准备金为限，向出借人提供本金和利息的保障，是一种特定财产担保。该模式中，网络平台可以作为借贷案件的责任主体，但其承担的责任系有限责任，具体以出借平台与出借人之间签订的具有保证功能的合同约定为准。此外，平台以风险准备金代替借款人向出借人偿还借款后，即取得出借人债权的对价，成为该笔债权的债权人。

（三）居间加保证模式

居间加保证模式，是指有的 P2P 平台以其自有资金向出借人提供本金和利息的保证，或者引入担保公司或小额贷款公司对借款人进行担保，在借款人不能按期还款时，由 P2P 平台或担保公司代替借款人偿付本金和利息，并自替代偿付之日起取得对借款人的债权。

该种模式中，P2P 平台往往通过网页、广告或者其他媒介明示其为借贷提供担保。与前述居间加风险准备金模式不同，它是以其自有资金向出借人提供本金和利息的保证。故 P2P 平台承担的不仅仅是居间责任，还有连带保证责任。

（四）居间加担保物模式

居间加担保物模式，是指 P2P 平台为了降低出借人风险，对借款数额较大的借款人要求其提供相应担保，主要担保形式有抵押、质押。

该种模式中，借款人或者第三方提供抵押或质押，与其他有担保物的借贷关系并无不同。主要涉及以下三个法律关系：一是借款人与出借人形成的借款合同关系；二是出借人与担保人形成的担保法律关系；三是借款人、出借人与 P2P 平台形成的居间合同关系。此种模式中，P2P 平台仅为居间方，不对借款人的债务承担连带责任，借款人以其担保财产承担保证责任。

（五）非法吸储放贷

实践中，有的网络平台虽然名为 P2P 平台，但其经营模式却是在无实际借款人的情况下虚构借款，其以提供 P2P 个人借贷的名义吸收公众存款，再将这些存款贷款给有借款需求的主体，从中赚取利差。非法吸储放贷虽不是一种合法的商业模式，但在现实中客观存在。这种行为扰乱了金融秩序，损害了社会公共利益，涉嫌非法集资罪。

本案中，甲公司作为 P2P 平台的开办者，对外实行居间加保证模式，即三个借款人以个人名义在 P2P 平台向 300 余名出借人借款，其以担保人名义对出借人提供本金及利息的连带保证责任。在三个借款人无力偿还本息时，甲公司以其自有资金对借款人的借款本金及利息先行垫付偿还。在其替借款人向出借人偿付完借款本息之后，即取得相应债权，由此产生了乙公司向甲公司出具的承诺函，产生了债权债务关系。

随着 P2P 网络平台的迅速发展，相应的法律问题也不断涌现，只有正确地区分 P2P 平台的责任主体以及责任范围，才能更好地保障当事人的合法权益。

编写人：魏亚南*

---

* 魏亚南，北京市丰台区人民法院民四庭庭长，北京工商大学民商法学硕士。

法定代表人在借据上签名行为的法律性质认定

——曾某某诉北京某工艺品厂、李某民间借贷纠纷案

一、首部

（一）案由

民间借贷纠纷。

（二）诉讼双方

原告：曾某某。

被告：北京某工艺品厂。

被告：李某。

（三）审级

一审。

（四）审判机关和审判组织

审判机关：北京市丰台区人民法院。

代理审判员：郑阳。

二、诉辩主张

（一）原告诉称

曾某某在报纸上看到某工艺品厂发布的投资广告，经联系，该

工艺品厂的法定代表人李某及其爱人周某某等向曾某某介绍公司经营情况并带领曾某某参观了公司，后曾某某借款给被告87万元，被告向曾某某出具了借款单，但借款到期后，被告至今未能履行承诺偿还本金及利息。故诉至法院要求判令二被告：返还借款本金87万元并支付利息（以借款单所载本金数额为基数，按年利率24%标准计算，自借款之日起至实际偿还借款之日止）。

（二）被告辩称

借款单属实，某工艺品厂的公章和法定代表人李某的人名章均属实，但李某的签字并非本人所签。本案的借款人是某工艺品厂，李某只是该厂的法定代表人，不应对该项债务承担连带责任，李某不是适格被告。

三、事实和证据

北京市丰台区人民法院经公开审理查明：2014年6月11日，被告某工艺品厂向原告曾某某出具借款单一张，载明："今借到曾某某现金10万元整，年利率30%，此款到2015年6月11日止领息3000元"；2014年9月11日，某工艺品厂向曾某某出具借款单一张，载明："今借到曾某某现金77万元整，年利率36%，此款到2015年9月11日止领息277200元"。二张借款单上均加盖了某工艺品厂的财务专用章及其法定代表人李某的人名章，借款人处有李某的签名。被告认可借款单的真实性，但称李某的签名并非本人所签，同时表示不要求对李某签名申请司法鉴定。原告称此签名系李某本人所书。

庭审中，本院询问87万元借款如何支付，原告提交中国工商银行汇款凭证及明细清单，称之前被告曾向其借款，其于2012年9月11向李某尾号为7798的工商银行账号汇款70万元；于2014年4月1日向李某尾号为7798的工商银行账号汇款28万元；于2011年曾向李某汇款15万元，但此笔汇款未能向法庭提交相应证据，另李某曾于2012年11月28日通过尾号为7798的工商银行账号向曾某某汇款 165200 元，双方曾对此前的借款进行过利息结算，后就未偿还的本金出具了前述 2014 年 6 月 11 日、9 月 11 日二张借款单。因原被告双方支付、还款的银行卡较多，原告年纪较大，具体记不清了，以此二张借款单所载数额为准，被告至今未能偿还该二张借款单确认的本金及利息。二被告代理人称其曾就前述支付明细及本息偿还等问题向二被告核实情况，二被告未予答复。

庭审中，原告主张借款单上“本单位负责人”处加盖了李某的人名章，在“借款人”处有李某本人书写的签名，李某具有双重身份，既是李某个人，又是某工艺品厂的法定代表人，若李某仅作为法定代表人代表公司，应在借款单上“领导批示处”签字，其在“借款人”处签字即表明其是共同借款人。此外，所有借款均汇至李某个人账户，故李某和某工艺品厂应当共同承担还款义务。二被告对此不予认可，称李某签字系职务行为，不应作为本案被告承担连带责任。

另查，某工艺品厂系集体所有制（股份合作），注册资金为 3200 万元，股权比例为：李某货币出资 3100 万元，占注册资本的 96.88%；周某某货币出资 100 万元，占注册资本的 3.12%。

四、判案理由

北京市丰台区人民法院经审理认为：合法的借贷关系受到法律的保护。原告主张的借款事实有借款单、汇款凭证为证，本院予以认定，某工艺品厂应当及时偿还借款本金及利息。关于李某是否应当承担共同还款责任，双方有两点争议，其一，“李某”签名是否为本人书写；其二，李某签名系以个人身份还是某工艺品厂法定代表人身份为之。

本院认为，其一，被告虽辩称借款单上“李某”签名并非本人所签，但不申请司法鉴定，亦未提交其他证据予以证明，故本院对被告此项主张不予采纳；其二，本案借款单上加盖了某工艺品厂的财务专用章及其法定代表人李某的人名章，在借款人处单独手书

“李某”签名，在手书签名前并未注明“法定代表人”字样，未明确区分李某系以法定代表人身份签字而非借款人身份签字。此外，李某系某工艺品厂法定代表人和股东，原告借款汇入李某个人账户，借款利息亦由李某个人账户支付，李某未能举证证明其系代收公司借款或将借款用于公司经营，故原告有理由相信李某签名系个人行为，其财产与公司存在混同，其与某工艺品厂应为共同借款人，应当承担共同还款责任。另原、被告双方虽在借款单中约定年利率30%、36%，但原告诉讼请求按照年利率24%主张借款期间及逾期利息，符合法律关于借贷利率的相关规定。综上，本院对原告诉讼请求予以支持。

五、定案结论

依照《民法通则》第一百零八条，《合同法》第一百九十六条，《民间借贷若干规定》第二十三条、第二十六条、第二十九条之规定，判决如下：

某工艺品厂、李某于本判决生效之日起七日内偿还曾某某借款本金八十七万元并支付利息（其中以十万元为基数，按年利率百分之二十四标准计算，自二〇一四年六月十一日起至实际偿还借款之日止；以七十七万元为基数，按年利率百分之二十四标准计算，自二〇一四年九月十一日起至实际偿还借款之日止）。

六、解说

本案争议焦点主要在于被告李某在借款单上签名行为的法律性质认定，是作为共同借款人的行为，还是作为被告公司法定代表人的职务行为。企业法定代表人具有双重身份，既是企业代表人，又是独立的自然人，其可能为了企业利益实施职务行为，又可能为了自身个人利益实施个人行为。如何对两种情况予以区分，直接关乎债权人债权实现和对企业财产的保护，意义重大。尽管《民间借贷若干规定》第二十三条对企业法定代表人或负责人签订借贷合同的性质认定和后果处理作出了原则性规定，但此条规定适用于企业法定代表人或负责人以“企业名义”或以“个人名义”签订合同的单一情况，属于有企业盖章或法定代表人签字情况下的责任认定。在司法实践中具体情形更为复杂，如本案出现借款单上公章、法定代表人人名章和手书签字并存的情况，对几者的区分需要结合多方因素综合考量。

（一）应审查签字人是否为保证人或见证人

对于借据等借款凭证上出现非单一签字、盖章的情况，首先应考虑《民间借贷若干规定》第二十一条的适用，该条规定：“他人在借据、收据、欠条等债权凭证或者借款合同上签字或者盖章，但未表明其保证人身份或者承担保证责任的，或者通过其他事实不能推定其为保证人，出借人请求承担保证责任的，人民法院不予支持。”依据此规定，对于担保人的判断采取明示标准，即担保人应表明其保证人身份；对于见证人，其系对借贷关系成立的见证，通常见证人应与借贷双方无利害关系，故出借人出于交易习惯一般不会将法定代表人作为企业借贷的见证人，但借据、收据、欠条或者借款合同上明确表明为见证人或有其他证据可以推定为见证人的除外。

（二）应审查当事人签订合同时的意思表示以及资金的流向

排除前述第二十一条的适用后，即可以进入《民间借贷若干规定》第二十三条的适用领域。第二十三条规定可分解如下：第一，若借贷合同上表明系企业借款，且资金流向指向企业账户，相关款项用途也为企业经营所用，则法定代表人的签字可认定为企业的代表行为，该债务为企业债务；第二，若借贷合同上表明为个人借款，且资金实际交付也是指向个人，则应为个人债务，但出借人明知借款个人系企业法定代表人却要求其在借贷合同上加盖企业印章的行为，表明出借人意在认为企业亦系债务人，而法定代表人的盖章行为亦表达了其作为企业的意思表示机关承担债务，但为防止法定代表人与他人恶意串通，滥用其代表权，损害公司利益，有证据证明出借人明知法定代表人的借款系个人使用的，仍应认定为法定代表人的个人债务；第三，若借贷合同上表明系企业借款，但资金流向指向个人，且相关钱款系个人使用，则应认定为企业和个人的共同债务；第四，若借贷合同上表明为个人借款，但资金流向指向企业，且相关钱款用于企业经营的，应认定为企业和个人的共同债务。

（三）本案案情的分析

就本案而言，如前所述应分两步判断。首先，被告某工艺品厂认可其是借款主体，就其法定代表人李某的手书签字，原告未提出要求承担保证责任的诉讼请求，被告亦未提出系见证人的答辩意见，故运用上文所述判断方法可以排除《民间借贷若干规定》第二十一条的适用。其次，本案呈现出前述分解所得《民间借贷若干规定》第二十三条规定的第三类样态：被告某工艺品厂认可其是借款主体，但资金流入李某个人账户，利息亦从李某个人账户支付，李某亦未能举证证明其系代收公司借款或将借款用于公司经营，其财产与公司出现混同，此亦系我国公司运营实践中常见之管理混乱现象，应依法认定为李某与公司的共同债务。此外，本案借款单上加盖了某工艺品厂的财务专用章及其法定代表人李某的人名章，在借款人处另单独手书“李某”签名，在手书签名前并未注明“法定代表人”字样，未明确区分李某系以法定代表人身份签字而非借款人身份签字，构成原告信任其个人承担还款责任之合理理由。综上，二被告应作为共同债务人承担还款责任。

编写人：郑　阳*

---

* 郑阳，北京市丰台区人民法院民四庭助理审判员，解放军西安政治学院法学硕士。

以房屋租赁合同作为借款担保的认定问题

——王某某诉江某某房屋租赁合同纠纷案

一、首部

（一）案由

房屋租赁合同纠纷。

（二）诉讼双方

原告：王某某。

委托代理人：崔某某，律师。

被告：江某某。

委托代理人：魏某某，律师。

（三）审级

一审。

（四）审判机关和审判组织

审判机关：北京市丰台区人民法院。

合议庭组成人员：审判长，余积军；人民陪审员，王云霞、刘秀娥。

二、诉辩主张

（一）原告诉称

原、被告签订房屋租赁合同，约定被告应于 2013 年一次性向原告支付租金 225000 元，但被告至今未向原告支付任何租金。被告拖延支付租金的行为已构成违约，应按约定支付违约金。双方合同约定，当被告不支付或不按约定支付租金达 10 日，原告可解除合同。原告在多次向被告催讨租金未果的情形下，于 2014 年 6 月 16 日 18 时 39 分电话通知被告解除合同。因此，被告在合同解除后对房屋的占有即构成无权占有，应立即返还诉争房屋并赔偿损失。此外，当初系原告急需用钱，通过朋友介绍向被告借钱，在被告威逼利诱下，原告无奈与其签订房屋租赁合同。此合同显失公平，约定内容完全不符合实际租赁常理，租金完全低于市场价，租赁期限长达 15 年，没有约定租金调整方式。被告乘人之危与原告签订的合同显失公平，也应被撤销。为维护原告的合法权益，故诉请判令确认双方签订的租赁协议已经于 2014 年 6 月 16 日解除，被告向原告支付违约金 14400 元、占用房屋租金 10000 元，并赔偿占有房屋的损失（自 2014 年 6 月 16 日始至实际返还房屋之日止按每月 5000 元标准计算），本案诉讼费由被告承担。

（二）被告辩称

原、被告是签订了租赁合同，但背景是原告借了被告 20 万元钱，原告想将诉争房屋抵押给被告，但是借款数额不大，借款时间是一个月，为了保证借款能够偿还，原告答应如果不能偿还 20 万元钱，被告用诉争房屋 15 年的租赁权冲抵借款。签订借款合同时就签订了租赁合同，这是对借款的担保，不是实质意义的租赁合同。原告借款到期后一直没有归还，被告也不是要租房屋，而是要求原告偿还借款。原告现在要卖诉争房屋，但由于租赁的关系，诉争房屋无法卖掉，其是想逃避债务。所以请求法庭依法驳回原告的诉讼请求。

三、事实和证据

北京市丰台区人民法院经公开审理查明：王某某于 2013 年 10 月 9 日向江某某借款 20 万元。双方（王某某系甲方，江某某系乙方）于2013年10月9日签订《借款合同》一份，载明：甲方向乙方借款20万元，借款期限为1个月，自2013年10月9日起至2013年11月8日止，借款月利率为同期银行贷款利率的四倍，甲方在借款期限届满时一次性偿还本金，且甲方有权提前偿还上述借款，甲方应付利息按实际用款天数计算。同日，王某某、江某某在北京市中信公证处做了公证笔录，2013年10月14日北京市中信公证处对上述借款合同进行了公证。

江某某另提供其与王某某于2013年10月9日签订的《借款合同》一份，载明王某某因工程施工需要向江某某借款20万元；借款期限为1个月，自2013年10月9日起至2013年11月8日止；借款期内月利为2分，利息按月结算，借款方如果不能按期还款付息，则每逾期一日按欠款金额的万分之八加收违约金；借款方自愿用西城区某某小区某号楼1601号15年租赁权作抵押，如到期不能归还贷款方的贷款，贷款方有权处理抵押品，如借款方到期如数归还贷款，抵押权消灭。王某某认可《借款合同》系其签字、捺手印，但称合同第七条约定“借款方自愿用西城区某某小区某号楼1601号15年租赁权作抵押”系江某某自行添加，且认为同一天就同一笔20万元的借款先后签订两个借款合同，应以公证的借款合同为准，未公证的借款合同应已作废。江某某对此不予认可，称因公证机关只同意做借款公证，对15年租赁权作抵押之约定公证不了，故双方公证后又补签了该合同。

王某某提供《房屋租赁合同》复印件一份，约定：2013年10月9日，王某某（甲方）将其位于北京市西城区某某小区某号楼1601号房屋租赁给被告江某某（乙方）；房屋租赁期自2013年10月9日至2028年10月8日；租金标准为15000元/年，租金总计225000元；租金15年不变，自2013年起，双方可协商对租金进行调整，有关调整事宜由双方另行约定；租金支付时间：2013年10月19日；若乙方不支付或者不按照约定支付租金达10日，甲方有权单方解除合同收回该房屋，并且乙方要按月租金的0.8%向甲方支付违约金。江某某对该《房屋租赁合同》复印件不予认可，王某某称原件已丢失，无法提供该证据原件。

江某某提供与上述《房屋租赁合同》格式、条款内容相同的《房屋租赁合同》原件一份，唯一区别为该合同多了一款手写内容约定："当借款无力偿还时，本合同生效，至还清全部本息日止。"王某某认可该《房屋租赁合同》原件系其签字和捺手印，但称第十五条违约责任第八款内容系江某某自行添加。江某某不予认可。江某某认可诉争的1601号房屋现系其占有控制，认可其实际未支付房屋租金，江某某称王某某偿还借款后同意将房屋返还给王某某。

上述事实有房屋租赁合同、借款合同、公证书等在案佐证。

四、判案理由

北京市丰台区人民法院经审理认为：依法成立的合同，对当事人具有法律约束力，当事人应当按照合同约定履行自己的义务，不得擅自变更或者解除合同。此外，当事人对自己提出的主张，有责任提供证据，对自己提出的诉讼请求所依据的事实或者反驳对方诉讼请求所依据的事实有举证责任，没有证据或者证据不足以证明当事人的事实主张的，由负有举证责任的当事人承担不利后果。王某某提供的2013年10月9日的《房屋租赁合同》系复印件，而江某某提供了该合同原件，王某某认可该合同系其签字和捺手印，但称合同第十五条第八款内容系江某某自行添加，江某某不予认可，王某某未提供证据佐证，本院不予采信。该合同第十五条第八款约定："当借款无力偿还时，本合同生效，至还清全部本息日止。"故该合同应自王某某到期未向江某某偿还借款之日起生效。

原、被告均认可王某某于2013年10月9日向江某某借款20万元，王某某提供的经北京市中信公证处公证的《借款合同》的真实性，本院予以确认。江某某提供的其与王某某于2013年10月9日签订的《借款合同》原件，王某某认可系其签字、捺手印，对该合同真实性本院亦予以采信。双方就同一笔20万元的借款签订过两个合同，约定的借款期限均为一个月，自2013年10月9日起至2013年11月8日止。该期限届满时，王某某未向江某某偿还20万元借款，故双方签订的《房屋租赁合同》生效。

江某某主张双方约定“借款方自愿用西城区某某小区某号楼1601号15年租赁权作抵押”，但该约定于法无据。双方签订的《房屋租赁合同》约定江某某不支付或者不按照约定支付租金达10日的，王某某有权单方解除合同收回该房屋，但该合同对租金履行期限约定不明确，根据法律规定，“履行期限不明确的，债务人可以随时履行，债权人也可以随时要求履行，但应当给对方必要的准备时间”，王某某未提供充分翔实的证据证明其向江某某主张了租金而江某某不予支付，故对王某某诉请确认双方签订的租赁合同已于2014年6月16日解除，进而要求江某某支付租金、违约金、赔偿损失之诉讼请求，不予支持。

五、定案结论

北京市丰台区人民法院依照《合同法》第八条、第六十条、第六十二条，《民事诉讼法》第六十四条，《民事诉讼证据规定》第二条，作出如下判决：

驳回原告王某某的诉讼请求。

六、解说

随着民间借贷活动的增多，民间借贷纠纷案件数量也与日俱增，并且衍生出许多新型法律问题。债权担保方式超出法律规定的不断创新就是其中至关重要、亟待解决的一个难题。《担保法》共规定了五种债权的担保方式，即保证、抵押、质押、留置和定金。除此法定的五种担保方式外，实践中已涌现出很多新型的担保方式，如让与担保、后让与担保等。对此应当如何认定，仍属于法律空白。

在本案中，原告向被告借款 20 万元，签订了借款合同，合同中约定原告用其名下房产 15 年租赁权作抵押，双方同时又签订了房屋租赁合同，约定被告承租原告房屋，租期 15 年，租金每年 15000 元，当借款无力偿还时，租赁合同生效，至还清全部本息之日止。虽然本案案由为房屋租赁合同纠纷，但是实际双方争议的是签订房屋租赁合同作为借款担保的效力问题以及对互有牵连的借款和房屋租赁两个合同如何处理的问题。

(一) 作为担保的房屋租赁合同效力的认定

有观点认为作为担保的房屋租赁合同应当是无效的。因为首先，根据物权法定原则，物权的设定和行使应当依法而为，不得超越现行法律的框架。法律并没有规定签订房屋租赁合同以租赁权设定担保物权，所以为设立担保而订立的房屋租赁合同应当是无效的。其次，双方签订房屋租赁合同，出租人将房屋出租给承租人仅是外在形式，其真实意图是债务人用自己的房屋为自己的债务设定担保。房屋租赁是双方通谋的虚假意思表示，所以房屋租赁合同应当是无效的。最后，债务人往往因为某种迫切需要而向债权人借款，虽然民事法律关系中双方地位平等，但是相对于债权人而言，在借款时债务人天然处于一种"弱势"地位。为了借得款项，其可能答应债权人一些不利于自己的条件。作为担保的房屋租赁合同，租赁期限长、租金低于市场价格，显失公平，如果认定房屋租赁合同有效，债权人可能获得不当得利，债务人的利益也很容易受到损害。

但是，笔者并不赞同这种观点，主要理由在于：

首先，虽然法律并没有规定作为担保的房屋租赁合同是一种担保物权，但只是不发生担保物权的效力，与合同的效力无关。实际上，双方签订房屋租赁合同作为债权担保，是为了形成一种受契约自由原则和担保之经济目的双重规范的债权担保关系。[①] 合同具有自由和便捷之品质，签订房屋租赁合同作为债权担保是私法自治的产物，其生命力恰恰在于适用便捷、成本较低、方式灵活，以《合同法》等债权规则予以调整和规制，更能激发新类型担保的活力。因此，只要不违反法律的效力性规定和公序良俗，当事人自可依契约自由原则设定新类型担保合同，并且可以通过《合同法》予以规制。[②] 相对于让与担保，签订房屋租赁合同作为债权担保是为小额债权设定担保的一种更为灵活变通的方式。

其次，为了不遏制市场经济的灵活性，应鼓励交易活动，以实现市场资源的有效配置，保证交易安全与稳定。房屋租赁合同作为一个独立的合同，除《合同法》第五十二条规定的几种情形外，不能轻易认定合同无效。

最后，双方的意思表示是一致的、真实的。双方在签订房屋租赁合同时约定："当借款无力偿还时，本合同生效，至还清全部本息日止。"该合同是一个附生效条件的合同，双方签订合同的真实意思就是如果借款到期清偿，房屋租赁合同不生效；如果借款到期无力偿还，房屋租赁合同生效，债权人取得房屋承租权。双方就此并没有虚伪表示，所以双方的意思表示是真实的，合同应当是有效的。

（二）本案的处理

在此类案件中存在两个合同、两个法律关系，一个是借款合同，另一个是房屋租赁合同。但是两个合同是有所牵连的，房屋租赁合同的签订是为了担保债权人债权的实现，债务到期未清偿，房屋租赁合同生效；债务清偿完毕，房屋租赁合同终止。两个合同是

---

① 杜万华主编：《最高人民法院民间借贷司法解释理解与适用》，人民法院出版社2015年版，第423页。

② 杜万华主编：《最高人民法院民间借贷司法解释理解与适用》，人民法院出版社2015年版，第423页。

否存在主合同和从合同之分，应当同时处理，分先后处理，还是就单独的合同分别进行处理?

本文认为此类案件应当就民间借贷和房屋租赁合同分别进行处理。如果将借款合同和房屋租赁合同一并处理，两个法律关系混在一起，增加了案件的复杂性和审理难度。债权人主张债务人偿还借款，出租人向承租人主张房屋租金和违约金，虽然二者有牵连但也无法做到完全混同在一起审理，并且法院不可能在被告没有提起借款合同纠纷时主动提起，所以实际上还是要分开处理两个法律关系。

此外，有观点认为，可以参照《民间借贷若干规定》第二十四条，只审理借款合同纠纷。但本文认为，此种处理方法首先在操作上不可行。首先，因为本案是债务人请求债权人履行房屋租赁合同，如果释明其变更案由为民间借贷合同纠纷，债务人不可能成为原告而起诉债权人。其次，如果不适宜直接变更案由，法院直接裁定驳回起诉，债务人依据租赁合同请求债权人支付租金的权利将得不到救济，本案是以房屋承租权作为担保，而不是以不要对价的房屋使用权作为担保，债务人主张租金的权利应当受到保护。再次，房屋租赁合同是作为借款合同的担保，该合同的生效条件是借款没有偿还，虽然法律不能赋予这种形式以担保之名，债权人也不能以此对房屋进行优先受偿，但是合同本身是有效的。当事人当初的真实意图就是依契约自由原则设定新型担保合同，并且期待依据《合同法》对其进行规制。如果一味强调借款合同和房屋租赁合同的主从合同地位，只处理借款合同则是对契约自由原则的一种破坏，也会影响正常的交易秩序。最后，本案的情形与《民间借贷若干规定》第二十四条有所不同，以签订房屋买卖合同作为借款担保，如果直接处理买卖合同，借款未偿还，借款人将面临丧失房屋所有权的问题，这种情形相当于利用契约自由原则规避《物权法》留置无效的强制性规定。本案就不会存在这种问题，即使履行租赁合同，借款人仍然是房屋所有权人，合同还约定租赁合同在借款偿还时终止，实际上是相对公平的约定。所以，对房屋租赁合同单独处理是一种化繁为简的合理方式。

综上，作为民间借贷合同担保的房屋租赁合同，如果没有法定无效事由，应为有效，而且应当将民间借贷合同和房屋租赁合同分别进行处理，本案的审理结果是正确的。

编写人：邹　萌*

* 邹萌，北京市丰台区人民法院方庄法庭助理审判员，中国政法大学法律硕士（法学）。

夫妻共同债务的认定与利息保护规则

——马某诉李某某、杭某某民间借贷纠纷案

一、首部

（一）案由

民间借贷纠纷。

（二）诉讼双方

原告（被上诉人）：马某。

委托代理人：孙某某，律师。

被告（上诉人）：李某某。

被告（上诉人）：杭某某。

（三）审级

二审。

（四）审判机关和审判组织

一审法院：北京市丰台区人民法院。

合议庭组成人员：审判长，罗红斌；人民陪审员，徐茹英、袁莉。

二审法院：北京市第二中级人民法院。

合议庭组成人员：审判长，曹欣；审判员，种仁辉；代理审判员，付双成。

二、诉辩主张

（一）原告诉称

两被告系夫妻关系。自2011年12月起，李某某、杭某某以生意需要资金周转为由多次向原告借款，经催要尚有55万元未归还。2014年1月14日原告主张债权过程中，双方发生纠纷，报警后经某派出所联合调解室调解，双方于当日签署协议约定：被告李某某承认借贷关系及55万元未归还事实，原告自愿免去5万元，被告李某某于当日归还5万元（已当场支付），3月16日还15万元，12月31日还30万元等内容。现协议约定的还款日期已过，虽经马某多次催要，李某某、杭某某至今未还。杭某某与李某某是夫妻关系，借款发生在其夫妻关系存续期间用于其夫妻共同生产生活使用，应属其夫妻共同债务。故马某诉至法院请求判令李某某、杭某某：1. 共同偿还借款45万元及逾期利息（其中15万元自2014年3月17日起算，30万元自2015年1月1日起算，至实际支付之日止，按照中国人民银行同期贷款利率计算）；2. 赔偿马某为实现债权所造成的交通、住宿等经济损失3626元；3. 承担本案诉讼费。

（二）被告辩称

被告李某某辩称：借款与杭某某无关，是李某某用于投资。借款是56万元，已还27万元，还有29万元未还。2015年4月15日庭审，李某某辩称借款58万元，还了419200元。

被告杭某某辩称：借款是李某某用于投资，与杭某某无关。马某提供的证据不能证明杭某某与李某某是夫妻关系。

三、一审事实和证据

北京市丰台区人民法院经公开审理查明：2014年1月14日，马某向北京市某派出所报案称，李某某于2011年12月30日、2012年3月1日先后两次向马某借款共计55万元，并发生纠纷。

经该派出所调解，马某与李某某达成如下协议：1. 李某某欠马某55万元，马某自愿免去5万元整，还剩余50万元整；2. 李某某于2014年1月14日还马某5万元整；3. 李某某于2014年3月16日还马某15万元整；4. 李某某于2014年12月31日前还马某30万元整；5. 2014年年底前李某某将欠马某的50万元全部还清后，不再有任何经济关系。还款方式由银行转账方式进行。上述协议签订后，李某某于当日偿还马某借款5万元，并向马某出具欠条一张，其上记载：李某某欠马某45万元，于2014年3月16日还15万元，于2014年12月31日前还30万元，还完之后此欠条作废。但李某某至今未予偿还。

另查，2006年5月10日，杭某某与李某某登记结婚，至今是夫妻关系。

以上事实有民事调解协议书及欠条、结婚登记审查处理表、宜兴市某派出所证明、交通银行客户交易明细清单、电汇凭条、建设银行交易明细单及双方当事人当庭陈述加以佐证。

四、一审判案理由

北京市丰台区人民法院经审理认为：债务应当清偿。本案中，马某持有李某某签字确认的民事调解协议书、欠条。李某某认可民事调解协议书、欠条上其签字的真实性。双方之间的民间借贷关系是当事人真实意思表示，不违反法律法规强制性规定，应认定有效。双方应依约履行各自义务。现马某要求李某某偿还借款45万元及相应逾期还款利息，并无不妥，本院予以支持。马某要求李某某赔偿其为实现债权所支付的交通、住宿等经济损失，缺乏依据，本院不予支持。关于李某某的抗辩理由，因李某某提供的还款证据，除2014年1月14日偿还的5万元之外，均为出具民事调解协议书和欠条之前，故其称已经偿还民事调解协议书和欠条中其他部分借款的答辩意见，本院不予采纳。关于杭某某的抗辩理由，本院认为：1. 尽管马某提供的李某某与杭某某结婚登记审查处理表中记载的李某某身份证号码有误，但是宜兴市某派出所给予的证明足以证明李某某与杭某某的夫妻关系；2. 尽管李某某、杭某某均称该笔借款为李某某个人债务，但是借贷关系发生在李某某与杭某某婚姻关系存续期间，李某某、杭某某在婚姻关系存续期间并未约定财产各自所有，且其二人亦未提供相应证据证明该借款并非用于家庭共同生产生活，可以认定杭某某分享了此部分债务带来的利益，故李某某向马某借款形成的债务，应当按夫妻共同债务处理。杭某某对于其与李某某在婚姻关系存续期间所欠债务应承担共同清偿责任，马某要求李某某与杭某某共同偿还借款及逾期利息的诉讼请求，于法有据，本院予以支持。

五、一审定案结论

北京市丰台区人民法院依照《合同法》第二百零六条、第二百零七条，《婚姻法司法解释二》第二十四条，《民事诉讼法》第六十四条第一款，《民事诉讼证据规定》第二条之规定，判决如下：

1. 被告李某某、杭某某于本判决生效之日起十日内偿还原告马某借款四十五万元及逾期还款利息（其中十五万元自二〇一四年三月十七日起算，三十万元自二〇一五年一月一日起算，至实际支付之日止，按照中国人民银行同期贷款利率计算）；

2. 驳回原告马某的其他诉讼请求。

六、二审情况

（一）二审诉辩主张

上诉人（原审被告）李某某、杭某某请求撤销一审判决，其主要上诉理由：李某某向马某借款总计 58 万元，后李某某、杭某某先后 6 次还款总计 354200 元，尚欠 225800 元。所以，李某某、杭某某应该偿还马某 225800 元。2014 年 1 月 12 日，马某到李某某的茶叶店里闹事，李某某向派出所报案。2014 年 1 月 14 日，在派出所的主持下双方签订调解协议。调解协议中关于民事纠纷案件简要情况记载，马某于2014年1月14日报案，称2011年12月30日和2012年3月1日李某某先后两次向马某借款共计55万元，借款时间和金额均与事实不符。调解协议中确认李某某欠马某55万元，事实上李某某只欠款225800元，因此，调解协议的内容变相支持了“高利贷”，年利率达到41%。该调解协议由李某某与马某签订，但是事实上李某某不管账目，也不知道还款情况。调解协议中没有杭某某的签字，杭某某对该调解协议不认可。本案双方本来是好朋友，因为马某到李某某的茶叶店里闹事，给李某某的经营造成了不良影响和很大困扰，李某某为息事宁人，才违心地在调解协议上签字。综上，请求依法撤销一审判决，改判李某某、杭某某偿还马某225800元。

被上诉人（原审原告）马某服从一审判决。其针对李某某、杭某某的上诉理由答辩称：本案调解协议是在派出所主持下签订的，经过双方认可，当时杭某某也在场，并按照协议约定偿还了5万元。关于借款数额，2012年8月30日，马某以转账方式向李某某出借20万元。2012年9月14日，李某某向马某转账20万元归还了该笔借款。加上这20万元，李某某向马某借款的数额应是78万元。从2010年李某某第一次向马某借款至双方达成调解协议，李某某一共还款15万余元，还款金额远低于法律保护的利息数额。调解协议是双方当事人的真实意思表示。李某某和杭某某所述还款过程与事实严重不符，其主张应还款225800元的理由不能成立。请求法院驳回李某某、杭某某的上诉。

（二）二审事实和证据

北京市第二中级人民法院查明事实及认定证据情况与一审法院查明的一致。另查明：马某举证证明，其于2010年12月28日向李某某出借25万元，2010年12月29日出借2万元，2011年12月3日出借31万元，以上合计58万元。此外，马某还于2012年8月30日向李某某转账支付20万元。李某某和杭某某举证证明其于

2011 年 3 月 28 日向马某支付 15200 元，2012 年 6 月 30 日支付 39000 元，2012 年 9 月 14 日支付 20 万元，2013 年 1 月 16 日支付 5 万元，2013 年 6 月 26 日支付 3 万元，2013 年 9 月 12 日支付 2 万元，据此主张共向马某还款 354200 元。马某解释称，其于 2012 年 8 月 30 日向李某某支付的 20 万元款项性质为借款，但未计入本案诉争的借款总额中；李某某和杭某某于 2012 年 9 月 14 日支付的 20 万元即是归还 2012 年 8 月 30 日的 20 万元借款。李某某和杭某某则主张，马某于 2012 年 8 月 30 日向李某某支付的 20 万元，是由于李某某帮助马某卖二手房，马某向李某某支付的报酬，但未就其主张提供相应的证据加以证明。马某对此不予认可。此外，马某主张李某某和杭某某就诉争借款偿还的 154200 元均为利息，并在二审期间当庭出示了两张署名为李某某的借据复印件，落款时间分别为 2011 年 12 月 1 日和 2011 年 12 月 27 日，用以证明李某某就诉争借款曾向马某分别出具过借据，双方约定了借款利息。李某某和杭某某对上述两张借据复印件的真实性不予认可。

（三）二审判案理由

北京市第二中级人民法院经审理认为：合法的债权受法律保护。本案中，马某与李某某于 2014 年 1 月 14 日在北京市某派出所的主持下签订《民事调解协议书》，确认李某某欠马某 55 万元，同时约定了马某免去李某某 5 万元欠款，以及李某某向马某分期还款的期限和数额。该调解协议系双方当事人自愿签订，内容合法有效，对双方当事人均具有法律约束力。李某某应当按照协议约定履行自己的还款义务。依据《合同法》第一百零七条规定，李某某未按调解协议约定向马某偿还欠款，其行为已构成违约，故应承担相应的违约责任。因李某某与马某在本案《民事调解协议书》项下确认的欠款事实系基于双方之间的民间借贷行为而发生，根据《合同法》第二百零六条、第二百零七条的规定，现马某起诉要求李某某及其配偶杭某某偿还尚欠的借款 45 万元，并支付按照中国人民银行同期贷款利率计算的逾期利息，于法有据，应予支持。

李某某、杭某某在二审中主张，马某共向李某某出借58万元，其已向马某偿还借款354200元，故还应向马某偿还225800元。对于李某某和杭某某于2012年9月14日向马某支付的20万元是否用于归还本案诉争的借款，双方当事人存有争议。马某举证证明，除本案诉争的58万元借款外，其还于2012年8月30日以转账方式向李某某出借20万元，李某某和杭某某于2012年9月14日向马某支付的20万元系用于归还该笔20万元借款。李某某和杭某某则主张马某于2012年8月30日转账支付的20万元系马某向李某某支付的报酬，但未就其主张提供相应的证据加以证明，马某对此亦不予认可，故本院对李某某和杭某某的该主张不予采信。此外，对于李某某和杭某某偿还的其余154200元，马某解释称，系李某某偿还的借款利息。李某某和杭某某对此不予认可。鉴于涉案58万元借款的出借时间分别为2010年12月和2011年12月，至签订本案《民事调解协议书》时，借款时间已达两到三年之久。李某某和杭某某陆续还款154200元的行为均发生在本案《民事调解协议书》签订之前，双方当事人仍在协议中确认欠款数额为55万元，此系双方自愿协商的结果，本院不持异议。据此，本院认为，马某的解释有其合理性。综上，李某某、杭某某的上诉理由不成立，本院对其上诉请求不予支持。

（四）二审定案结论

北京市第二中级人民法院依照《民事诉讼法》第一百七十条第一款第（一）项之规定，判决如下：

驳回上诉，维持原判。

七、解说

本案争议的焦点是：1. 涉案债务是李某某的个人债务还是李某某与杭某某的夫妻共同债务；2. 关于本案中隐含的利息是否合法。

（一）夫妻共同债务的认定标准

近年来，越来越多的民间借贷纠纷案中涉及夫妻债务问题，债权人为寻求权益保护，一般选择将夫妻二人作为共同被告诉至法院，而究竟是夫妻共同债务还是个人债务，其认定体现着对债权人合法权益的保护和交易安全的侧重，同时也是对夫妻独立人格的尊重及财产权保护的体现。根据《婚姻法司法解释二》第二十四条规定：“债权人就婚姻关系存续期间夫妻一方以个人名义所负债务主张权利的，应当按夫妻共同债务处理。但夫妻一方能够证明债权人与债务人明确约定为个人债务，或者能够证明属于婚姻法第十九条第三款规定情形的除外。”《婚姻法》第十九条第三款规定：“夫妻对婚姻关系存续期间所得的财产约定归各自所有的，夫或妻一方对外所负的债务，第三人知道该约定的，以夫或妻一方所有的财产清偿。”本案中，马某提交的证据证明本案诉争的借款发生于李某某与杭某某婚姻关系存续期间，故马某就本案诉争借款系李某某与杭某某夫妻共同债务已经初步完成举证责任。李某某与杭某某抗辩本案诉争借款系李某某个人债务，应当承担相应举证责任，但李某某与杭某某提交的证据不能证明本案诉争借款发生时李某某与马某明确约定本案诉争借款系李某某个人借款，也未提交相应证据证明有属于《婚姻法》第十九条第三款规定的应由夫妻一方承担债务的情形，杭某某不能以此对抗马某的合法债权。故对于李某某与杭某某主张杭某某不知本案诉争借款存在，法院不予采信。杭某某未举证证明其无共同举债的合意，及诉争借款没有用于夫妻共同生活，故本案中杭某某应承担还款责任。

结合审判实践，笔者认为，认定夫妻共同债务可以从两个方面把握：一是夫妻是否有共同举债的合意。如果夫妻双方有共同举债的意愿，那么不论夫妻双方是否共享了该债务带来的利益，该债务均应视为夫妻共同债务。二是夫妻是否分享了债务带来的利益。如果夫妻事先并无共同举债的合意，但债务发生以后，债务带来的利益由夫妻二人共同分享，同样应当视为共同债务。[①] 这种结合了债的基本原理以及夫妻共同债务内涵，以举债的合意和实际用途作为外在判断原则的标准，[②] 结合了主观与客观两方面内容，该标准更加符合婚姻关系的特质。若配偶一方认为债务系另一方个人债务，则需举证第三人知道其夫妻双方对外负债有各自清偿的约定或者无夫妻共同举债的合意，或者并未分享该债务带来的利益，否则须承担共同偿债的义务。因夫妻关系具有私密性，若由债权人承担上述举证责任，往往举证不能，由债务人配偶一方举证，更加合理并具有可操作性。当债务人配偶一方举证后，可以结合其提交的证据再询问、查证当时借款的初衷，并重新分配举证责任，这样对双方当事人相对公平。

（二）民间借贷法律关系中的利息规则

关于李某某提出的利息过高，调解协议的内容变相支持了"高利贷"的辩解意见，依据《合同法》第二百一十一条规定，自然人之间的借款合同约定支付利息的，借款的利率不得违反国家有关限制借款利率的规定。在2015年9月1日《民间借贷若干规定》施行之前，借款利率的上限为年利率不得超过中国人民银行同期贷款利率4倍。鉴于涉案58万元借款的出借时间分别为2010年12月和2011年12月，至签订本案《民事调解协议书》时，借款时间已达两到三年之久，马某称154200元的还款系利息，经计算，即使均属利息也未超过中国人民银行同期贷款利率4倍。对于借款数额，李某某自愿与马某签订调解协议重新予以确认，故对上述不违反法律规定的还款，本院不持异议，调解协议中的新数额系当事人在合法情形下重新协商的结果。《民间借贷若干规定》出台后，利率确定为一个固定利率，划分"两线三区"。两线是指：其一，

---

① 蒋月：《夫妻的权利与义务》，法律出版社2001年版，第206页。

② 王林清：《民间借贷纠纷裁判思路与规范指引》，法律出版社2015年版，第466页。

民事法律应予保护的固定利率为年利率24%；其二，年利率36%以上的利息约定无效。三区是指司法保护区、自然债务区及无效区。[1] 依据《民间借贷若干规定》第二十六条第一款、第二十八条、第二十九条第一款、第三十条的规定，国家保护的利率上限明确为年利率24%，在双方对支付利息、违约金或其他费用有约定的情况下，包含利息、违约金或其他费用项目后，若约定折算后的年利率未超过24%，均可以按照双方约定予以支持，这是司法保护区。依据《民间借贷若干规定》中第二十六条第二款、第三十一条，利率新增加了24%至36%的区间，这是自然债务区。若双方的约定介于年利率24%至36%，则超过年利率24%部分的约定无效，但已支付的利息为自然债务，即对于借款人已经按照双方约定的利率支付的利息，其无权向出借人主张返还，但对于未支付的利息应按照年利率24%支付。若双方的约定超过年利率36%，则为无效区。对于借款人按照超过年利率36%的约定已经支付的利息，借款人有权请求出借人返还，对此，人民法院应予以支持。

编写人：贺　诚*

① 转引自杜万华专委就《最高人民法院关于审理民间借贷案件适用法律若干问题的规定》答记者问（2015年8月6日）。

* 贺诚，北京市丰台区人民法院婚姻家庭审判庭法官，北京科技大学民商法学硕士。

复利的法律适用分析

——孙某某诉某有限公司民间借贷纠纷案

一、首部

（一）案由

民间借贷纠纷。

（二）诉讼双方

原告：孙某某。

委托代理人：马某，律师。

被告：某有限公司。

法定代表人：薛某某，某有限公司董事长。

委托代理人：辛某某，某有限公司职员。

（三）审级

一审。

（四）审判机关和审判组织

审判机关：北京市丰台区人民法院。

合议庭组成人员：审判长，梁艳；人民陪审员，肖进华、杨意琴。

二、诉辩主张

（一）原告诉称

原告与被告于2014年1月3日达成的《借款及还款承诺书》

约定：被告向原告借款人民币本金 70 万元，借款期限从 2014 年 1 月至 2014 年 12 月，按年息 20% 计算，还款方式为每月偿还原告 10 万元，直到 2014 年年底还清。另外约定，截至 2011 年 12 月 30 日被告欠原告某笔款项的利息 33.5 万元，如到 2014 年 6 月底未付清，仍按照本金加利息计算。原告已经履行了出借义务，但还款期限届满后，被告一直不履行还款义务。故诉至法院，要求被告偿还借款本金 70 万元，偿还自 2014 年 1 月 1 日起至 2014 年 12 月 31 日止的利息 14 万元，并以 70 万元为基数，按照年利率 20% 支付自 2015 年 1 月 1 日起至判决生效之日止的利息；偿还所欠某笔款项的利息 33.5 万元，并以 33.5 万元为基数，按照年利率 20% 支付自 2014 年 7 月 1 日起至判决生效之日止的利息；诉讼费用由被告承担。

（二）被告辩称

认可借款的事实，借款本金数额为 70 万元。2014 年偿还了利息 6.8 万元，尚欠 2014 年的利息 7.2 万元。2015 年双方没有另行签订合同，但是双方口头协商关于借款本金及利息同之前的约定。2015 年的利息尚未支付。33.5 万元的利息不应计入本金再计算利息。从 2016 年 1 月 1 日起，应以本金 70 万元为基数，按照年利率 7% 为标准计算利息。因公司现已停产，希望与原告协商，待公司开工后分批偿还欠款。

三、事实和证据

北京市丰台区人民法院经公开审理查明：2014 年 1 月 3 日，被告某有限公司（甲方）与原告孙某某（乙方）签订的《借款及还款承诺书》约定："某有限公司向孙某某借款 70 万元整，另有截至 2011 年 12 月 30 日欠孙某某利息 335000 元整，根据公司目前情况，切合实际地提出如下解决方案：1. 借款本金 70 万元仍按年息 20% 支付。2. 所欠利息 335000 元整，如到 2014 年 6 月底未付清，仍按本金计提利息。3. 借款本金及 2014 年产生的利息，从

2014年开始，至2014年还清84万元为止，按照每月支付10万元整原则，在每月28日支付给孙某某。4. 如某有限公司生产经营情况改善，效益好转后，考虑提前每月多还方案，尽早归还孙某某本息。”庭审中，双方均认可2003年原告已将借款本金支付给被告，之后被告仅偿还部分利息。

以上事实有《借款及还款承诺书》、收据、银行转账凭证等证据在案佐证。

四、定案结论

本案在审理过程中，经北京市丰台区人民法院主持调解，双方当事人自愿达成如下协议：

1. 被告某有限公司偿还原告孙某某借款本金及至二〇一五年十二月三十一日止的利息共计一百三十四万七千元（于二〇一六年六月三十日前偿还二十万元，于二〇一六年十二月三十一日前偿还二十五万元，于二〇一七年六月三十日前偿还二十万元，于二〇一七年十二月三十一日前偿还二十五万元，于二〇一八年六月三十日前偿还二十万元，余款于二〇一八年十二月三十一日前还清）。

2. 被告某有限公司于二〇一八年十二月三十一日前向原告孙某某支付利息（利息以七十万元为基数，自二〇一六年一月一日起至实际给付之日止，按照年利率百分之七计算）。

3. 案件受理费七千六百八十八元，由被告某有限公司承担（于二〇一八年十二月三十一日前交纳）。

五、解说

近年来，为谋求较高收益而发生的民间借贷日益增多，其中也暴露了诸多问题。繁荣的资本市场以及高速发展的实体经济需要一个科学合理的金融法治环境，复利规则就是这个环境下的重要内容之一。本案中，双方当事人争议的焦点就在于《借款及还款承诺书》约定利率的高低以及截至2011年12月30日所欠利息33.5万元能否计收复利。

（一）复利的概念及数学特性

复利是指合同期限内对逾期利息加收的利息，就是民间借贷中将利息转为本金再计息的方法，其直接的外在表现就是将利息转化为本金，然后再对转为本金的利息再计算利息，最终导致在基础贷款额不变的情况下贷款额客观上急剧增加。法学意义上的复利，指的是对既成分支权的利息债权再收利息的行为，亦即利息债权本身递归产生新的利息。

利息产生于借贷关系，借贷的标的是本金及其利息，本金与利息的分离产生了利率，利率使合同标的具有“可变性”。利率有名义利率和实际利率之分。名义利率为所标示的利率。实际利率为出借人实质所得的利率，也称为有效利率。民事主体基于合意确定借贷合同的标的额，但确定的标的额无法反映资金的时间价值。在引入利率后，利息数额受3个变量制约：本金、时间、利率。假设利息为F，本金为S，利率为R，借款期限为N，则有 $F = S \times R \times N$。在未引入复利的情况下，本金和利率均为常数，利息额仅与时间挂钩。在复利算法下，利率也具备了“可变性”，利率的大小也就随时间而变，假设实际利率 $R' = F \div S \div N$，在单利算法下 $R' = R$，即实际利率与名义利率是一致的。但在复利算法下，$R' \neq R$。如果说利率的功能在于让借贷标的与时间挂钩，那么复利的功能则是让利率与时间挂钩，由此也产生了合同约定的名义利率R与合同履行的实际利率R的分离。短期内复利并不会产生高利，可一旦超过某个期限后，利率就会急剧攀升，犹如原子弹突然爆炸。如果说利率是借贷标的额的“时间面纱”，那么复利则是利率的“时间面纱”。在借款期限持续延长的情况下，揭开复利的“面纱”会发现，资金的时间价值被不合理地过度夸大了。

（二）复利的法律规制

对于出借人将利息计入本金的情况，也就是常说的在民间借贷中存在的“计复利”的情况，俗称“利滚利”。有观点认为这种行为就是“高利贷”，严重损害了公平原则，本身就是违法的，应当予以坚决的否认；也有观点认为，这种“计复利”的约定方式只是民间借贷中存在的一种计算利息的方式，如果这种约定的利息不超过法定最高限度，应当支持，超过部分不予支持。笔者认为，复利在理论上是公平的，应当收回的利息如果再投资必然会得到新的利息收益，拒绝如期支付利息就剥夺了他人收取利息再投资的权利，是对他人权利的侵害，也必然造成他人的利益损失，而剥夺的权利理所当然应得到救济。民间借贷本就是一种形式自由多样、体现双方自主自愿性的民事法律关系，法律只有在必要时才应当介入。“计复利”是可能导致贷款额急剧膨胀的一种利息计算方法，但也要考虑借款时间、偿还期限等情况才能确定这种计息方式是否公平合法，如果双方约定的这种计息方式并没有超过法律规定的计息标准，笔者认为应当予以支持；但是超过法律规定最高限度的部分，人民法院不予保护。

在民间借贷关系中，双方当事人约定复利的形式多样，有直接写明计收复利的，也有采取比较隐蔽的方式、不出现复利字样的，如只写本金不写利息，或者每满一个计息周期就将利息计入本金、重新出具欠条等债权凭证。直接约定计算复利的债权凭证与在借款期间内重新出具的债权凭证具有以下几个不同之处：第一，出具的时间。直接约定复利的债权凭证往往在借款期间开始之前已经形成，适用于整个借款期间；重新出具的债权凭证则往往在借款期间已经届满或者已经经过一部分，双方当事人对已经过的借款期间产生的利息结算后重新出具，实际上是将整个借款期间分成了两个或更多个阶段。第二，约定的内容。直接约定复利的债权凭证通常会明确约定本金数额、适用的利率、借款期间、计算复利的次数等内容；重新出具的债权凭证则不出现复利字样，只是约定本金数额、适用的利率、借款期间等，但约定的本金数额往往大于最初的本金数额。第三，当事人争议的内容。双方当事人产生纠纷后，对直接约定复利的债权凭证，双方争议的一般是利率的高低以及能否计收复利；对于重新出具的债权凭证，双方争议的通常是本金数额如何约定。

对于重新出具的债权凭证如何认定其性质，存在两种不同的看法。第一种观点认为，重新出具债权凭证，相当于对之前形成的本金和利息重新借用，从而消灭了原借贷关系，形成了新的借贷关系，这与正常的借贷关系没有本质区别，当然可以将后来借条中记载的金额作为本金计算利息。第二种观点认为，重新出具的债权凭证其实质并非新的借贷关系，而是对复利的约定。《民间借贷若干规定》第二十八条关于民间借贷中复利的规定综合考虑了不同意见，采取了折中的态度，即一方面尊重当事人的意思自治，既然新的债权凭证是双方当事人自愿重新达成的，应当尊重其真实意思表示，本金数额应尽量按照债权凭证上记载的数额认定；另一方面，如果可以查明新的债权凭证上记载的本金的确由之前借款本息结算而来，那么债权凭证出具之前和之后的借款关系存在相承性，从资金的来源看，的确存在计算复利的问题，相关利息之计算应当符合民间借贷中关于利率上限的规定，即不仅新的债权凭证出具之前的借款利息要在最高限度之内，出具之后新计算的利息也要在最高限度之内。

（三）本案中复利规则的适用

本案中，当事人双方于2014年1月3日签订《借款及还款承诺书》，约定某有限公司向孙某某借款70万元整，另有截至2011年12月30日欠孙某某利息33.5万元整；借款本金70万元仍按年息20%支付；所欠利息33.5万元，如到2014年6月底未付清，仍按本金计提利息。本案双方当事人在《借款及还款承诺书》中明确约定本金数额、适用的利率、借款期间、计算复利的次数等内容，且约定的本金数额与最初的本金数额相同，故属于采用直接写明计收复利的形式约定复利的情况。本案双方当事人争议的焦点在于利率的高低以及截至2011年12月30日所欠利息33.5万元能否计收复利。依据《民间借贷若干规定》第二十八条的规定："……

借款人在借款期间届满后应当支付的本息之和，不能超过最初借款本金与以最初借款本金为基数，以年利率24%计算的整个借款期间的利息之和。出借人请求借款人支付超过部分的，人民法院不予支持。”从字面表述上看，本条只规定了重新出具债权凭证的情形，但实质上是对复利问题的规定，因此对于双方当事人明确约定复利计算的情形，无论约定的利率多高、计算复利的次数多少，参照本条规定，人民法院予以保护的本息之和的限度就是以最初的本金为基数，以年利率24%计算整个借款期间的利息与最初的本金之和，超过此限度的部分，人民法院则不予保护。综上，《民间借贷若干规定》第二十八条关于民间借贷复利规定的主旨，与《民间借贷若干规定》第二十六条民间借贷利率上限的规定是一致的，即对民间借贷利率的规制采取的上限是24%。本案中，整个借款期间的利率均为年利率20%，33.5万元系以最初的本金70万元为基数按照年利率20%计算的被告某有限公司截至2011年12月30日欠付的利息总数。现原告孙某某要求被告某有限公司以33.5万元为基数，按照年利率20%支付自2014年7月1日起至判决生效之日止的利息，必然会超过以最初的本金为基数，以年利率24%计算的整个借款期间的利息与最初的借款本金之和。故对于原告孙某某超过此限度部分的诉讼请求，法院不予支持。

编写人：梁　艳*

* 梁艳，北京市丰台区人民法院民四庭法官，中国政法大学诉讼法学硕士。

如何理解债务清偿顺序中的“债务负担较重”

——陈某某诉顾某某、王某某民间借贷纠纷案

一、首部

(一) 案由

民间借贷纠纷。

(二) 诉讼双方

原告：陈某某，男，无业，住北京市西城区。

委托代理人：孙某，女，法律工作者。

被告：顾某某，男，无业，住北京市丰台区。

被告：王某某，女，无业，住北京市丰台区。

(三) 审级

一审。

(四) 审判机关和审判组织

审判机关：北京市丰台区人民法院。

审判员：李岩。

二、诉辩主张

（一）原告诉称

2013 年 3 月 28 日，被告顾某某向陈某某借款 40 万元并出具了借条。双方约定借款利息按月利率 3% 计算，每三个月结算一次利息，且现在陈某某按照月利率 2.4% 向被告主张利息。陈某某与被告之间存在多笔借款，本案中 40 万元借款为其中一笔。借款当日，陈某某在中国邮政储蓄银行以汇款方式向顾某某名下账户转账 35 万元，但是当天中国邮政储蓄银行发生故障，故未能汇款成功，款项被退回。因此在第二天即 3 月 29 日，陈某某从中国邮政储蓄银行取款 35 万元现金交给了顾某某。另外的 5 万元是陈某某让陈某某的朋友单某从他单位的对公账户中转给顾某某的。2014 年 3 月 5 日，被告顾某某通过银行转账方式向陈某某偿还 30 万元，其中包含了此笔借款三个月的利息 3.6 万元。2014 年 6 月 28 日，被告顾某某通过银行转账的方式向陈某某偿还了三个月的利息 3.6 万元。2014 年 9 月 30 日，被告顾某某通过银行转账方式向陈某某偿还 12.6 万元，其中包含了此笔借款三个月利息 3.6 万元。此后再无归还任何本金和利息。二被告为夫妻关系，该笔借款发生于二被告夫妻关系存续期间，陈某某认为应属二被告的共同债务，故被告王某某应与被告顾某某共同承担返还上述债务的责任。现诉至法院，要求二被告返还原告借款 40 万元及利息 21.12 万元（从 2014 年 3 月 29 日起至 2015 年 10 月 28 日止，以本金 40 万元为基数，按照月利率 2.4% 计算）。

（二）被告顾某某辩称

认可借条上的签字是顾某某的签字。对原告所述打款失败的事情顾某某不知情，对 35 万元的提款单据亦不认可。顾某某没有收到 35 万元现金，也不认可收到单某公司转账 5 万元。顾某某认可分别于 2014 年 3 月 5 日、2014 年 6 月 28 日及 2014 年 9 月 30 日通过银行转账方式向原告还款 30 万元、3.6 万元及 12.6 万元，但还的均不是利息，而是本金。顾某某与原告还存在多项借款，数额不一，此三次还款针对哪笔借款顾某某也说不清。

（三）被告王某某辩称

王某某没有向原告借款。顾某某对外所借款项王某某不知情，亦未用于家庭开支。不同意原告的诉讼请求。

三、事实和证据

北京市丰台区人民法院经公开审理查明：2013 年 3 月 28 日，被告顾某某向原告陈某某出具借条载明，“今借到陈某某人民币肆拾万元整。（月按 3% 三个月一结）”。借款人处签名为顾某某，落款日期为 2013 年 3 月 28 日。

被告顾某某分别于 2014 年 3 月 5 日、2014 年 6 月 28 日及 2014 年 9 月 30 日通过银行转账方式向原告还款 30 万元、3.6 万元及 12.6 万元。

庭审中，原告陈某某向法庭提交中国邮政储蓄银行账户交易明细及中国邮政储蓄银行取款凭单各一份，上载：2013 年 3 月 28 日，原告通过中国邮政储蓄银行向尾号为 9243 的账户汇款 35 万元。2013 年 3 月 29 日，中国邮政储蓄银行将 35 万元退回至原告账户。同日，原告在该行卡取 35 万元现金。拟证明原告向被告的支付过程及实际支付了 35 万元。顾某某认可尾号为 9243 的账户为其名下账户。

庭审中，单某到庭，认可其于 2013 年 3 月 28 日通过其公司的对公账户向顾某某名下账户转账 5 万元，此笔款项为其代陈某某所支付，为陈某某借给顾某某的借款。

另查，被告顾某某分别于 2013 年 3 月 28 日、2013 年 4 月 23 日、2013 年 6 月 8 日、2013 年 7 月 13 日、2013 年 8 月 16 日及 2013 年 9 月 21 日向原告陈某某借款 40 万元、60 万元、100 万元、20 万元、120 万元、20 万元，共计 360 万元。除本案中涉及的 40 万元借款外，原被告均未在借条中明确约定支付利息及利息标准。

被告顾某某分别于2013年7月31日、2014年3月5日、2014年5月27日、2014年5月29日、2014年6月28日及2014年9月30日向原告陈某某还款5.4万元、30万元、100万元、20万元、3.6万元及12.6万元，共计171.6万元。上述款项中，双方认可2014年5月27日及2014年5月29日的两笔款项共计120万元为被告顾某某向原告陈某某返还2013年8月16日的借款120万元，此笔款项本金已还清。对于剩余的51.6万元，原告主张其为利息并列详单显示数额及计算标准；被告主张其为本金，但由于双方借贷往来较多，无法说明具体偿还何笔本金。

上述事实有借条、中国邮政储蓄银行出具的账户交易明细和单某的证人证言等在案佐证。

四、判案理由

北京市丰台区人民法院经审理认为：合法的借贷关系应当受到法律保护。原告主张的借款事实，有借条、银行转账凭证、取现凭证及证人证言为据。原告向法庭提交了中国邮政储蓄银行账户交易明细及中国邮政储蓄银行取款凭单，且被告顾某某向原告出具的借条中存有“借到”字样，依据以上证据及生活常理，本院对借款事实真实存在及借款均已实际支付予以认定。原告、被告于借款时未就还款日期作出约定，现原告要求被告返还借款本金及利息，被告应当及时偿还，本院对此予以支持。原告按照月利率2.4%的标准向被告主张利息，超出国家有关限制借款利率的规定，故对于该项请求中年利率24%以内的合理部分，本院予以支持，超出部分，本院不予保护。由于原被告双方之间存在多次借款，且双方就历次还款的性质及针对何笔借款并未作出明确的约定。根据法律规定，债务人除主债务之外还应当支付利息和有关费用，当其给付不足以清偿全部债务时，并且当事人没有约定的，应当按照下列顺序抵充：1. 实现债权的有关费用；2. 利息；3. 主债务。故对本案中性质不明且针对性不明的此部分还款，优先抵充利息。抵充利息之外的部分则均认定为本金。关于此部分还款针对何笔借款的问题，依据法律规定，债务人的给付不足以清偿其对同一债权人所负的数笔相同种类的全部债务时，应当优先抵充已到期的债务，几项债务均到期的，优先抵充对债权人缺乏担保或者担保数额最少的债务；担保数额相同的，优先抵充债务负担较重的债务；负担相同的，按照债务到期的先后顺序抵充；到期时间相同的，按比例抵充。但是，双方对清偿的债务或者清偿抵充顺序有约定的除外。本案中，双方对借款清偿顺序和还款期限均未约定且未担保，故对这部分还款按照债务负担较重的优先抵充。本院认为，所谓债务负担较重，是指基于债务人的立场上，需为还款所额外支出费用较多的借款。而在原告、被告之间的六笔借款中，只有本案涉及的借款在借条上明确约定了支付利息及利息支付标准，故本案此项借款为几项借款中债务负担较重的借款，对还款中针对性不明的本金部分，优先抵充本案相关本金。综上，被告还款共计 171.6 万元，除去双方认可的 120 万元本金外，另有本院认定的（2015）丰民初字第某某号案件中所涉及 60 万元借款之被告自愿向原告偿还的利息 5.4 万元，扣除上述款项，被告向原告还款中性质及针对性不明的部分为 46.2 万元，优先抵充本案涉及的利息及本金。本案中，原告主张从 2014 年 3 月 29 日起至 2015 年 10 月 28 日止的利息以 40 万元为基数，按年利率 24% 计算，为 15.2 万元。抵充后其余的 31 万元需抵充本案本金。抵充利息及本金之后余下的数额为 9 万元，此部分钱款被告仍需向原告偿还。被告顾某某与原告之间的借贷关系发生于其与被告王某某婚姻关系存续期间，现原告向二被告主张权利，二被告无证据证明该借款为顾某某的个人债务，故对原告要求二被告对借款承担共同的还款责任之诉求，本院予以支持。

五、定案结论

北京市丰台区人民法院依照《民法通则》第一百零八条，《合同法》第二百零六条，《婚姻法》第十九条，《婚姻法司法解释二》第二十四条，《合同法司法解释二》第二十条、第二十一条，作出如下判决：

1. 被告顾某某、王某某于本判决书生效之日起十日内向原告陈某某返还借款九万元；

2. 驳回原告陈某某的其他诉讼请求。

3. 案件受理费四千九百五十六元，由原告陈某某负担四千二百二十六元（已交纳）；由被告顾某某、王某某负担七百三十元（于本判决生效之日起七日内交纳）；保全费为五千元，由被告顾某某、王某某负担（于本判决生效之日起七日内交纳）。

六、解说

本案涉及债的抵充制度之法定抵充情形，即在借款双方无约定的情况下债务清偿顺序问题，具体表现为原告与被告存在多项同种性质的借款且双方没有约定的，被告向原告的还款应认定为归还何笔借款。

《合同法司法解释二》第二十条对同一债务人及债权人之间所负数笔相同种类之债务的清偿顺序问题作了较为明确的规定，该条规定："债务人的给付不足以清偿其对同一债权人所负的数笔相同种类的全部债务，应当优先抵充已到期的债务；几项债务均到期的，优先抵充对债权人缺乏担保或者担保数额最少的债务；担保数额相同的，优先抵充债务负担较重的债务；负担相同的，按照债务到期的先后顺序抵充；到期时间相同的，按比例抵充。但是，债权人与债务人对清偿的债务或者清偿抵充顺序有约定的除外。"据此，债务到期的时间、是否有担保及担保数额、债务负担、债务到期的先后顺序和比例问题均成为债务清偿事务中的权衡因素。相比其他较易理解的因素，对此条款中"债务负担较重"之表述作何理解则颇为关键。

目前，我国现有法律法规未对何为"债务负担较重"作明确规定，实务中对此亦看法不一。一种观点认为，所谓债务负担较重，是指基于当下客观的现状，数额较大的债务。此种看法处于静止视角，站在保护债权人的角度，在债务人还款能力有限的前提下，根据债务人还款（债权实现）的难易程度，优先使当下债权数额最大，即债务人偿还难度最大之债权得以实现，从而避免债权人受到更大损失之可能。另一种观点则认为，债务负担较重是指基于债务人的立场上，需为还款所额外支出费用较多的借款。此种看法采用动态的视角，在保护债权人与保护债务人相结合的原则下，预见到债务数额变动而导致债权愈加难以实现之可能，故趋向于优先使有利息约定的借款得以实现而余下定额的债权债务，以便于清算与清偿。

笔者在此持第二种观点。原因有以下三点：第一，从立法者的原意来看。立法者称之为“债务负担较重”，而非“债权实现较为困难”抑或是“债权总额较大”，此为站在债务人的角度，描述对债务人来讲还款负担较重的借款。此举旨在维护债权人利益的基础上，兼顾债务人的利益，从而体现公平理念及诚信原则，防止滥用权利。第二，从还款的实际来看。相较本金数额较大却未有利息约定之借款，本金数额虽较小但出借人与借款人之间存在利息约定之借款确为“负担较重”。原因在于，未约定利息的借款为定数，借款时数目为何，还款时便为何。相反，约定了利息的借款则实为一个随时间流逝而数目不断增长的变数。据此，存在利息约定之债务的清偿给债务人带来的获益更多，由此应认定其为“债务负担较重”之债务。第三，从表述上来看。退一步来讲，若立法者意欲表达数额较大的债务，则无须使用“债务负担较重”这一乍看之下颇为费解的表述，而可将其表述为“数额较大的借款”，更为清晰明了。既然立法者将其表述为“债务负担较重”，则我们是否可将其理解为不仅仅指数额这一层面，而隐藏着更为深刻的含义，即利用法定抵充顺序的设定，达到平衡债务人和债权人利益的目的。

综上，本案认定被告向原告还款中性质及针对性不明的部分为46.2万元，应优先抵充本案40万元借款涉及的利息及本金，合理有据，是正确的。

编写人：李超越*

* 李超越，北京市丰台区人民法院民四庭法官助理，中国人民大学法律硕士（法学）。

收据与借据的效力认定

——代某某诉裴某某民间借贷纠纷案

一、首部

（一）案由

民间借贷纠纷。

（二）诉讼双方

原告（上诉人）：代某某。

被告（被上诉人）：裴某某。

（三）审级

二审。

（四）审判机关和审判组织

一审法院：北京市丰台区人民法院。

合议庭组成人员：审判长，许无忌；代理审判员，王伟、贺诚。

二审法院：北京市第二中级人民法院。

合议庭组成人员：审判长，程慧平；审判员，李丽；代理审判员，赵婧雪。

二、一审诉辩主张

（一）原告诉称

2012年11月5日裴某某向代某某借款20万元，当日代某某便将现金交付裴某某，裴某某向代某某出具借条，借期为2012年11月5日至2013年11月4日，年利息15%，利息半年一付。后被告未还款，故代某某诉至法院，请求判令被告向代某某偿还借款本金20万元，并支付自2012年11月5日起至实际给付之日止按照年利率15%计算的利息。

（二）被告辩称

原告诉称被告曾向其借款与事实不符。2011年以来，北京某投资担保有限公司（以下简称某投资担保公司）的出资人周某、路某某和曹某某多次向别人借款，从事经营活动。该公司法定代表人周某的妻子顾某某（系原告之女）系该公司财务出纳，被告由于是该公司另一出资人路某某拥有的北京市某经贸公司的财务会计，被路某某指派到某投资担保公司做兼职会计。2012年7月4日，某投资担保公司向原告借款20万元，月息2.5%，并签订了一份借款协议。某投资担保公司于当年8月4日、9月4日、10月4日和11月4日向原告每月支付利息5000元，共计2万元。2012年11月5日，路某某对被告讲，由于周某、顾某某和原告是亲属，每月支付2.5%的利息过高，经公司出资人协商，将借款借期变更到2013年11月4日，年息15%，半年一付。让被告重新写一张借条，同时由原告女儿顾某某替原告在交款人栏处签字。2013年5月1日，某投资担保公司按照约定向原告支付半年利息15000元。因此，某投资担保公司是真正的借款人。原告之所以采用虚假诉讼方式起诉被告，是出于一己私利的报复。首先，被告的老板路某某在与某投资担保公司合作过程中，双方发生纠纷，继而该公司迁怒于作为路某某派驻该公司担任兼职会计的被告。其次，2012年8月2日，原告之女顾某某在得知被告有一笔拆迁补偿款后，曾向被告借款35万元，由于其既不还款也不付息，被告于2014年4月1日将顾某某诉至北京市丰台区人民法院。于是原告就利用手中握有借条的便利，采取虚假诉讼的方式对被告进行报复。综上，请求法院驳回原告的诉讼请求。

三、一审事实和证据

北京市丰台区人民法院经公开审理查明：顾某某系代某某之女，周某与顾某某系夫妻关系。周某、路某某、曹某某为某投资担保公司的实际出资人。路某某与裴某某均为某经贸公司股东。顾某某原为某投资担保公司出纳，裴某某原为某投资担保公司的兼职会计。

2012年11月5日，裴某某书写收据1份，内容为：今借到代某某现金20万元整，借期为2012年11月5日至2013年11月4日，年利息15%，利息半年一付。对于该收据，代某某称其于2012年11月5日通过现金方式向裴某某出借资金20万元，裴某某书写了收据，交付地点为代某某女儿顾某某经营的位于北京市丰台区的北京某某美容中心（以下简称美容中心），有代某某、裴某某、顾某某、杨某、郑某某在场。诉讼中，代某某申请顾某某、杨某、郑某某出庭作证。顾某某陈述为：2012年下半年，裴某某向顾某某借款，顾某某没有资金，于是介绍裴某某向代某某借款；2012年11月月初某日，郑某某驾车与顾某某前往代某某家中，后郑某某、顾某某、代某某一起到美容中心；顾某某与代某某将钱款清点后交给了裴某某，裴某某书写了收据；有杨某、顾某某、郑某某、代某某、裴某某在场。杨某陈述为：其原为美容中心员工，且与顾某某为同学；2012年11月左右，郑某某开车带着顾某某与代某某到美容中心，向裴某某交付了20万元现金，有杨某、顾某某、郑某某、代某某、裴某某在场；在案收据由裴某某书写完成；现场没有清点钱款。郑某某陈述为：其为某投资担保公司司机；2012年某日，郑某某开车接顾某某后，一起接代某某到美容中心；裴某某到来后，郑某某就出去了，郑某某不清楚交付细节及款项数额。

裴某某则表示，2012年7月4日，代某某向某投资担保公司出借资金20万元，约定月利率2.5%，后某投资担保公司向代某某支付了4个月利息共计2万元，后经周某、路某某、曹某某协商，对利率进行了变更，同时路某某要求裴某某书写了在案收据，后某投资担保公司于2013年5月1日向代某某支付了半年利息15000元。诉讼中，裴某某申请路某某出庭作证，路某某陈述为：某投资担保公司曾向代某某借款20万元，起初月利率为2.5%，后经路某某、周某、曹某某三人协商，将利率变更为年利率15%；在路某某的要求下，裴某某就某投资担保公司向代某某的20万元借款重新出具了收据。

诉讼中，本院与周某进行了谈话，周某陈述为：裴某某在某投资担保公司负责记账；代某某于2011年6月至7月向某投资担保公司出借资金20万元。

诉讼中，代某某表示其从2011年开始，只要有余款就出借给某投资担保公司，具体经办人均为顾某某。顾某某出庭时则表示其不清楚代某某与某投资担保公司的资金借贷情况。

另查，2014年，裴某某将顾某某、路某某起诉至本院，要求顾某某偿还于2012年8月2日的借款35万元，并支付相应利息，路某某承担连带还款责任，本院经审理对借款事实予以确认，并判令顾某某于该判决生效之日起30日内偿还借款35万元，并支付相应利息，路某某对顾某某的债务承担一般保证责任。后顾某某不服该判决，上诉至北京市第二中级人民法院，该院驳回上诉，维持原判。

上述事实有被告裴某某书写的收据1份，某经贸公司的查询信息、某投资担保公司营业执照、组织机构代码、关于某投资担保公司的查询信息，某经贸公司证明、总结算、2012年11月22日支出凭单、现金日记账本、2013年1月至2月记账凭单、2013年3月至4月记账凭单、2013年5月记账凭单、2013年6月至7月记账凭单，（2014）丰民初字第某某号民事判决书、（2014）二中民（商）终字第某某号民事判决书、证人顾某某的证人证言、证人杨某的证人证言、证人郑某某的证人证言、证人路某某的证人证言等在案佐证。

四、一审判案理由

北京市丰台区人民法院经审理认为：本案的争议焦点为代某某有无向裴某某出借资金 20 万元。代某某主张其于 2012 年 11 月 5 日通过现金方式向裴某某出借资金 20 万元，并提供收据，顾某某、杨某、郑某某的证人证言等证据予以证明。裴某某反驳原告主张，其原为投资公司的兼职会计，书写在案收据是基于某投资担保公司的要求，诉争 20 万元的实际借款人是某投资担保公司，并提供 2012 年 11 月 22 日支出凭单、现金日记账本、2013 年 1 月至 2 月记账凭单、2013 年 3 月至 4 月记账凭单、2013 年 5 月记账凭单、2013 年 6 月至 7 月记账凭单、关于某投资担保公司的查询信息、（2014）丰民初字第某某号民事判决书、（2014）二中民（商）终字第某某号民事判决书、路某某的证人证言等证据予以证明。对此本院认为，民间借贷合同具有实践性特征，出借人行使债权请求权要求借款人偿还借款本息的，应当对是否已形成借贷合意、是否已将款项交付给借款人等事实承担举证责任。借据为借贷双方形成借贷合意的凭证，同时具有推定借贷事实已实际发生的初步证据效力，但在借款人提出借贷事实未实际发生的抗辩，且人民法院对借贷事实产生不可排除的合理怀疑时，出借人还应提交其他证据印证借贷事实的实际发生。

本案中，根据裴某某提供的证据及当事人陈述，代某某主张的其于 2012 年 11 月 5 日向裴某某给付 20 万元现金的事实存在不能排除的合理怀疑。代某某除向本院提供收据证明借款事实外，还提供了顾某某、杨某、郑某某的证人证言予以佐证，对此本院认为，顾某某、杨某、郑某某的证人证言缺乏证明力，不予采纳，理由如下：1. 代某某与证人之间存在密切关系，顾某某系代某某之女，顾某某与杨某原为雇佣关系，郑某某为顾某某之夫周某出资设立的投资公司的司机。2. 证人与代某某及证人之间的陈述有矛盾之处。关于交付在场人员，代某某、顾某某、杨某均表示有代某某、顾某某、杨某、郑某某、裴某某5人在场，而郑某某则表示待裴某某到来后，其就出去了；关于对钱款是否清点，顾某某表示其与代某某将资金进行手工清点后交与裴某某，而杨某则表示当时未对钱款进行清点；关于代某某是否曾向某投资担保公司出借过资金，代某某陈述为其从2011年开始，只要有余款就出借给某投资担保公司，具体经办人均为其女顾某某，而顾某某则表示对代某某是否曾向投资公司出借过资金不知情。

另外，代某某与顾某某均表示，裴某某向顾某某借款未果后，才经顾某某介绍向其母代某某借款。对此本院认为，裴某某于2012年8月2日向顾某某出借资金35万元后，又向顾某某借款20万元，显然与常理不符。

因此，代某某主张的其于2012年11月5日向裴某某出借资金20万元的事实缺乏充足的证据支持，本院不予采纳。

五、一审定案结论

北京市丰台区人民法院依照《民事诉讼证据规定》第二条、第五条第一款之规定，判决如下：

1. 驳回原告代某某的诉讼请求。

2. 案件受理费四千九百七十五元，由原告代某某负担（已交纳）。

六、二审情况

（一）二审诉辩主张

1. 上诉人（原审原告）诉称

2012年11月5日裴某某向代某某借现金20万元，当日代某某便将现金交付裴某某，裴某某向代某某出具借条，并约定借期为2012年11月5日至2013年11月4日，年利息15%，利息半年一付。然而裴某某并未按约定如期付款，后经代某某催要，裴某某拒付。代某某无奈起诉到北京市丰台区人民法院，但北京市丰台区人民法院在证据确凿的情况下主观臆断，作出错误的认定，驳回了代某某的诉讼请求。综上，代某某请求二审法院撤销一审法院判决，依法改判支持代某某的全部诉讼请求。

2. 被上诉人（原审被告）辩称

本案借条的由来是2012年7月4日代某某与某投资担保公司签订的一份月息2.5%的20万元借款协议。2013年5月1日某投资担保公司支付给代某某15000元利息，本案涉案借条是裴某某接到公司指示，按照年息15%，半年一付，借款期限到2013年11月4日的内容重新写的一张借条以取代上一张借条，收款人一栏是裴某某代替公司签字，交款人一栏是代某某之女顾某某代替代某某签字；本案中裴某某与代某某之间根本不存在民间借贷法律关系；代某某的诉求既没有相关证据支持，也经不起推敲。综上，裴某某服从一审法院判决，请求二审法院驳回上诉，维持原判。

（二）二审事实和证据

北京市第二中级人民法院审理查明：一审庭审中，代某某对于收据上其本人名字是否系其女儿顾某某所签表示“不清楚，不管是不是代签的，这是裴某某认可的，我们确实拿出20万”。

在二审审理过程中，代某某向本院提交曹某某证言一份，并申请曹某某出庭作证。经本院核实，曹某某的证言不属于新证据。

本院经审理查明的事实与一审法院查明的事实一致。

（三）二审判案理由

北京市第二中级人民法院经审理认为：本案的争议焦点是代某某有无向裴某某出借资金20万元，以及代某某与裴某某之间是否存在真实的民间借贷法律关系。根据本案现有的证据，从代某某提交的“借条”形式来看，其本身的载体是财务收据，抬头是“收据”，且是“第一联存根”联，列明主体代某某和裴某某分别是“交款人”、“收款人”，虽收据内容载明“借到代某某现金贰拾万元正”，但未阐明借款人是谁。裴某某虽在收款人处签名，但并不能表明其与代某某达成了借款的合意，形成了借款关系。根据当事人的陈述，代某某对于收据上其本人名字是否系其女儿顾某某所签表示“不清楚，不管是不是代签的，这是裴某某认可的，我们确实拿出20万”。因此，该收据存在多处疑点，综合当事人的陈述和代某某所提交的证人证言，无法证明代某某与裴某某之间存在民间借贷法律关系。且2012年8月2日裴某某向顾某某出借资金35万元后，又于2012年11月5日向顾某某之母代某某借款，与常理不符。

借据为借贷双方形成借贷合意的凭证，能够同时作为初步证据证明借贷事实已实际发生，但若借款人主张借贷事实未实际发生，且人民法院对借贷事实产生不可排除的合理怀疑时，出借人还应提交其他证据印证借贷事实的实际发生。然而在本案中，代某某主张的借贷事实存在不可排除的合理怀疑，代某某提交的证人证言由于证人与其存在利害关系且证言内容多有矛盾之处，其亦未能提交其他证据佐证其主张，因此，本院认为代某某作为民间借贷案件中的原告未能完成应有的举证责任，其主张缺乏相应的事实与法律依据。综上，一审法院判决认定事实清楚，适用法律正确，处理并无不当之处。

（四）二审定案结论

北京市第二中级人民法院依照《民事诉讼法》第一百七十条第一款第（一）项之规定，判决如下：

1. 驳回上诉，维持原判。

2. 一审案件受理费四千九百七十五元，由代某某负担（已交纳）。

3. 二审案件受理费四千九百七十五元，由代某某负担（已交纳）。

七、解说

本案争议的焦点是代某某与裴某某之间是否存在真实的民间借贷法律关系，以及收据在民间借贷法律关系中的证明效力。本案中，代某某向法庭提交了由裴某某书写的收据，虽然裴某某在收款人处签名，但并不能当然推定其与代某某达成了借款的合意，形成了借款关系。那么，在民间借贷法律关系的认定中，收据与借据有何实质性区别？收据的证明效力如何？所谓“收据”，又称为“收条”，是出据人向持据人出具的，表明自己已收到对方一定数额金钱或财物的法律证明文书。而“借据”又称为“借条”，一般由债务人书写并签章，证明债权人和债务人之间的借贷事实，实质上是简化的借款合同。二者存在以下三点区别：

（一）性质不同

从法律性质上看，借据是表明当事人之间债权债务关系的书面凭证，是一种债权凭证，可以证明债权人和债务人之间的借贷法律关系。收据是表明当事人之间交易活动的书面凭证，是一种履行凭证，只能证明收据持有人履行了某种给付行为这一客观事实，可以在一定程度上反映当事人之间的债权债务关系，但并不能据此必然推论出双方的债权债务关系，不能证明给付行为发生的原因、性质以及法律后果，也不能认为是债权文书。也就是说，在民间借贷法律关系中，仅凭收据并不能证明双方之间存在借贷关系。

（二）内容不同

在内容上，借据通常会记载借款人、借款时间、借款期限、借款金额、利息约定等，而收据通常会载明付款人、收款人、收到款项的数额、时间等。在民间借贷中，收据或收条除了在借款人收到借款时出具，作为出借人主张借贷关系的证据外，还可在借款人归还借款的时候由出借人出具，作为借款人据以抗辩借款已经实际归还的证据。收据或收条在性质和内容上与借款合同和借据不同，更强调款项的实际给付而不是双方之间的借款合意。

（三）证明效力不同

在民间借贷纠纷案件中，收据的证明力应当结合其他证据才能发挥作用。《民事诉讼法司法解释》第一百零八条规定：“对负有举证证明责任的当事人提供的证据，人民法院经审查并结合相关事实，确信待证事实的存在具有高度可能性的，应当认定该事实存在。对一方当事人为反驳负有举证证明责任的当事人所主张事实而提供的证据，人民法院经审查并结合相关事实，认为待证事实真伪不明的，应当认定该事实不存在。”第一百零五条规定：“人民法院应当按照法定程序，全面、客观地审核证据，依照法律规定，运用逻辑推理和日常生活经验法则，对证据有无证明力和证明力大小进行判断，并公开判断的理由和结果。”

本案中，原告以收据为依据提起民间借贷诉讼，被告否认发生借贷事实，人民法院除依据当事人提供的收据这一债权凭证外，还应综合审查其他证据、事实和因素，并对比双方当事人提供证据的证明力大小，按照民事诉讼证据标准，对原告主张的借贷事实是否实际发生作出综合判断及最终认定。在当事人主张现金交付的民间借贷纠纷中，不能仅凭借款人向贷款人出具的收据就认定贷款人已经履行了贷款义务，如果借款人的抗辩事由足以引起法官的合理怀疑，法院还应综合考虑案件的具体情况，进一步审查借款事实，依据事实与法律作出判决。

编写人：夏玉婷*

* 夏玉婷，北京市丰台区人民法院婚姻家庭案件审判庭法官助理，对外经济贸易大学国际法学硕士。

民间借贷案件中举证责任的分配

——牛某某诉张某民间借贷纠纷案

一、首部

（一）案由

民间借贷纠纷。

（二）诉讼双方

原告：牛某某。

委托代理人：马某某，北京市铁路某公司某客运段职工。

被告：张某。

委托代理人：张某某。

（三）审级

一审。

（四）审判机关和审判组织

一审法院：北京市丰台区人民法院。

合议庭组成人员：审判长，傅晓洁；人民陪审员，廉润有、宋淑晶。

二、诉辩主张

（一）原告诉称

原告与张某原系婆媳关系。2008 年 8 月 28 日，张某与原告儿子马某某登记结婚，2013 年 3 月 10 日，张某与马某某经北京市丰台区人民法院作出（2013）丰民初字第某某号民事调解书调解离婚。2014 年 4 月至 10 月，张某多次以资金紧张为由向原告借款共计 112496.43 元，并承诺尽快偿还，但事后经原告多次催要拒不偿还。现原告要求张某偿还借款 112496.43 元，并按照中国人民银行同期贷款利率的四倍支付自 2014 年 10 月 20 日起至实际付清之日止的利息。

（二）被告辩称

被告承认数额为 27700 元的借条，因为被告和马某某离婚后，马某某在澳门赌博被抓了，这是被告向他要的孩子的生活抚养费。牛某某经常在被告不在家时偷拿被告的东西。剩下的借条被告没写过，信纸上的是被告在家随便写的，是被告的私人物品，是原告偷偷拿走的。

三、事实和证据

北京市丰台区人民法院经公开审理查明：牛某某与张某原系婆媳关系。2013 年 3 月 10 日，牛某某之子马某某与张某经北京市丰台区人民法院调解离婚。2014 年 10 月 11 日，张某书写借条，载明："中信 24200，平安 3000，工商牡丹 1800，工商尾号 2028：5896.43 元。5309、9000、5290、2028。"该借条现由牛某某持有。2014 年 10 月 20 日，张某向牛某某出具借条，载明："今向牛某某借款 27700 元，还平安信用卡尾号 4956（人民币 27700 元整，贰万柒仟柒佰元整）。"牛某某通过支付宝代张某偿还其信用卡欠款 27700 元。

审理中，牛某某称张某于 2014 年 10 月 11 日出具的借条内容应理解为其代张某偿还中信银行信用卡 24200 元、平安银行信用卡 3000 元、工商牡丹信用卡 1800 元，尾号为 2028 的工商银行信用卡 5896.43 元的欠款。5309、9000、5290、2028 系银行卡尾号。张某对借条的真实性无异议，但其认为该借条不是向牛某某出具的，系牛某某从其住处盗取的。张某对其陈述未提供证据。

另外，2014 年 4 月 16 日，牛某某通过银行转账方式向张某支付 49900 元。牛某某称当时张某以把家里的汽车开走为要挟，让其支付张某 50000 元以偿还银行信用卡账单，故其向张某转款 49900 元。牛某某认为该款项为张某的借款。张某对此不予认可，称该款项系马某某通过银行 ATM 转账给孩子的抚养费，但未提供相关证据予以佐证。

以上事实有下列证据加以佐证：

1. 借条一张，载明："中信 24200，平安 3000，工商牡丹 1800，工商尾号 2028：5896.43 元。5309、9000、5290、2028。"张某签名确认，证明张某欠牛某某人民币 34896.43 元。

2. 借条一张，载明："今向牛某某借款 27700 元，还平安信用卡尾号 4956（人民币 27700 元整，贰万柒仟柒佰元整）。"张某签名确认，证明张某欠牛某某人民币 27700 元。

3. 银行转账凭条，载明牛某某向张某账户转账 49900 元。

四、判案理由

北京市丰台区人民法院经审理认为：合法的民间借贷关系受法律保护。根据查明的事实，被告张某向原告牛某某借款，双方形成了民间借贷关系，且属双方真实意思表示，不违反法律、行政法规强制性规定，合法有效。现牛某某要求张某偿还借款，理由正当，证据充分，本院予以支持。张某称其于 2014 年 10 月 11 日书写的借条并非是向牛某某出具，证据不足，本院不予采信。关于牛某某依据 49900 元的转账凭证主张该款项系张某借款一节，根据牛某某对转款过程及事实的陈述，该款项的性质并非民间借贷法律关系，故本案不予处理，应另案解决。牛某某要求张某按照中国人民银行同期贷款利率的四倍支付利息，根据法律规定，借款人未按照约定的期限返还借款的，应当按照约定或者国家有关规定支付逾期利息。因上述借款均未约定还款期限，故牛某某起诉之日应为张某还款之日。

五、定案结论

北京市丰台区人民法院依照《合同法》第二百零六条、第二百零七条之规定，作出如下判决：

1. 被告张某于本判决生效之日起七日内偿还原告牛某某借款六万二千五百九十六元四角三分及逾期利息（以六万二千五百九十六元四角三分为基数，按照中国人民银行同期贷款利率，计算自二〇一五年三月二十四日起至实际付清之日止）；

2. 驳回原告牛某某的其他诉讼请求。

六、解说

本案处理重点在于如何掌握民间借贷案件中举证责任的分配。所谓举证责任，又称为证明责任，是指当事人对自己提出的主张有提供证据证明的责任。具体包含两个方面的含义：其一，行为意义上的举证责任，是指当事人对自己提出的主张有提供证据的责任；其二，结果意义上的举证责任，是指当待证事实真伪不明时，由依法负有证明责任的当事人承担不利后果。可见，将举证责任分配给当事人中的任何一方都会加大其败诉的风险，因此合理分配举证责任对双方当事人至关重要。

（一）举证责任的一般规定

在审判实践中，当事人对自己的主张无法提供证据的，其主张自然不能被采信或支持，但是当待证事实真伪不明时，本着“法官不能拒绝裁判”的一般要求，法院要严格遵守法律规定分配举证责任。《民事诉讼法司法解释》第九十条规定：“当事人对自己提出的诉讼请求所依据的事实或者反驳对方诉讼请求所依据的事实，应当提供证据加以证明，但法律另有规定的除外。在作出判决前，当事人未能提供证据或者证据不足以证明其事实主张的，由负有举证证明责任的当事人承担不利的后果。”第九十一条规定：

“人民法院应当依照下列原则确定举证证明责任的承担，但法律另有规定的除外：（一）主张法律关系存在的当事人，应当对产生该法律关系的基本事实承担举证证明责任；（二）主张法律关系变更、消灭或者权利受到妨害的当事人，应当对该法律关系变更、消灭或者权利受到妨害的基本事实承担举证证明责任。”第一百零八条规定：“对负有举证证明责任的当事人提供的证据，人民法院经审查并结合相关事实，确信待证事实的存在具有高度可能性的，应当认定该事实存在。对一方当事人为反驳负有举证证明责任的当事人所主张事实而提供的证据，人民法院经审查并结合相关事实，认为待证事实真伪不明的，应当认定该事实不存在。法律对于待证事实所应达到的证明标准另有规定的，从其规定。”《民事诉讼证据规定》第二条规定：“当事人对自己提出的诉讼请求所依据的事实或者反驳对方诉讼请求所依据的事实有责任提供证据加以证明。没有证据或者证据不足以证明当事人的事实主张的，由负有举证责任的当事人承担不利后果。”

（二）“特殊关系主体”之间举证责任

近年来，随着社会经济的发展，民间借贷成为民间资本投资的重要渠道，“特殊关系主体”之间的借贷案件数量亦日益增多。“特殊关系主体”指当事人之间存在或曾经存在亲属关系或恋人关系。特殊关系主体的借贷案件分两种情况：第一，原被告之间曾存在亲属关系。该类借贷案件的发生大部分基于双方关系恶化。原告或无法提供借条、欠条，或无其他债权凭证等直接证据，仅能够提供金融机构转账凭证等间接证据。针对上述情况，被告的抗辩理由基本为诉争款项系原告赠予，且其对借条真实性予以否认。第二，原被告之间曾存在恋爱关系。双方当事人在结束情感关系后，一方向另一方索要“分手费”、“青春损失费”，并要求对方出具借条或欠条，由此而产生“情侣欠条”，若对方不予支付，则会凭借条或欠条诉至法院要求对方偿付借款。另有一部分案件，原告仅能出具金融机构的转账凭证、聊天记录，而被告的抗辩理由多为诉争款项系用于双方同居期间共同生活开销或系原告对被告的赠予。在上述情况下，被告提供的证据让法院对借贷关系的成立存在不可排除的合理怀疑时，依据《民事诉讼法司法解释》、《民事诉讼证据规定》以及 2015 年 9 月 1 日实施的《民间借贷若干规定》中关于举证责任的规定，此时举证责任转移，应由原告承担结果意义上的举证责任。

（三）本案中举证责任分配

本案中，原告牛某某与被告张某原系婆媳关系，属于“特殊关系主体”借贷案件中的第一种情况。审理中，牛某某出具了借条，而借条作为借贷双方形成借贷合意的凭证，具有推定借贷事实已实际发生的初步证据效力。被告张某在答辩时对金额为 34896.43 元的借条予以否认，但未作出合理说明。当借款人提出借贷事实未实际发生的抗辩，或者对借款事实发生合理怀疑，或者人民法院对借贷事实产生不可排除的合理怀疑时，出借人还应负有补强款项来源、提交其他证据印证借贷事实实际发生的责任，人民法院亦应当要求出借人补充提交款项来源等证据，以合理解释前述可疑事实。被告张某虽对借贷关系存在予以否认，但其并未进行合理说明，亦未提供证据证明其主张的事实，故本院对该部分款项的借贷法律关系予以认定。另外，牛某某依据金额为 49900 元的银行转账凭条主张张某偿还借款，鉴于上述费用发生在张某离婚后，作为原婆婆的牛某某并无支付抚养费的义务，故初步认定牛某某就其主张完成了举证责任。关于张某抗辩称上述款项系牛某某之子马某某给付孩子的抚养费，应由张某承担结果意义上的举证责任，若张某无法提供相应证据，其应承担偿还该款项的不利后果。张某虽未能提供证据，但牛某某在陈述 49900 元借款的产生原因时自认该款项并非基于借贷合意而产生，故此时举证责任转移，由牛某某进一步承担该款项系借款的举证责任，若举证不能则承担败诉的不利后果。

举证责任的分配贯穿整个民间借贷纠纷案件的审理过程，需要案件的承办人审查并结合相关事实，依照法律规定，运用逻辑推理和日常生活经验法则，依据证据有无证明力、证明力大小及双方当事人主张，合理地分配举证责任，既不过分加重某一方的举证责任，又能准确认定法律事实，从而达到公平正义。

编写人：傅晓洁[*]　魏敬贤[**]　王旻忞[***]

---

* 傅晓洁，北京市丰台区人民法院婚姻家庭案件审判庭法官，中国青年政治学院法学学士。

** 魏敬贤，北京市丰台区人民法院民四庭助理审判员，中国政法大学法律硕士（法学）。

*** 王旻忞，北京市丰台区人民法院民四庭法官助理，北京师范大学法律硕士。

父母子女之间借贷意思表示的认定

——王某甲等与杨某某等民间借贷纠纷案

一、首部

（一）案由

民间借贷纠纷。

（二）诉讼双方

原告：王某甲。

原告：贾某某。

委托代理人：王某甲，贾某某之妻。

被告：杨某某。

委托代理人：李某某，律师。

被告：贾某。

（三）审级

一审。

（四）审判机关和审判组织

审判机关：北京市丰台区人民法院。

审判员：罗红斌。

二、诉辩主张

（一）原告诉称

王某甲、贾某某二人是夫妻，贾某是两人的女儿。杨某某于2008年10月与贾某结婚。2008年11月25日，因杨某某与贾某计划买车但没钱，王某甲从老家农行汇款借给杨某某、贾某2万元，汇入贾某农行储蓄卡账户（卡号：955998××××××××6811）。2009年12月3日，杨某某与贾某计划买海景房但没钱，杨某某从王某甲工资卡（卡号：622848××××××××2015）里，代签名异地取现24000元。作为借款，杨某某与贾某表示以后有钱时偿还。2010年12月20日，杨某某与贾某装修房屋没钱交定金，王某甲从老家农行汇款借给杨某某、贾某22000元，汇入贾某农行储蓄卡账户（卡号：955998××××××××6811）。2010年12月29日，杨某某与贾某没钱装修房屋，王某甲从老家农行汇款借给杨某某、贾某4万元，汇入贾某农行储蓄卡账户（卡号：955998××××××××6811）。杨某某与贾某买烟台海景房从王某乙手中借款4万元。经王某乙催要，王某甲从老家邮局于2012年2月19日和8月11日分两次借给杨某某、贾某两笔钱款共计2万元，直接汇入王某乙邮政储蓄卡账户（卡号：622188××××××××2849）用于还款。2012年8月19日，贾某带女儿回老家养病后，杨某某没再给孩子花过一分钱，孩子所有费用均由女方承担，王某甲通过农行卡转账28000元借给杨某某、贾某，转入贾某农行储蓄卡账户（卡号：955998××××××××6811）。以上都是杨某某、贾某以夫妻二人名义向王某甲、贾某某借款，合计174000元，至今尚未还款。故王某甲、贾某某诉至法院请求判令杨某某、贾某连带偿还借款174000元及利息7030元，并承担本案全部诉讼费用。

（二）被告辩称

被告杨某某辩称：贷款买车并未向原告借款；山东海景房是杨某某父亲购买，未向原告或他人借钱买房；未对临时住房进行过装修，不存在借款装修一事；家庭和孩子的开销杨某某也在承担，不存在向原告借款用于家庭支出。上述原告所称借款在杨某某与贾某离婚案件中，贾某作为夫妻共同债务的一方当事人，主张二人共同承担债务，已经被法院驳回。故借款性质不能认定。

被告贾某辩称：认可王某甲、贾某某的诉讼请求及事实、理由，是其与杨某某在婚姻关系存续期间向王某甲、贾某某借的钱，应由二人共同偿还。

三、事实和证据

北京市丰台区人民法院经公开审理查明：王某甲、贾某某二人是夫妻，贾某是两人的女儿。杨某某于2008年10月与贾某结婚，于2014年9月4日经法院判决离婚。2008年11月25日，王某甲通过农行汇入贾某农行储蓄卡账户（卡号：955998××××××××6811）2万元。2009年12月3日，王某甲工资卡（卡号：622848×××××××××2015）异地取现24000元。2010年12月20日，王某甲通过农行汇入贾某农行储蓄卡账户（卡号：955998×××××××××6811）22000元。2010年12月29日，王某甲通过农行汇入贾某农行储蓄卡账户（卡号：955998××××××××6811）4万元。2012年2月19日和同年8月11日，王某甲通过邮局分两次，共汇入王某乙邮政储蓄卡账户（卡号：622188×××××××××2849）4万元。2012年8月19日，王某甲通过农行卡转账，转入贾某农行储蓄卡账户（卡号：955998×××××××××6811）28000元。

2013年，在杨某某与贾某的离婚诉讼案中，贾某提供其中国农业银行尾号为6811的账户于2008年10月20日至2010年12月29日间的存款凭条共5份及王某甲中国农业银行尾号为2015的账户的查询单，欲证明其母王某甲借给其104000元，用于装修及购买家具、电器。杨某某对此借款不予认可。2014年4月18日，北京市丰台区人民法院作出（2013）丰民初字第某某号民事判决书，认定：位于山东省烟台市的房屋系杨某某之父签订的买卖合同，贾某称购房款系杨某某、贾某出资，未向法庭提供证据，对于贾某要求杨某某给予补偿款的诉讼请求，不予支持；贾某向其母借款，杨某某均不知情，且出借人与贾某存在近亲属关系，出借人向贾某转款的性质无法界定，对贾某主张的债务，不予认定。一审判决后，杨某某、贾某均提起上诉。2014年9月4日，北京市第二中级人民法院作出（2014）二中民终字第某某号民事判决书，驳回上诉，维持原判。

上述事实有原告王某甲、贾某某提供的银行卡存款凭条、银行卡取款业务回单、银行卡取款凭条、邮政储蓄银行汇款收据、贾某向王某乙借款的借条、王某乙银行活期账户明细、农业银行客户回单、电话录音、王某乙证言，被告杨某某提供的（2013）丰民初字第某某号民事判决书、（2014）二中民终字第某某号民事判决书及双方当事人陈述等在案佐证。

四、判案理由

北京市丰台区人民法院经审理认为：《民法通则》第九十条规定："合法的借贷关系受法律保护。"《民事诉讼证据规定》第二条规定："当事人对自己提出的诉讼请求所依据的事实或者反驳对方诉讼请求所依据的事实有责任提供证据加以证明。没有证据或者证据不足以证明当事人的事实主张的，由负有举证责任的当事人承担不利的后果。"第五条第一款规定："在合同纠纷案件中，主张合同关系成立并生效的一方当事人对合同订立和生效的事实承担举证责任……"因此，债权人应当对借贷合意、借贷事实的发生承担举证责任。本案中，王某甲、贾某某虽提供了王某甲向贾某、王某乙转款的银行账户交易记录，但不能直接证明诉争款项的性质为借款。贾某与杨某某的通话录音中亦未涉及其二人确认上述款项为向王某甲、贾某某借款的事实。在贾某与杨某某的离婚诉讼中，贾某依据上述提供的证据请求法院确认上述款项为夫妻共同债务的主张亦未被法院认定。王某甲、贾某某与贾某为父母子女关系，贾某单方面认可诉争款项为夫妻共同借款的陈述不能单独作为认定本案借贷合意、借款事实的依据。故王某甲、贾某某提供的证据不足以证明杨某某、贾某向其二人借款174000 元的事实。

五、定案结论

北京市丰台区人民法院依照《民事诉讼法》第六十四条第一款、第一百五十四条第一款第（三）项，《民事诉讼证据规定》第二条第二款、第五条第一款之规定，裁定如下：

1. 驳回原告王某甲、贾某某的起诉。
2. 双方当事人均未提起上诉。

六、解说

在我国，一方面，从传统意义上讲，大多数父母的观念是在自身经济状况允许的情况下，在经济和体力上尽可能为子女付出，特别是 20 世纪 80 年代实行计划生育后，独生子女多，父母有能力资助子女；另一方面，很多子女都是刚工作不久，经济上还未真正独立就结婚生子，而住房、抚养子女等经济压力往往促使他们需要父母的接济。这应该是一种比较普遍的现象。在一般情况下，父母有能力且子女家庭稳定时，父母对子女的经济帮助不会出现纠纷。而且这种经济帮助多为父母心甘情愿，更像是赠与，基本不会以借贷的形式出现。但是，随着社会经济、文化等的发展和改革开放的日益深化，推动了人们的自我意识觉醒和个性解放，人们不再固守旧有的家庭观念，加之一些其他现实因素，导致离婚率上升。改革开放前，人们的私有财产极为贫乏，离婚财产纷争较为简单。但是，随着人们经济条件的好转、私有财富的累积，离婚财产纷争亦愈演愈烈，不仅仅涉及离婚双方之间的财产，更进一步涉及父母对离婚子女在他们婚姻关系存续期间的经济帮助。于是在大量的离婚案件之后，常有父母作为“出借人”以离婚或正在离婚中的子女双方为“借款人”起诉至法院，要求其偿还“借款”。对于这类案件，如何认定涉案款项的性质，即如何界定原告与被告之间的民事法律关系，长期以来，在理论界和审判实践中，主要有以下三种观点：

第一种观点认为，只有转账凭证的原则上不应认定为借贷。主要是考虑到我国的国情，一般父母对子女的经济帮助大多为一种自觉自愿的付出行为，他们资助子女时并未抱有欠债还钱的想法，而是希望通过自己的帮助能让子女过上舒心的日子，将来自己老了能有生活依靠，子女能反哺尽好赡养义务。

第二种观点认为，一概认定为赠与，不利于维护老年人的合法权益。这种观点多出现于处理父母为子女出资买房的案件中，因所涉金额大、房屋升值空间大等，考虑很多父母将一辈子的积蓄用于为子女结婚成家而购买房产，但子女家庭出现危机时，此房产如作为赠与被非子女一方分割，有违公平原则。

第三种观点认为，应由认可借贷关系的被告承担还款义务。一般与原告具有父母子女关系的一方子女被告都会认可借贷关系、借款事实的存在，认为应由二被告（往往是已离婚或离婚中的夫妻）共同承担还款责任。有些甚至单独与作为原告的父母签署借条。对于该认可借贷事实的被告，既然其认可借贷事实，即应由其承担偿还原告借款的责任。

笔者支持第一种观点，主要理由如下：

1. 该观点符合我国的一贯传统、家庭伦理和社会常理。自古以来，中国人注重家庭观念，尊老爱幼，家庭成员之间相互扶持。父母从经济上、财力上资助成年子女的现象，被称为“经济再哺”。这一现象在我国，特别是现代社会非常普遍，如今大多家庭是独生子女，子女从学校毕业出来工作不久就结婚生子，此时子女事业刚刚起步，很难承担起家庭的重负，于是父母便自愿承担，帮助其带孙子、孙女，给予其经济上的帮助等，其中大多经济资助用在子女买房、买车、孩子教育等重大开支项目，也有相当部分经济资助用于吃、穿、住、用等日常消费。大多数的父母也想通过对子女的前期扶助，到自己年老体弱时能够得到子女尽孝赡养。这种家庭间的相互扶助，一定程度上减轻了国家社会保障体系的压力，也是现今我国社会保障体系环节中的一种重要补充。如果将这种扶助一概以金钱借贷来衡量，有悖于我国社会长期形成的一贯传统及家庭伦理。因此，父母对子女经济上、财力上的资助从社会常理出发推定为赠与较为合适。

2. 如果此类纠纷中，父母主张其对子女的资助行为并非是赠与，即应依照《民事诉讼法》、《民事诉讼证据规定》等法律法规和《民事诉讼法司法解释》的相关规定，承担证明借贷合意、借贷事实的举证责任。《民事诉讼法》第六十四条第一款规定："当事人对自己提出的主张，有责任提供证据。"《民事诉讼法司法解释》第九十条规定："当事人对自己提出的诉讼请求所依据的事实或者反驳对方诉讼请求所依据的事实，应当提供证据加以证明，但法律另有规定的除外。在作出判决前，当事人未能提供证据或者证据不足以证明其事实主张的，由负有举证证明责任的当事人承担不利的后果。"第九十一条规定："人民法院应当依照下列原则确定举证证明责任的承担，但法律另有规定的除外：主张法律关系存在的当事人，应当对产生该法律关系的基本事实承担举证证明责任……"《民事诉讼证据规定》亦作了相应的规定。因此，作为父母的原告仅有转账凭证，而无子女夫妻出具的借款借据，虽有原告子女单方面关于借款合意的认可，但因其与原告具有父母子女的利害关系，故尚不足以证明转款的性质为借贷关系。

有鉴于此，笔者认为，作为父母在拿出资金帮助子女时，除非自己已经确定要将该款项赠与子女及其配偶，否则，务必要求子女及其配偶出具借条，确定借款合意和借款事实。

编写人：罗红斌*

* 罗红斌，北京市丰台区人民法院婚姻家庭案件审判庭法官，首都师范大学法学学士。

第四章　知识产权纠纷

具有明确符号意义的商品形象应受反不正当竞争法保护

——中国某技术研究院诉北京某数码科技有限公司侵犯商标权及不正当竞争纠纷案

一、首部

（一）案由

侵犯商标权及不正当竞争纠纷。

（二）诉讼双方

原告：中国某技术研究院（以下简称某研究院）。

法定代表人：李某甲，某研究院院长。

委托代理人：邓某某，律师。

委托代理人：李某乙，某研究院法律处处长。

被告：北京某数码科技有限公司（以下简称某科技公司）。

法定代表人：冯某，某科技公司总裁。

委托代理人：娄某某，某科技公司职员。

（三）审级

一审。

（四）审判机关和审判组织

审判机关：北京市丰台区人民法院。

合议庭组成人员：审判长，李丕赋；代理审判员，康运、张炎。

二、诉辩主张

（一）原告诉称

2008 年 12 月 3 日，被告某科技公司在《北京某报》发布了一则广告，内容包括某运载火箭图形及相关文字表述。此外，2009 年 4 月，原告还发现被告在北六环路某处发布了内容相近的户外招牌广告。被告未经许可，擅自在其大型户外广告及报刊广告中使用某运载火箭图形注册商标，借此提升其产品的知名度，不仅侵犯了原告的商标权，且构成不正当竞争。现请求法院认定被告的行为侵犯原告的注册商标专用权且构成不正当竞争，并判令被告立即停止侵权、消除影响并赔偿原告经济损失，本案诉讼费由被告承担。

（二）被告辩称

被告曾先后为 SX、SY 飞行任务提供录音及存储设备，被告在广告背景中使用 S 飞船发射图片，系善意使用，且不会造成公众对商品来源的混淆，不属于法律意义上的商标使用，不构成对原告注册商标专用权的侵犯，亦不存在不正当竞争行为，综上请求法院驳回原告的诉讼请求。

三、事实和证据

北京市丰台区人民法院经公开审理查明：某研究院系国有经营单位，经营范围包括制造、开发某运载火箭系列产品、计算机设备、电子通信产品等并销售、出口本院开发的产品等。

2005 年 8 月 28 日，某研究院第 I 号运载火箭图形商标获核准注册，核定使用商品为第 9 类，包括计算机、计算机周边设备等，有效期至 2015 年 8 月 27 日。第 I 号商标图形为某运载火箭形象，该型号运载火箭是我国 S 系列飞船的运载工具。某运载火箭系某研究院研制。

2008 年 12 月 3 日，某科技公司在《北京某报》刊登广告。广告整体布局分上、下左和下右结构，上方部分有“航天品质 安全存储”广告语，字体为红色，文字在整个广告中占面积最大，其中“航天”、“安全”更为突出，广告语右上方有“a A”标识（以下“a”代表某商标的英文标，“A”代表中文标）；下左部分主要为某科技公司对其移动硬盘的产品推介，文中多处出现“A”、“A 移动硬盘”文字；下右部分上方为某科技公司三款移动硬盘实物图，下方为某运载火箭发射图，图案中除有某运载火箭外，运载火箭下方有火焰，右侧有发射架，图案底色为红色，图案约占整个广告的六分之一版面。此外，在广告的正下方有赠送软件套装的说明及实物图。2009 年 4 月 9 日，某研究院发现北京市某路路边有一大型户外广告牌，以红色为底色，整体布局分左、中、右三部分，左侧为身着航天服的航天员图案，下方有“某资讯”及公司标识和网址；中间部分分两行写有“a A 为‘SY’提供专业录音及存储设备”白色大字；右侧有与上述《北京某报》广告中某运载火箭发射图一致的图案，约占整个广告的六分之一版面，图案上方有“航天品质 专业录音”文字。此外，在广告的右侧边缘有“a A”和“自主科技 自由生活”文字。上述两则广告“a A”标识右下角均有“®”注册标记。某科技公司认可两则广告为其发布。

某科技公司为证明其使用某运载火箭图案有正当理由，产品品质与“航天品质”相呼应以及图案未作商标使用，向本院提供了证明其向 SX、SY 飞船提供录音及存储装置所获得的荣誉证书以及其公司法定代表人与相关人员的合影图片。

另查，某科技公司的经营范围为互联网信息服务业务、生产制造计算机软硬件等。2003 年 10 月 21 日，某科技公司获核准注册第Ⅱ号“a”商标，有效期至 2013 年 10 月 20 日。2010 年 4 月 13 日，某科技公司获核准受让取得第Ⅲ号“A”商标，有效期续展至 2017 年 9 月 27 日。二商标核定使用商品均为第 9 类，包括计算机、计算机键盘、计算机周边设备或计算机外围设备等。

上述事实，有原告某研究院提供的事业单位法人证书、营业执照、商标注册证、2008 年 12 月 3 日《北京某报》广告、户外广告牌照片，被告某科技公司提供的企业法人营业执照、商标注册证、核准续展注册证明、核准商标转让证明以及双方当事人陈述等在案佐证。

四、判案理由

北京市丰台区人民法院经审理认为：某运载火箭是图形商标也是客观存在的物体。结合本案某科技公司对某运载火箭形象的实际使用情况来看，运载火箭下方有喷射出的火焰，右侧有发射塔架，可以据此判断广告展示的是某运载火箭实体正在发射升空的场景，而非第 I 号注册商标。商标的首要功能是对不同商品或服务的来源进行区分，某科技公司使用某运载火箭发射实景图中的某运载火箭并不具备这种功能，没有对其商品起到商标标识性作用。某科技公司相关广告中某运载火箭形象以发射实景形式出现既非商标性使用，亦没有造成相关公众混淆或误认的可能，故某研究院关于某科技公司侵犯其第 I 号注册商标专用权的诉讼主张不能成立。

众所周知，航天工业是一个高风险行业，商品出现的一丝瑕疵都有可能造成灾难性事故。某研究院研制的某系列运载火箭等航天商品一直以高品质、高科技含量著称，作为 S 飞船运载工具的某运载火箭更是其中的杰出代表。某科技公司为了商业目的，未付出正当努力却在广告中突出某研究院代表性商品某运载火箭形象，并与“航天品质”用语配合使用，宣传自身商品的行为，属于故意直接利用某研究院的经营成果，不正当获取更多的交易机会，损害某研究院合法权益的行为。某科技公司通过“搭便车”的形式抬高其商品质量形象，获得了其本不应有的比其他竞争者更为有利的优势地位，有违公认的商业道德，损害了《反不正当竞争法》所极力维护的平等、公平、诚实信用的市场竞争秩序，构成不正当竞争。

五、定案结论

北京市丰台区人民法院依照《民法通则》第一百三十四条第一款第（一）项，《反不正当竞争法》第二条、第二十条第一款，《商标法》第五十二条[①]之规定，作出如下判决：

1. 被告北京某数码科技有限公司于本判决生效之日起立即停止使用某运载火箭形象进行广告宣传的不正当竞争行为；

2. 被告北京某数码科技有限公司于本判决生效之日起十日内赔偿原告中国某技术研究院经济损失及合理支出十万元；

3. 驳回原告中国某技术研究院的其他诉讼请求。

六、解说

商标是可以向相关公众传递市场上的商品或者服务来源的标识，其使用须满足两个条件：一是在商业活动中使用；二是必须能够起到区分商品或者服务来源的作用。本案中，某运载火箭形象在广告中是以发射实景的形式出现的，某科技公司主观上没有将某运载火箭形象作为商业标识使用的意图，也不会产生商业标识使用的实际效果，其展示的是某运载火箭本身，因此，某运载火箭形象不具有商标的标识性质，某科技公司不侵犯某研究院第Ⅰ号注册商标专用权。

针对本案的另一个争议焦点即某科技公司将某运载火箭形象用于相关广告宣传是否构成不正当竞争的问题，首先，应看某研究院是否基于某运载火箭形象享有相关合法权益；其次，要看某科技公司使用某运载火箭形象是否具有正当理由；最后，要看某研究院与

① 《商标法》（2001 年修正）于 2013 年进行了修改，本案定案结论中依据的《商标法》（2001 年修正）第五十二条被《商标法》（2013 年修正）第五十七条所吸收。依据《商标法》（2013 年修正）第五十七条的规定，某科技公司的涉案行为亦不构成商标侵权。下文将直接依据《商标法》（2013 年修正）第五十七条进行论述。

某科技公司是否存在竞争关系，从而导致某研究院利益受损。以下作具体分析：

（一）权利人具有明确符号意义的商品形象应受保护

某研究院是我国的运载火箭研制实体，某运载火箭即由某研究院负责总研制。本案中，某科技公司使用某运载火箭形象进行广告宣传的行为很难与《反不正当竞争法》规定的具体不正当竞争行为对号入座。当前，随着市场竞争形态的日益多样化，新类型的不正当竞争行为不断涌现，于 1993 年通过的《反不正当竞争法》的具体条文已经不能满足规制市场竞争的需要。司法实践中，对新类型的不正当竞争行为直接适用《反不正当竞争法》第二条的趋势也越来越明显。该法条对不正当竞争定义如下："本法所称的不正当竞争，是指经营者违反本法规定，损害其他经营者的合法权益，扰乱社会经济秩序的行为。"故某研究院对某运载火箭形象是否享有合法权益成为法院确定能否支持某研究院诉讼请求的前提条件。某运载火箭具有特殊性，它不是一般的消费品，其使用范围局限于航天专业领域，普通公众很少有机会近距离接触到其实体，更多的是从相关新闻媒体上获得信息，对其总研制单位某研究院更是知之甚少。但某运载火箭作为我国航天工业的代表性商品，其集中体现了航天商品安全系数高、质量性能卓越的特点，并得到一般消费者的普遍认同，某运载火箭形象即具有传递上述符号信息的功能。某运载火箭形象经过我国航天人尤其是运载火箭人的几代努力，已经成为质量优胜、安全保障的代名词，某研究院对某运载火箭形象中所蕴含的特点的彰示作用享有合法权益，而该权益的外部载体就是某运载火箭形象，任何人未经许可，均不能不当利用该商品形象。

结合本案，笔者认为，特定的商品形象受法律保护应符合两个"知晓"要件：一是相关公众知晓该商品，该商品在相关公众中具有高知名度。作为 S 系列飞船运载工具的某运载火箭虽然离普通公众生活较远，但鉴于相关新闻媒体对航天发射活动的普遍宣传报道和普通公众的高度关注，某运载火箭在中国境内乃至世界可以说是家喻户晓，具有极高的知名度。二是该商品形象的“符号”功能为相关公众所知晓，相关公众能够对商品与某种“符号”产生比较固定、稳定的联系。航天活动作为一项高风险活动，容不得半点马虎，某运载火箭作为S系列飞船的运载工具，更是在其中发挥了至关重要的作用，一旦出现某运载火箭形象，相关公众往往会与安全、质量有保障产生联系，这就如人们一看到法拉利跑车就会联想到速度，看到路易威登箱包就会联想到奢华一样。某运载火箭形象完全符合以上两个“知晓”要件，应受《反不正当竞争法》这部经济宪法的保护。其他经营者不当利用该商品形象，目的是使相关公众将该商品的“符号”意义与自身商品形成联系，从而获得竞争优势时，即构成不正当竞争。

（二）某科技公司使用某运载火箭形象不具有正当性

本案中，某科技公司一再强调与某某技术研究院存在合作关系，向SX、SY飞行任务提供录音及存储设备，使用某运载火箭图案具有善意。但在其广告中出现的是由某研究院负责总研制的某运载火箭形象，某某技术研究院与某研究院虽然共同隶属于中国航天科技集团公司，并共同为我国的载人航天工程提供服务，但均具有独立的法人主体地位，某科技公司未经某研究院许可，以与某某技术研究院存在合作关系为由使用某研究院负责总研制的某运载火箭形象进行商品宣传本身就值得商榷。

同时，某科技公司在庭审中提供了两份“中国某某技术研究院载人航天器项目办公室”颁发的荣誉证书，荣誉证书证明“A提供的录音及存储装置，在SX、SY的飞行过程中，性能稳定，圆满地完成了任务”。但是，相关设备使用于飞行任务，与其是否具有“航天品质”并不具备对应关系。在庭审中，某技术公司未对其录音及存储装置具有什么样的优于普通商品的质量、性能作出说明，在某研究院对颁发荣誉证书的“中国某某技术研究院载人航天器项目办公室”是否有资格颁发相关证书提出质疑的情况下，某科技公司亦未对某某技术研究院选择采用其录音及存储装置是出于其优秀的质量、性能还是出于商业赞助作出说明。鉴于某科技公司声称其与某某技术研究院存在合作关系，在正常情况下，某科技公司要取得更有说服力的证据并不存在困难。在这种情况下，某科技公司使用与其没有合作关系的某研究院某运载火箭形象结合“航天品质”等用语搭配使用进行广告宣传，并不是简单地描述其参与载人航天工程的事实，而是向相关公众传达其商品质量、安全性优于一般商品的信息。上述宣传方式，极可能使相关公众对其商品质量、性能产生错误理解。

（三）某科技公司与某研究院存在竞争关系

经营者之间存在实际经营领域的交叉，两者构成竞争关系，这无论是在理论界还是在实务界均没有争议，但对经营领域不存在交叉的经营者之间是否存在竞争关系却有不同的认识。第一种观点认为，构成不正当竞争的前提是经营者之间存在直接的竞争关系，即经营领域存在交叉；第二种观点认为，经营者在市场活动中只要违背诚实信用原则就构成不正当竞争，不需要认定经营者之间是否存在竞争关系；第三种观点则认为，经营领域不存在交叉的经营者之间也存在广义的竞争关系，该观点认为在一定的时间内消费者的购买力是固定的，由于经营者的不当宣传，可能使其获得更多的交易机会，而其他的经营者却因为消费者无购买力或者购买力降低而面临丧失交易机会的风险。在司法实践中，对双方当事人是否存在竞争关系也呈现出从广义认定的趋势。具体到本案，笔者认为，当有条件认定双方存在直接竞争关系的情况下，应予以直接认定，不宜将竞争关系简单泛化。某研究院虽然为事业单位法人，但其提供的登记证书及营业执照显示，其参与相关的经营活动，具备经营者的资格。某研究院的营业执照显示，其经营范围包括计算机设备，而某科技公司的经营范围包括生产制造计算机软硬件等，虽然随着国家对经济主体经济活动的限制越来越少，经济主体的实际经营活动小于或超出营业执照中确定的经营范围亦是一种常态，但营业执照中确定的经营范围是经济主体设立时意图将来开展相应业务的范围，在证明当事人是经营者的同时，应作为其实际从事相关经济活动的初步证据，对其有不同意见的，可以加以举证反驳，未举证的，法院可以根据双方营业执照中确定的经营范围存在交叉而直接认定双方存在直接竞争关系，而不是从广义的经营者之间存在竞争关系进行认定。正是基于上述考虑，法院认定某研究院与某科技公司存在竞争关系。

综上，法院认为某科技公司没有正当理由，为了商业目的，在广告中突出使用某研究院享有合法权益的某运载火箭形象的行为构成不正当竞争，应承担停止侵权、赔偿经济损失及合理支出的法律责任。

编写人：李丕赋*

---

* 李丕赋，北京市丰台区人民法院知识产权案件审判庭庭长，中国社会科学院法学研究所法学硕士。

未规范使用注册商标的商标权人其商标权是否应当保护

——某谩一（北京）酒店管理有限公司诉北京某墁一餐饮有限公司侵害商标权纠纷案

一、首部

（一）案由

侵害商标权纠纷。

（二）诉讼双方

原告：某谩一（北京）酒店管理有限公司（以下简称某谩一公司）。

法定代表人：戴某，某谩一公司财务总监。

委托代理人：康某，律师。

被告：北京某墁一餐饮有限公司（以下简称某墁一公司）。

法定代表人：程某，某墁一公司总经理。

委托代理人：徐某，某墁一公司法务。

（三）审级

一审。

（四）审判机关和审判组织

审判机关：北京市丰台区人民法院。

合议庭组成人员：审判员，张炎；人民陪审员，侯春华、宋长玲。

二、诉辩主张

（一）原告诉称

原告是“某谩一”商标专用权人。被告在其经营的羊蝎子火锅餐厅的招牌、餐具及宣传品上使用与原告“某谩一”.注册商标近似的文字“某墁一 G”，并突出使用该字样，弱化某墁一公司自有的“墁一 G”商标。某墁一公司又将“某墁一 G”作为企业字号使用，造成了误认及混淆，侵犯了原告的商标权。故诉至法院，请求依法判令被告：1. 立即停止侵权行为；2. 立即停止在企业商号中使用“某墁一 G”文字的侵权行为；3. 赔偿经济损失及合理费用共计 154144 元。

（二）被告辩称

被告所使用的“墁一 G”商标是经商标注册人程某授权，用于注册公司并在经营中使用，被告使用授权的商标注册了“某墁一公司”并开展经营活动，被告使用的商标注册在先，某谩一公司的商标注册在后，被告不可能侵犯某谩一公司的商标权益；“墁一 G”商标与“某谩一”商标并不近似，不构成对某谩一公司商标权的侵害；某谩一公司将其注册商标在实际中的使用形态即“某谩一 G”与被告使用“某墁一 G”商标进行比对，认定商标近似，属于偷换概念。故不同意某谩一公司全部诉讼请求。

三、事实和证据

北京市丰台区人民法院经公开审理查明：2007 年 5 月 28 日，某谩一公司经核准，受让取得案外人北京火锅店在第 43 类服务上注册的第 I 号“某谩一”文字商标，核定服务项目为“餐厅；咖啡馆；饭店；酒吧；茶馆”等。在实际经营活动中，某谩一公司自己使用或者通过加盟方式授权他人使用，将“某谩一”文字商标用于经营羊蝎子火锅。某谩一公司在经营中店面门头及宣传品上使用“某谩一 G”标识。

2004 年 4 月 28 日，案外人程某甲在第43 类餐厅等服务上申请的“墁一 G”商标获得商标局核准注册，注册号为第 X 号。2009 年 11 月，程某甲授权某墁一公司法定代表人程某乙有偿使用第 X 号“墁一 G”商标，授权包含但不限于使用企业名称以及授权他人使用该商标经营，程某乙不得任意改变该注册商标的文字，程某甲同意程某乙使用其所有的“墁一 G”字号进行餐饮经营活动，使用“墁一 G”注册商标设立公司。

2010 年 1 月 26 日，某墁一公司经核准注册成立，许可经营项目是单纯火锅。某墁一公司称其从事餐饮服务，主要是单纯火锅，包括羊蝎子火锅。某墁一公司在其经营的涉案店铺的店面门头、宣传海报、菜谱、订餐卡、餐巾纸盒上均显著地标注有“某墁一 G”文字。

上述事实，有原告某谩一公司提供的商标注册证、照片、加盟协议、公证书、发票、律师协议，被告某墁一公司提供的商标注册证查询页、商标档案查询页、授权书、加盟授权书及双方当事人陈述等在案佐证。

四、判案理由

北京市丰台区人民法院经审理认为：某谩一公司系涉案“某谩一”注册商标专用权人，其就该商标所享有的注册商标专用权受法律保护。根据我国商标法的规定，未经商标注册人的许可，在同一种或者类似商品或服务上使用与其注册商标相同或者近似商标的行为属于侵犯注册商标专用权的行为。

某墁一公司在其经营的餐厅店面门头、宣传海报、菜谱、订餐卡、餐巾纸盒上，将“某墁一 G”标识突出使用，属于将“某墁一 G”作为商标进行使用的行为，侵犯了某谩一公司的第 I 号“某谩一”注册商标的商标专用权。一方面，某墁一公司经营范围是单纯火锅，包括羊蝎子火锅，与某谩一公司注册商标核定使用的服务项目具有相同的服务内容，属于相同的服务类别。本案中，将

“某墁一 G”标识与“某谩一”注册商标进行比对，虽然前者在结尾多一个“G”字，“墁”与“谩”存在细微差别，但总体而言，二者作为文字商标，字形和读音均十分相似，且在“墁”与“谩”读音相同的情况下，相关公众一般不会注意二者字形上或含义上的区别。另一方面，某墁一公司经营羊蝎子火锅使用“某墁一 G”标识，易使普通消费者对其服务来源产生误认，造成混淆。故“某墁一 G”标识与“某谩一”注册商标构成近似商标。

虽然某墁一公司所提交的证据可证明某墁一公司通过授权获得权利人程某甲的许可，享有在第 43 类餐厅等服务上使用“墁一 G”注册商标的权利，但程某乙不得任意改变该注册商标的文字，现某墁一公司在店面门头、宣传海报、菜谱、订餐卡、餐巾纸盒上突出使用的是“某墁一 G”标识，未规范使用“墁一 G”注册商标，故某墁一公司以其拥有“墁一 G”注册商标来主张其有权使用“某墁一 G”商标的辩称意见，没有事实和法律依据，本院不予采信。

本案中，某谩一公司已于 2007 年 5 月 28 日受让取得案外人某火锅店在第 43 类服务上注册的第 I 号“某谩一”文字商标。而某墁一公司于 2010 年 1 月 26 日才经核准注册成立，许可经营项目是单纯火锅。某墁一公司企业注册成立核准时间晚于第 I 号商标被核准注册及某谩一公司受让取得的时间。某墁一公司虽经授权享有使用“墁一 G”注册商标的权利，但其无正当理由将与第 I 号注册商标近似的“某墁一 G”文字作为企业名称中字号的一部分使用，属于将与他人注册商标相同或者近似的文字作为企业的字号在相同或者类似服务上单独或者突出使用的行为，容易使相关公众产生误认，属于侵犯他人注册商标专用权的行为。《注册商标、企业名称与在先权利冲突案件若干规定》第四条规定：“被诉企业名称侵犯注册商标专用权或者构成不正当竞争的，人民法院可以根据原告的诉讼请求和案件具体情况，确定被告承担停止使用、规范使用等民事责任。”故某谩一公司要求某墁一公司停止使用含有“某墁一

G”文字的企业名称的诉讼请求，于法有据，本院予以支持。

综上，某墁一公司在其经营的餐厅的店面门头、宣传海报、菜谱、订餐卡、餐巾纸盒上使用“某墁一G”商标的行为侵害了某谩一公司的注册商标专用权，应承担停止侵权、赔偿经济损失及合理支出的法律责任。关于经济损失的数额，因某谩一公司未充分举证证明其实际损失及某墁一公司的侵权获利，本院将综合考虑某墁一公司侵权行为的性质、主观过错程度及其他侵权情节确定经济损失的数额。对于某谩一公司主张的诉讼支出，本院在合理的范围内亦予以支持。

同时，注册商标是区分不同商品或服务来源的重要标识。企业在对外经营活动中，应当依法规范使用注册商标，严格按照核准注册的文字或图形进行使用。某谩一公司在其经营活动中，亦应规范使用其“某谩一”注册商标。

五、定案结论

北京市丰台区人民法院依照《民法通则》第一百三十四条第一款第（一）项、第（七）项，《商标法》第五十七条第二款、第六十三条，《商标案件适用法律若干解释》第九条第二款，《注册商标、企业名称与在先权利冲突案件若干规定》第四条之规定，判决如下：

1. 自本判决生效之日起，被告停止在店面门头、宣传海报、菜谱、订餐卡、餐巾纸盒上使用“某墁一G”的商标侵权行为；

2. 自本判决生效之日起，被告在从事与原告涉案第I号“某谩一”注册商标核定使用的相同或类似的服务中，停止使用含有“某墁一G”文字的企业名称；

3. 自本判决生效之日起十日内，被告赔偿原告经济损失六千元；

4. 自本判决生效之日起十日内，被告赔偿原告合理支出二千六百元；

5. 驳回原告的其他诉讼请求。

六、解说

本案的重点及难点在于原被告均未规范使用注册商标，其商标权是否应当保护。同时，将他人具有较高知名度的在先注册商标作为字号注册登记为企业名称的，可以根据当事人的请求判决其停止使用或者变更该企业名称。

（一）关于未规范使用注册商标的权利人商标权保护问题

本案中，原告虽然享有“某谩一”注册商标，但其在实际经营中未规范使用该注册商标，而是将“某谩一”使用成“某谩一G”。被告虽然经授权使用“墁一 G”注册商标，但其在实际经营中亦未规范使用授权注册商标，而将“墁一 G”使用成“某墁一G”。在原告、被告均未规范使用注册商标的情况下，存在对原告所主张的商标权是否应当予以保护，在商标进行近似比较时，应将原告的权利商标与被告实际使用的标识进行比较，还是应将原告实际使用的标识与被告实际使用的标识进行比较。

虽然原告存在将“某谩一”注册商标不规范使用为“某谩一G”的行为，但其“某谩一”商标为核准注册的商标，并在实际经营中存在其他规范使用的行为，故该注册商标的权利不因其不规范使用行为而受到阻却。本案中，原告、被告均以经营羊蝎子火锅为其经营特色。“某墁一 G”标识与“某谩一”注册商标相比，前者在结尾仅多了一个可以表明经营餐饮项目的“G”字，此外，“墁”与“谩”读音完全相同，虽在书写上存在细微差别，但两字均属左右结构字体，右侧主体部分均为“成”字，二字仅在左侧偏旁部首有所不同。二者作为文字商标，字形相似，且在“墁”与“谩”读音相同的情况下，相关公众一般不会注意二者字形上或含义上的区别。某墁一公司经营羊蝎子火锅使用“某墁一 G”标识，易使普通消费者对其服务来源产生误认，造成混淆。故“某墁一 G”标识与“某谩一”注册商标构成近似商标。

原告未规范使用注册商标的行为因不告不理原则，不能在本案中作出处理，但人民法院的判决书具有司法的指引作用，为了更好地规范商标权利人的商标使用行为，应在判决中表明法院的态度，督促商标权利人规范使用注册商标。所以本案判决最后部分指出："注册商标是区分不同商品或服务来源的重要标识。企业在对外经营活动中，应当依法规范使用注册商标，严格按照核准注册的文字或图形进行使用。某谩一公司在其经营活动中，亦应规范使用其'某谩一'注册商标。"

（二）关于商标与企业名称冲突的问题

商标与企业名称冲突，是指将与他人注册商标相同或者近似的文字作为企业名称中的字号（或商号，下同）注册使用，使商标与字号发生冲突。

商标与企业名称冲突纠纷，从侵权人的行为性质上看，主要是借助合法的形式侵害他人商誉，表现为使消费者对商品或服务的来源以及不同经营者之间具有关联关系产生混淆误认，故一般属于不正当竞争纠纷，应当适用《民法通则》、《反不正当竞争法》进行调整，一般应用《反不正当竞争法》第二条之规定："经营者在市场交易中，应当遵循自愿、平等、公平、诚实信用的原则，遵守公认的商业道德。"第五条之规定："经营者不得采用下列不正当手段从事市场交易，损害竞争对手：（一）假冒他人的注册商标；（二）擅自使用知名商品特有的名称、包装、装潢，或者使用与知名商品近似的名称、包装、装潢，造成和他人的知名商品相混淆，使购买者误认为是该知名商品……"将与他人注册商标相同或者近似的文字作为企业的字号在相同或者类似商品上单独或者突出使用，容易使相关公众产生误认的，属于侵犯他人注册商标专用权的行为，应当适用《商标法》进行调整，一般应用《商标法》第五十七条之规定："有下列行为之一的，均属侵犯注册商标专用权……（二）未经商标注册人的许可，在同一种商品上使用与其注册商标近似的商标，或者在类似商品上使用与其注册商标相同或近似的商标，容易导致混淆的……”

《商标法》和《反不正当竞争法》的双重保护为商标权人提供了更充分的司法救济，但两种保护模式却存在很大的差异：《反不正当竞争法》中要求权利人证明自己提供的为知名商品或服务，同时，不正当竞争行为需要证明行为人的主观恶意，要求该行为必须是以不正当的手段损害其他经营者的合法权益或扰乱社会经济秩序的行为，这就排除了善意注册和使用企业名称造成混淆误认的情况，同时给行为人以合理来源的抗辩机会。而依据《商标法》中侵犯商标专用权的规定，并不要求权利人证明其注册商标是知名、著名商标，在相似性判断中，依据的也是客观标准，只要行为人使用的标识与权利人的注册商标客观上相同或近似，不论其主观故意如何，均构成对商标专用权的侵犯。

两种保护模式对商标权人和侵权行为人举证要求的差异使商标权人选择不同的保护模式，可能导致自己的权益受到保护的程度也不尽相同。

注册商标和企业名称均是依照相应的法律程序获得的标识权利，分属不同的标识序列，受到相应的保护。对于注册商标与企业名称之间的纠纷，应当区分不同的情形，按照诚实信用、维护公平竞争和保护在先权利等原则依法处理。如果注册使用企业名称本身具有不正当性，比如不正当地将他人具有较高知名度的在先注册商标作为字号注册登记为企业名称，即使规范使用仍足以产生市场混淆的，可以按照不正当竞争处理；如果是不规范使用企业名称，在相同或者类似商品上突出使用与他人注册商标相同或相近的企业的字号，容易使相关公众产生误认的，属于给他人注册商标专用权造成其他损害的行为，应依法按照侵犯商标专用权行为处理。相应地，人民法院应当依据《注册商标、企业名称与在先权利冲突案件若干规定》第四条之规定，根据原告的诉讼请求和案件具体情况，确定被告应当承担的民事责任。如果不正当地将他人具有较高知名度的在先注册商标作为字号注册登记为企业名称，且企业名称注册使用违法，不论其是否突出使用均难以避免产生市场混淆的，则可以根据当事人的请求判决停止使用或者变更该企业名称；如企业名称的注册使用并不违法，只是因突出使用其中的字号而侵犯注册商标专用权的，判决被告规范使用企业名称、停止突出使用行为即足以制止被告的侵权行为，因此这种情况下不宜判决停止使用或者变更企业名称。规范使用企业名称与停止使用或变更企业名称是两种不同的责任承担方式，不能因突出使用企业名称中的字号从而侵犯商标专用权就一律判决停止使用或变更企业名称。

被告在相同行业内使用相似于“某谩一”文字的企业名称，并且不规范使用该企业名称，上述行为可能导致原告的“某谩一”品牌效应受损。在品牌已成为企业核心竞争力的今天，许多经营者为了能较快地创造经济效益，采取各种手段使自己与名牌挂钩，有的甚至采用“傍名牌”的违法手段。目前，注册与知名商标相同或近似的企业名称，已成为“傍名牌”的一种主要方式。

本案中，被告的企业名称中含有“某墁一”文字，与原告在先注册的“某谩一”注册商标近似。属于将他人具有较高知名度的在先注册商标作为字号注册登记为企业名称，因此可以根据原告的请求判决其停止使用该企业名称。

编写人：张　炎*

---

* 张炎，北京市丰台区人民法院知识产权庭副庭长，对外经济贸易大学法律硕士。

商品商标与服务商标侵权判定四步法的适用

——上海某燕食品有限公司诉嘉州某燕（北京）餐饮管理有限公司侵害商标权及不正当竞争纠纷案

一、首部

（一）案由

侵害商标权及不正当竞争纠纷。

（二）诉讼双方

原告（被上诉人）：上海某燕食品有限公司（以下简称某燕公司）。

法定代表人：赵某某，某燕公司执行总经理。

一审及二审委托代理人：宋某某，律师。

被告（上诉人）：嘉州某燕（北京）餐饮管理有限公司（以下简称嘉州某燕公司）。

法定代表人：霍某某，嘉州某燕公司总经理。

一审委托代理人：朱某某，嘉州某燕公司经理。

一审及二审委托代理人：黄某某，律师。

（三）审级

二审。

（四）审判机关和审判组织

一审法院：北京市丰台区人民法院。

合议庭组成人员：审判长，叶晓；人民陪审员，杨永才、李利芳。

二审法院：北京市第二中级人民法院。

合议庭组成人员：审判长，宋光；代理审判员，周多、马晓琴。

二、一审诉辩主张

（一）原告诉称

原告公司成立于2000年，生产和经营熟食食品达五十多个品种，自成立伊始，原告公司将“某燕”、“嘉州某燕”、“某燕食品”等注册并一直作为自己生产和销售商品的商标进行使用，在国内享有较高知名度。被告嘉州某燕公司成立于2010年，成立后即制作“BWJ”加盟网站，专门用作熟食品加盟的宣传推广，在该网站所有页面的显著位置及店面门头上，均突出使用“嘉州某燕”和“BWJ”字样，以误导他人认为是“嘉州某燕”品牌的食品在做连锁加盟，以上行为侵犯了原告公司的商标权。为维护原告公司的合法权益，现请求法院判令嘉州某燕公司承担停止商标侵权行为，赔礼道歉、消除影响，并赔偿经济损失及合理费用共计224万元等法律责任。

（二）被告辩称

不同意某燕公司的诉讼请求。被告公司享有注册在第35类和第42类服务上的“嘉州某燕”商标的商标专用权，被告公司在自身网站、店面使用该商标具有法律依据，不存在商标侵权。某燕公司要求的赔礼道歉、消除影响及赔偿损失没有事实和法律依据。综上，建议法院依法驳回某燕公司的诉讼请求。

三、一审事实和证据

北京市丰台区人民法院经公开审理查明：原告某燕公司成立于2000年，系注册在第29类商品上的“某燕”、“某燕及图”、“嘉州某燕”、“嘉州某燕及图”、“某燕 BWJ 及图”等商品商标（以下简称某燕系列商品商标）的商标权人，核定使用商品主要为即食类食品特别是熟食。某燕公司另提供证据证明某燕品牌食品及某燕公司曾荣获多项荣誉，其在熟食连锁企业中享有盛誉。被告嘉州某燕公司成立于2010年，系注册在第35类服务及第42类服务上的“嘉州某燕”服务商标的商标权人，核定服务项目包括广告、商业管理和组织咨询、特许经营的商业管理、托管计算机站（网站）等。被告嘉州某燕公司在店面招牌使用企业名称过程中突出使用“嘉州某燕”字样，且在其自己经营的网站中的网站内容、店面招牌、电子滚动屏等多处显著位置使用“某燕 BWJ”、“嘉州某燕 BWJ”等用语。

上述事实，有原告某燕公司提供的商标资料、公证书、网页打印件、文献复印证明、商标公告、推荐意见、资料查询证明、文献检索报告、照片打印件、情况说明、报纸、宣传资料、发票、委托代理合同、对账单、身份证件、工商资料、章程、代持股权协议书、营业执照、复审受理通知书，被告嘉州某燕公司提供的商标资料、受理通知书、裁定书、网页打印件、类似商品和服务区分表及双方当事人陈述等证据在案佐证。

四、一审判案理由

北京市丰台区人民法院经审理认为：某燕公司系注册在第29类商品上的某燕系列商品商标的注册人，其对上述商标享有的注册商标专用权受法律保护。嘉州某燕公司包含“某燕”文字等各类用语的使用与某燕公司上述某燕系列商品商标构成相同或近似。虽然嘉州某燕公司注册有“嘉州某燕”服务商标，但其涉案行为并不包含在该服务商标核定服务项目的范围内。嘉州某燕公司在其经营的网站上使用包含“某燕”文字的宣传目的是向终端消费者表明其店铺所销售的熟食品系“某燕”品牌，或向潜在的被特许人告知其将获得的特许经营资源，特别是将有权在其加盟店中使用包含“某燕”文字的商标。因此，嘉州某燕公司系在食品类别上使用包含“某燕”文字的各类用语，而非在广告、商业管理和组织咨询、特许经营的商业管理、托管计算机站（网站）等第35类和第42类服务上使用，故嘉州某燕公司主张其涉案行为属于使用其注册的服务商标的抗辩不能成立，其行为构成对某燕公司某燕系列商品商标专用权的侵犯。据此，判决嘉州某燕公司承担停止相应商标侵权行为，在其公司网站刊登声明以消除影响，赔偿经济损失50万元及合理开支16000元等法律责任。

五、一审定案结论

北京市丰台区人民法院依照《民法通则》第一百三十四条第一款第（一）项、第（七）项、第（九）项；《商标法》（2001年修正）第五十一条；第五十二条第（一）项、第（五）项，第五十六条第一款、第二款；《反不正当竞争法》第二条、第五条第（三）项；《商标案件适用法律若干解释》第一条第（一）项、第十一条、第十二条；《不正当竞争案件应用法律若干解释》第六条第一款、第十七条第一款；《民事诉讼证据规定》第二条之规定，作出如下判决：

1. 本判决生效之日起，被告嘉州某燕（北京）餐饮管理有限公司停止侵犯原告上海某燕食品有限公司第A号、第B号、第C号、第D号、第E号、第F号、第G号、第H号商标注册商标专用权的行为；

2. 本判决生效之日起，被告嘉州某燕（北京）餐饮管理有限公司停止使用含有“某燕”文字的企业名称从事与熟食品生产、销售相关的经营活动；

3. 本判决生效之日起十日内，被告嘉州某燕（北京）餐饮管理有限公司在其公司网站首页显著位置连续三十日刊登声明，就其侵权行为为原告上海某燕食品有限公司消除影响（声明内容须经法院审核，逾期未履行的，法院将依法公开本判决的主要内容，相应费用由被告嘉州某燕（北京）餐饮管理有限公司负担）；

4. 本判决生效之日起十日内，被告嘉州某燕（北京）餐饮管理有限公司赔偿原告上海某燕食品有限公司经济损失五十万元；

5. 本判决生效之日起十日内，被告嘉州某燕（北京）餐饮管理有限公司赔偿原告上海某燕食品有限公司合理开支一万六千元；

6. 驳回原告上海某燕食品有限公司的其他诉讼请求。

六、二审情况

一审宣判后，嘉州某燕公司提起上诉。二审法院认为原审判决认定事实清楚，适用法律正确，判决驳回上诉，维持原判。

七、解说

商标权是指权利人拥有依法支配其注册商标并禁止他人侵害的权利。商标权的效力包括使用权和禁用权两个方面。商标使用权，在我国又称“商标专用权”，是指商标权人可在特定的商品或服务上独占地使用特定商标的权利，[①] 其效力范围以核准注册的商标和核定使用的商品或服务为限，[②] 可称为商标的核准注册范围。商标禁用权，是指商标权人禁止他人在相同或类似商品或服务上使用与享有专用权的商标相同或近似的商标的权利，[③] 其效力范围包括在相同或类似商品或服务上使用相同或近似商标，可称为商标的权利保护范围。由此，商标的权利保护范围大于商标的核准注册范围，超出核准注册范围使用商标标识而落入其他注册商标的权利保护范围，导致两者容易被混淆，构成商标侵权。

本案正是超出服务商标核准注册范围使用商标标识而落入商品

---

① 李琛：《知识产权法关键词》，法律出版社 2006 年版，第 150 页。

② 《商标法》（2013 年修正）第五十六条规定：“注册商标的专用权，以核准注册的商标和核定使用的商品为限。”

③ 李琛：《知识产权法关键词》，法律出版社 2006 年版，第 151 页。

商标权利保护范围从而构成商标侵权的典型案例。本案充分反映了现今市场环境中部分市场主体为攀附其他知名市场主体的商业信誉，在近似的服务类别上注册与知名商品商标相同或近似的服务商标，并使用在与知名商品商标核定使用范围相同或类似的商品上，以此打擦边球、妄图以合法形式掩盖其“搭便车”的主观故意的客观情况，具有较强的典型性。

在商品商标与服务商标的商标标识构成相同或近似的侵权案件审理中，应遵循如下的侵权判定思路：一是厘清商品商标与服务商标各自的核准注册范围，二是识别被诉侵权行为中服务商标的实际使用范围，三是判断服务商标的实际使用是否超出其核准注册范围而落入商品商标的权利保护范围，四是结合混淆因素最终作出服务商标的使用是否侵犯商品商标权利的判定。

（一）商品商标与服务商标核准注册范围之厘清①

商品商标和服务商标在使用主体、使用目的和使用方式等方面各有不同，厘清二者核准注册范围，应结合二者的区别进行理解。在使用主体方面，使用商品商标的主体为商品的制造者、提供者和经营者，使用服务商标的主体为服务的提供者。在使用目的方面，使用商品商标用于识别并区分商品来源，使用服务商标用于识别并区分服务来源。在使用方式方面，由于商品是有形的，故商品商标一般直接标注在特定的商品上；而服务是无形的，故服务商标往往标注在服务提供者的服务场所、服务招牌、服务工具等为提供服务

① 商品商标与服务商标的核准注册范围，由“核准注册的商标”与“核定使用的商品或服务”（即“核定使用范围”）两部分组成。鉴于本案探讨的主题是在商品商标与服务商标构成相同或近似的前提下的侵权判定，故本文仅涉及核定使用范围问题。为方便陈述，本文以下所称的“核准注册范围”均仅指“核定使用范围”。

所使用的场所和物品上。[①]

本案中，原告商品商标注册在第29类即食类食品特别是熟食上，故对商品商标的使用，无论是使用主体、目的还是形式，均应围绕经营即食类食品特别是熟食这一特定的商品类别展开。被告的服务商标注册在第35类、第42类上，核定服务项目包括广告、商业管理和组织咨询、特许经营的商业管理、托管计算机站（网站）等，对服务商标的使用应是在提供以上这些类别的服务业务上，针对的是服务本身而非具体的商品。

（二）服务商标实际使用范围之识别

识别服务商标实际使用范围的核心在于区分商标实际使用行为是将商标使用在商品上，还是使用在服务上，即是属于商品提供行为还是服务提供行为。结合上文区分商品商标与服务商标的具体阐述，区分商品提供行为与服务提供行为可从以下两个方面进行判断：

一是从使用目的及终端消费对象来看，商品提供行为旨在提供标准化的商品，最终面向的是标准化商品的需求者；而服务提供行为旨在提供由消费对象所定制的个性化服务，最终面向的是个性化服务的需求者。

二是从商业模式来看，商品提供行为主要表现为规模化的生产和销售，商品的生产一般先于消费者的购买；服务提供行为主要表现为有针对性地现做现卖，先有消费者的购买要约，再有相应的服务提供。

本案中，从使用目的及终端消费对象来看，被告在其经营的网站上实际使用涉案商标标识的目的是向终端消费者表明其所销售的

---

① 国家工商总局商标局《关于保护服务商标若干问题的意见》第七条列举了服务商标的使用方式：服务场所；服务招牌；服务工具；带有服务商标的名片、明信片、赠品等服务用品；带有服务商标的账册、发票、合同等商业交易文书；广告及其他宣传用品；为提供服务所使用的其他物品。

熟食品系“某燕”品牌，或为了向潜在的被特许人告知其有权在其销售熟食品的加盟店中使用包含“某燕”文字的商标从事“某燕”品牌熟食品的销售，也即涉案商标最终的使用目的是标识“某燕”品牌的熟食品，最终面向的是熟食品的消费者。从商业模式来看，销售的“某燕”品牌熟食品是事先规模化生产好的标准化商品，而非针对具体客户的个性化需求提供相应服务。因此，被告使用商标标识的行为属于在商品类别上的使用，系在标识商品提供者的身份，而非用于标识广告、特许经营的商业管理、商业管理和组织咨询等服务，其并非服务提供者。

（三）服务商标的实际使用是否超出其核准注册范围且落入商品商标的权利保护范围

1. 服务商标的实际使用是否超出其核准注册范围

由《注册商标、企业名称与在先权利冲突案件若干规定》第一条第二款之规定可见：对于商品商标与服务商标的侵权纠纷应首先判断被诉侵权人是否存在超出核准注册范围或不规范使用其注册商标的情况。如果不存在超范围或不规范使用的情形，即完全规范使用注册商标，则不仅不构成侵权，且不属于人民法院处理的范围。如果存在超范围或不规范使用的情形，则不属于对注册商标的使用，若落入其他注册商标的权利保护范围，则可能构成商标侵权。

超出核准注册范围使用服务商标包括以下两种类型：一是对商标的实际使用仍属于在服务上的使用，但与核定使用的服务类别不同；二是对商标的实际使用属于在商品上的使用。本案中，被告使用商标标识的行为系以标识商品提供者的身份，属于在商品类别上的使用，故属于第二种超范围使用的类型。

2. 服务商标的实际使用是否落入商品商标的权利保护范围

在商品商标与服务商标构成相同或近似的情况下，判断服务商标的实际使用是否落入商品商标的权利保护范围，核心在于是否将服务商标使用在与商品商标核定使用的商品相同或类似的商品或服务上。根据超范围使用服务商标两种类型的不同，此种判断也分为两种情形，一是商品商标核定使用的“商品”与服务商标实际提供的“服务”是否类似，二是商品商标核定使用的“商品”与服务商标实际使用的“商品”是否相同或类似。

（1）商品与服务是否类似。商品与服务类似，是指商品和服务之间存在特定联系，容易使相关公众混淆。认定商品或服务是否类似，应以相关公众对商品或服务的一般认识综合判断；《商标注册用商品和服务国际分类表》、《类似商品和服务区分表》可以作为判断类似商品或服务的参考。[①] 商品和服务是否类似可结合以下几个方面进行综合判断：商品与服务在性质上的相关程度，二者在用途、用户、通常效用、销售渠道及销售习惯等方面的一致性，是否会导致相关公众误认为该商品和服务来自同一市场主体或有某种联系的市场主体。[②]

（2）商品与商品是否相同或类似。类似商品，是指在功能、用途、生产部门、销售渠道、消费对象等方面相同，或相关公众一般认为其存在特定联系、容易造成混淆的商品。[③]

本案中，被告涉案使用商标标识的行为系在“即食类食品”商品类别上的使用，且与原告商品商标核定使用的商品完全相同，故而很明显地落入原告商品商标的权利保护范围。

（四）结合混淆因素最终作出服务商标的使用是否侵犯商品商标权利的判定

在判断是否容易导致混淆时，需要结合商品商标的显著性和知名度、服务商标与商品商标的近似程度、双方商品的接近程度、被告是否有“搭便车”的主观恶意等因素，结合个案进行综合分析。

---

① 参见《商标案件适用法律若干解释》第十一条、第十二条之规定。

② 倪红霞、叶菊芬：《服务商标与商品商标间的侵权认定》，载《人民法院报》2011 年 3 月 16 日。

③ 参见《商标案件适用法律若干解释》第十一条第一款之规定。

商品商标显著性和知名度越高，服务商标与商品商标越相近，所使用的商品越类似，被告存在“搭便车”的嫌疑就越大，则越有可能导致混淆。对于被告主观恶意的判断，还可辅之以被告的其他行为进行综合分析，如在使用近似商标的情况下，还使用了近似的商品包装、装潢、广告宣传等。此外，商品商标与服务商标注册先后顺序并不影响侵权的构成，因为无论哪个商标注册在先，都应在核准注册范围内规范使用，而不能超范围使用，更不应落入其他注册商标的保护范围。当然，如果商品商标注册在先，更能证明被告对自身服务商标的使用具有“搭便车”的主观恶意。

本案中，第一，原告已提供证据证明其某燕系列商品商标具有较高知名度；第二，被告所使用的包含“某燕”文字的各类标识与原告商标相同或十分近似；第三，被告虽然已经在广告、特许经营的商业管理等服务类别上注册服务商标，但其从事特许加盟招徕所针对的具体商品却恰恰是与原告商标所标识的商品完全相同的熟食品，而并非其他类别商品；第四，原告公司成立在先且商标注册在先。综上，可以认定被告涉案行为存在“搭便车”的主观恶意，容易导致消费者混淆，构成了对原告商品商标权利的侵害。

编写人：路　聪*

---

* 路聪，北京市丰台区人民法院知识产权庭助理审判员，中国人民大学知识产权法学硕士。

公有领域作品出版的可保护性研究

——某某书局有限公司诉中国某出版公司著作权侵权及不正当竞争纠纷案

一、首部

（一）案由

著作权侵权及不正当竞争纠纷。

（二）诉讼双方

原告（被上诉人）：某某书局有限公司（以下简称某书局）。
法定代表人：徐某，某书局总经理。
委托代理人：张某，律师。
委托代理人：任某，某某书局有限公司法律顾问。

被告（上诉人）：中国某出版公司（以下简称某出版公司）。
法定代表人：史某，某出版公司社长。
委托代理人：聂某，某出版公司法务经理。
二审委托代理人：杨某，律师。

被告：某市某某书店有限公司（以下简称某某书店）。
法定代表人：管某，某书店总经理。

（三）审级

二审。

（四）审判机关和审判组织

一审法院：北京市丰台区人民法院。

合议庭组成人员：审判员，张炎；人民陪审员，侯春华；人民陪审员，宋长玲。

二审法院：北京知识产权法院。

合议庭组成人员：审判长，张剑；审判员，赵明；审判员，蒋利玮。

二、一审诉辩主张

（一）原告诉称

我公司于2009年5月出版了张某某著《ZGSH》，书号为ISBN978－7－×××－×××××－7，印数8000册，定价19元。后某出版公司于2009年10月出版了同为张某某著《ZGSH》一书，书号为ISBN978－7－××××－××××－8，定价19.8元。《ZGSH》一书系张某某所著，该作品已经进入公共领域，但我公司对某书局版《ZGSH》的版式设计、编辑加工等劳动成果仍受到法律保护。后我公司在某某书店购买了涉案某出版公司版《ZGSH》。经对比，某出版公司版《ZGSH》与我公司在先出版的某书局版《ZGSH》一书体例相似，同时，某出版公司版《ZGSH》的“编后记”还剽窃了我公司的某书局版《ZGSH》中“写在前面”的文字。我公司版《ZGSH》是国内首次将张某某未刊部分作为附录部分的内容编辑到其中进行出版的，某出版公司与我方具有竞争关系，其出版的《ZGSH》亦有上述4篇文章，其出跟风书的行为违反诚实信用原则，构成不正当竞争。

某出版公司作为图书市场的交易主体，在编辑出版《ZGSH》一书过程中，理应遵循自愿、平等、公平、诚实信用的原则，然而其却采取“搭便车、跟风出书”的做法。某出版公司的行为已经构成不正当竞争，同时侵害了我公司的著作权，应当依法承担停止侵害、消除影响、赔偿损失的民事责任。故向法院提起诉讼，请求判令：1. 某出版公司、某某书店停止侵权，即某出版公司停止出版、发行涉案某出版公司版《ZGSH》，某某书店停止销售涉案某出版公司版《ZGSH》；2. 某出版公司消除影响，即某出版公司在《中国××××报》第一版针对其对我公司进行的涉案著作权侵权及不正当竞争行为发布声明，以消除影响（声明内容须经法院审核）；3. 判令某出版公司赔偿损失，即某出版公司赔偿我公司经济损失及诉讼合理支出共计 88269.8 元（包含律师费 20000 元、购书费 19.8 元）。

（二）被告辩称

被告某出版公司辩称：不同意某书局的诉讼请求。1. 本案是为两个案由调整的法律关系，法律适用不同，且某书局诉讼主体不适格，不能作为同一案件审理。2. 本案涉案图书的出版时间在 2009 年，且 2010 年年底即全面退市，故某书局的起诉已经超过诉讼时效。3. 消除影响是指行为人因侵权行为对受害人的名誉造成了不良影响，应该予以消除，本案只涉及财产权利，并没有侵害某书局的名誉权，并且某书局无任何经济损失，其要求的赔偿既无计算依据，也不符合法律规定。4. 某书局提供的《ZGSH》一书不符合证据的真实性、合法性以及关联性，不能作为证据使用，其提供的购书发票的指向性并不唯一，不符合证据关联性的要求，不能作为证据使用。5.《ZGSH》一书的编排体例、图书开本、策划创意都是我公司的原创，本书为公版书，其所有出版的图书版式设计都是沿用作者原版图书版式，已经超过保护期限，因此不存在任何侵犯著作权的行为。6. 涉案两本图书的设计、开本的大小、图书的销售价格等均存在较大区别，故不存在不正当竞争行为。

被告某某书店辩称：不同意原告的诉讼请求，我公司虽然开具了购书发票，但未实际销售涉案图书。我公司与某出版公司没有合作关系，涉案图书为公版图书。

三、一审事实和证据

北京市丰台区人民法院经公开审理查明：某书局经营范围包括整理出版中国古代和近代文学、历史、哲学典籍，各种资料汇编等。某出版公司经营范围包括出版、发行等。某书局于2009年5月出版了张某某著《ZGSH》（以下简称某书局版《ZGSH》）。2014年，某书局从某某书店购买取得某出版公司于2009年10月出版、发行的《ZGSH》（以下简称某出版公司版《ZGSH》）。经比对，某出版公司版《ZGSH》的“编后语”与某书局版《ZGSH》的“写在前面”多处文字表述相同或近似。

在某书局版《ZGSH》中，某书局选取了张某某未刊部分共4篇文章作为附录部分的内容编入其中。某出版公司版《ZGSH》亦有附录部分，且附录部分标题、内容与某书局版《ZGSH》的附录部分相同。某出版公司提供了三联书店于1955年出版的《ZGSH》、辽宁教育出版社于1998年出版的《ZGSH》、云南大学出版社于2003出版的《李×××文集》、上海古籍出版社于2006年出版的《ZGSH》、岳麓书社于2010年出版的《ZGSH》、安徽人民出版社于2013年出版的《ZGSH》等图书，其中安徽人民出版社于2013年出版的《ZGSH》中附录部分的5篇文章，其内容与某书局版《ZGSH》附录部分的4篇文章内容基本相同，其余版本的《ZGSH》中均没有与某书局版《ZGSH》附录部分的4篇文章内容相同的文章。

以上事实，有某书局提供的某书局版《ZGSH》、某书局编辑加工《ZGSH》的原始稿件、某出版公司版《ZGSH》、购书发票、诉讼代理合同、代理费发票，某出版公司提供的三联书店于1955年版出版的《ZGSH》、辽宁教育出版社于1998年出版的《ZGSH》、云南大学出版社于2003版出版的《李×××文集》、上海古籍出版社于2006年出版的《ZGSH》、岳麓书社于2010年出版的《ZGSH》、安徽人民出版社于2013年出版的《ZGSH》等及双方当事人陈述等在案佐证。

四、一审判案理由

北京市丰台区人民法院经审理认为：某书局作为某书局版《ZGSH》的出版者，对该书“写在前面”部分的文字享有相关著作权，某出版公司版《ZGSH》的“编后语”与某书局版《ZGSH》的“写在前面”多处文字表述相同或近似，可以认定某出版公司侵犯了某书局对上述文字的著作权。某书局与某出版公司的经营范围均包括出版、发行等，故可以认定双方当事人之间存在竞争关系。某出版公司版《ZGSH》附录部分的标题及内容与某书局版《ZGSH》附录部分的标题及内容相同，在某出版公司出具的该公司出版涉案被诉图书所参考的各版本图书中，并未收录上述附录部分相关标题及内容，某出版公司亦未提供证据证明其编辑附录部分内容的相关编辑思路及稿件，此外综合考虑两书“编后语”与“写在前面”的雷同程度，可以认定某出版公司的上述行为违反诚实信用原则，构成不正当竞争。

五、一审定案结论

北京市丰台区人民法院依照《民法通则》第一百三十五条、第一百三十七条，《著作权法》第四十七条、第四十九条，《反不正当竞争法》第二条之规定，作出如下判决：

1. 自本判决生效之日起，被告中国某出版公司停止出版、发行涉案被诉《ZGSH》；

2. 自本判决生效之日起，被告某市某某书店有限公司停止销售涉案被诉《ZGSH》；

3. 自本判决生效之日起三十日内，被告中国某出版公司在《中国××××报》上针对其涉案侵权行为发布声明，以消除影响；

4. 自本判决生效之日起十日内，被告中国某出版公司赔偿原告某某书局有限公司经济损失六万元；

5. 自本判决生效之日起十日内，被告中国某出版公司向某某书局有限公司给付合理费用五千零十九元八角。

6. 驳回原告某某书局有限公司其他诉讼请求。

六、二审情况

该案判决后，被告某出版公司提出上诉。二审法院经审理认为一审判决认定事实清楚，适用法律正确，判决驳回上诉，维持原判。

七、解说

本案的裁判要旨在于，版权制度创设的初衷是借由给予作者一段时期的专有权利以鼓励创作，当专有权利期间届止，作品便进入公有领域。出版者对于其出版的进入公有领域的作品本身，并不享有权利，但出版者在编撰出版进入公有领域的作品时，对其在作品的体例编排、结构策划、标题安排、内容选取等方面付出的智力劳动仍然应当受到保护，其他同业竞争者应当遵守诚实信用原则，对此种创造性劳动及合法权益予以尊重。

（一）出版者利益的可保护性

对于出版者而言，其利益的可保护性体现在三个方面：第一，其对于出版的作品投入了大量劳动。只有在对于进入公有领域的作品投入了切切实实的劳动，如对作品的体例编排、结构策划、标题安排、内容选取等方面付出了人力、物力等劳动，才产生其权益受到保护的基础。第二，其投入的智力劳动具有一定的创造性。其对进入公有领域的作品在编撰时付出的劳动，有别于其他同业竞争者，体现了出版者对作品选取、编排时的思想、逻辑、情感。第三，其基于此劳动形成的成果能够为其带来实际的经济利益。该经济利益与出版者对编撰作品时投入的创造性劳动具有直接的因果关系，他人不能违反诚实信用原则，将此种合法的经济利益通过不正当手段据为己有。在本案中，某书局出具了其编写《ZGSH》时的原始稿件，从此稿件上可以看出其对于稿件的选择、编辑、校对及体例的编排、修改均投入了大量的智力性劳动，并且将此前从未出版过的部分内容编辑到《ZGSH》一书中，作为附录部分、分为4章并分别提炼标题，因此某书局对于其出版的《ZGSH》一书的附录部分具有合法权益，应当得到保护。

（二）同业竞争者竞争的正当性

诚实信用原则是市场竞争的基本原则，在经营活动中，经营者均应依法遵循公平、诚实信用的原则，不得损害其他经营者的合法权益。本案涉及与著作权相关的不正当竞争行为，因此在认定某出版公司是否具有不正当竞争行为时，可以结合著作权的侵权认定因素来判断其行为的合理性与正当性。

著作权侵权的主要认定标准为“接触＋实质性相似”原则，即在后创作者具有接触到在先创作作品的可能性，在两部作品存在实质性相似时，可以认定在后创作的作品系剽窃自在先创作的作品，侵犯了在先创作作品的著作权。本案的特殊性在于，涉案两个版本的《ZGSH》在附录部分虽然作品内容相同，但某书局与某出版公司对于该附录部分的内容均不享有著作权，某书局对于其出版的《ZGSH》的附录部分享有的是基于其对于内容的选取、编排等投入的创造性劳动而产生的合法权益。因此，认定某出版公司是否具有不正当竞争行为关键在于，某出版公司版《ZGSH》与某书局版《ZGSH》中的附录部分的标题及内容是否一致，某出版公司是否具有合理、正当的理由。在对此点进行判定时，本院综合考虑了以下因素：第一，可接触性。一方面，某书局版《ZGSH》先于某出版公司版《ZGSH》出版，某出版公司具有接触在先作品的可能性，有可能了解到在先出版作品的内容、体例、结构等信息；另一方面，某出版公司未出具其编辑出版《ZGSH》一书的书稿等证据以证明其系独立对《ZGSH》一书的内容进行选取、编排、校对，无论从正向抑或反向，某出版公司均无法解释其行为的合理性。第二，内容近似性。虽然对于进入公有领域的作品，某书局不享有著作权，但对于其自行创作的部分，即某书局版《ZGSH》一书“写在前面”部分，其依然享有著作权利。在认定某出版公司版《ZGSH》中“编后语”部分构成对某书局版《ZGSH》“写在前面”部分的著作权侵权时，间接说明了某出版公司接触到某书局版《ZGSH》的可能性，否认了其出版的《ZGSH》中附录部分内容及标题与某书局版《ZGSH》附录部分相同的正当性。据此，法院最终认定某出版公司违反诚实信用原则及公认的商业道德，具有不正当竞争行为。

编写人：倪　端*

* 倪端，北京市丰台区人民法院知识产权庭法官助理，中国政法大学知识产权法学硕士。

合同相对性原则在特许经营合同纠纷案件中的适用

——张某诉杭州某服饰有限公司、北京某贸易有限公司特许经营合同纠纷案

一、首部

(一) 案由

特许经营合同纠纷。

(二) 诉讼双方

原告：张某。

委托代理人：冯某某，律师。

被告：杭州某服饰有限公司（以下简称某服饰公司）。

法定代表人：汪某某，某服饰公司总经理。

委托代理人：雷某某，某服饰公司总经理助理。

被告：北京某贸易有限公司（以下简称某贸易公司）。

法定代表人：李某某，某贸易公司总经理。

委托代理人：吴某某，律师。

(三) 审级

一审。

(四) 审判机关和审判组织

审判机关：北京市丰台区人民法院。

合议庭组成人员：审判长，万迪；人民陪审员，李静、孟祥贵。

二、诉辩主张

（一）原告诉称

2014年10月18日，原告与某贸易公司签订《加盟合同》，约定原告以特许加盟的形式经营某服饰公司的某笛牌服装。合同订立后，原告缴纳合作保证金10万元，并按某贸易公司要求装修、置办货柜等，开业后某贸易公司仅供货一次，便因某服饰公司的原因不能履行供货义务。事后得知，自合同订立之日起，某服饰公司就已出现经营问题，不能保证原告与某贸易公司签订的《加盟合同》正常履行。2014年12月22日，某服饰公司与某贸易公司签订《责任承担承诺书》，约定：由某服饰公司承担原告与某贸易公司签订的《加盟合同》的法律责任。之后，原告与二被告交涉，但一直未达成一致意见。原告认为，二被告在合同的签订及履行过程中存在欺诈及违约行为，给原告造成巨大经济损失。据此，请求法院判令二被告连带返还原告保证金10万元、装修道具款112724元，二被告连带赔偿原告货柜安装费3000元、卖场装修款12万元、撤场费5000元、广告费2000元、服装运费3559元、货柜运费4000元，并由二被告承担本案的诉讼费用。

（二）被告辩称

被告某服饰公司未到庭应诉。庭前证据交换过程中，某服饰公司辩称：不同意原告的诉讼请求，某服饰公司与某贸易公司有合作关系，与原告没有任何合作关系，如果与原告有货物往来，也是单纯的买卖关系。

被告某贸易公司辩称：不同意原告诉讼请求。1. 合同订立后，某服饰公司已向原告发了60多万元的货物，但原告未按合同约定进行每周对账和回款，违反合同约定在先，某贸易公司有权行使不安抗辩权；2. 某贸易公司与某服饰公司系委托代理关系，商标权等权利都在某服饰公司，某服饰公司委托某贸易公司代理开发客户，某贸易公司在代理行为中没有过错，亦未从中获利，且某贸易公司现已停止经营，故最后的权利义务应由某服饰公司承担，某贸易公司不应承担相应的义务。综上，要求法院驳回原告所有诉讼请求。

三、事实和证据

北京市丰台区人民法院经公开审理查明：某服饰公司系第×号“某笛”商标的商标所有权人。2014年7月，某服饰公司（甲方）与某贸易公司（乙方）签订《联营管理合同》，约定甲方同意将其指定门店的甲方品牌产品的销售及经营管理委托给乙方，委托期限自2014年8月30日至2015年8月29日，乙方受委托经营管理注册商标为“某笛”牌的甲方产品，乙方不得擅自从其他途径生产、加工、收购产品，标以“某笛”商标出售。

2014年10月18日，某贸易公司与张某签订《加盟合同》，约定某贸易公司将某笛品牌服装的销售权授予张某在辽宁省绥中市某商厦内以专卖店、专柜、特许加盟的形式经营。合同签订后，张某取得某服饰公司的《授权证书》一份，载有某服饰公司授权张某全权代理销售“某笛”品牌服装等内容。截至2014年11月28日，张某陆续收齐首批服装货物。此后，北京某贸易公司未向张某供货，双方就合同履行产生纠纷。

2014年11月27日，某服饰公司（甲方）向某贸易公司（乙方）出具《承诺保证书》，约定：因某服饰公司出现无法及时供货及货品供货量不足等状况，其承诺在2014年12月10日前，如无法保证给某贸易公司正常供应货品，则某服饰公司负责回收某贸易公司客户辽宁绥中某店，并与之继续经营，直至合同期结束。2014年12月22日，双方签订《终止合同协议书》，协议约定：因某服饰公司经营问题，造成双方无法继续合作，故解除与双方联营合作合同，合同终止时间为2014年12月22日。同日，双方签订《责任承担承诺书》，约定：某服饰公司承诺其负责承担某贸易公司与其客户辽宁绥中某店张某的违约责任，本协议签订之日起，辽宁绥中某店与某贸易公司无关，如有疑义，绥中某店负责人张某与某服饰公司协商。该承诺书落款有某服饰公司及某贸易公司的签章，但无张某签字。

案件审理中，某贸易公司主张其系某服饰公司的代理人，隐名无偿代理某服饰公司与张某签订《加盟合同》，代理结果应由某服饰公司承担。某服饰公司主张其与张某无合同关系，涉案合同系张某与某贸易公司之间签订，仅因商标权在该公司，故其向张某出具了品牌授权书。张某主张，涉案《加盟合同》系其与某贸易公司签订，合同关系系其与某贸易公司之间，但因某服饰公司的原因导致某贸易公司不能履行供货义务，二被告在签订及履行合同过程中均存在欺诈及违约行为，故诉至法院，要求解除其与北京某贸易公司签订的《加盟合同》并要求二被告连带返还并赔偿各项费用。

上述事实，有原告张某提供的《加盟合同》及附件、《补充条款》、《授权证书》、商标注册证、收据、银行卡存款业务回单、《责任承担承诺书》、广告费发票、展柜货物运单、服装货物运单、提货单据及辽宁省葫芦岛市小额剪贴发票、证人证言，被告某贸易公司提供的货物运单、销售单、《授权证书》、银行个人账户对账单、《承诺保证书》、《终止合同协议书》、《责任承担承诺书》、《联营管理合同》，以及双方当事人陈述等在案佐证。

四、判案理由

北京市丰台区人民法院经审理认为：张某与某贸易公司签订的《加盟合同》中既包括经营资源的使用，又包括经营模式的统一，符合商业特许经营合同的特征，其性质应为特许经营合同。该《加盟合同》系张某与某贸易公司双方真实意思表示，不违反法律、法规的强制性规定，应属有效，双方均应依约履行。

某贸易公司主张其代理某服饰公司与张某签订合同，故合同当事人应为某服饰公司与张某，对此本院认为，某贸易公司与某服饰公司签订的《联营管理合同》及某服饰公司为某贸易公司出具的《授权证书》均没有关于代为签订涉案合同的授权事项，且某服饰公司对某贸易公司代其签订合同的主张亦不予认可，某贸易公司提交的其他证据亦不足以证明其上述主张，故《加盟合同》的合同当事人应为某贸易公司与张某。关于《责任承担承诺书》，现无证据证明某贸易公司与某服饰公司签订该承诺书时经过张某同意，且张某现对该承诺书不予认可，故某贸易公司据此主张涉案合同中权利义务均由某服饰公司承担，缺乏事实及法律依据，本院不予采信。本案审理过程中，张某明确表示认可《加盟合同》系其与某贸易公司签订，但要求某服饰公司、某贸易公司对其诉讼请求承担连带责任，此主张并无法律依据，某服饰公司作为《加盟合同》中所涉品牌的商标所有权人向张某出具《授权证书》仅属于单一权利的授予，并不构成对《加盟合同》债权债务的加入，故对张某要求某服饰公司与某贸易公司承担连带责任的主张，本院不予支持，张某就《加盟合同》提出的诉讼请求应向其合同相对方某贸易公司主张。

根据现有证据，足以证明某贸易公司在履行合同过程中不能及时履行供货义务，至今仅于张某开业前供货一次，该行为直接致使张某延迟开业时间，开业后无法正常经营，且庭审中经本院询问，某贸易公司对今后是否能够正常供货依旧表示不清楚，故其行为已导致张某无法实现合同目的，构成根本违约。张某据此要求解除《加盟合同》于法有据，但鉴于该合同已于2015年10月17日到期，双方权利义务已终止，解除合同已无实际意义，故本院不再支持张某该项主张。但某贸易公司仍应就其违约行为承担相应责任，将张某支付的合同价款予以返还，并对张某有证据支持的损失予以赔偿。

五、定案结论

北京市丰台区人民法院依照《合同法》第六十条、第八十八条、第九十四条、第一百零七条、第一百一十二条，《民事诉讼法》第六十四条第一款之规定，作出如下判决：

1. 本判决生效之日起十日内，被告北京某贸易有限公司返还原告张某保证金十万元；

2. 本判决生效之日起十日内，被告北京某贸易有限公司返还原告张某装修道具款十一万二千七百二十四元；

3. 本判决生效之日起十日内，被告北京某贸易有限公司赔偿原告张某服装运费三千五百五十九元；

4. 本判决生效之日起十日内，被告北京某贸易有限公司赔偿原告张某货柜运费四千元；

5. 驳回原告张某的其他诉讼请求。

六、解说

本案处理重点在于对合同相对性原则的理解和掌握。本案中，双方当事人签订的《加盟合同》属于商业特许经营合同。该类合同的内容虽具有鲜明的知识产权属性特征，但其作为合同的一种，仍受《合同法》调整并需遵循合同相对性的原则。

（一）合同相对性原则的具体内容

合同相对性原则是指合同项下的权利义务只能赋予当事人或加在当事人身上，合同只能对合同当事人产生拘束力，对合同外第三人不发生效力。合同相对性原则主要体现在主体的相对性、内容的相对性及责任的相对性三大方面。

1. 主体的相对性

合同主体的相对性，是指合同关系只能发生在特定主体之间，只有合同的一方当事人能够向另一方当事人基于合同提出请求或提起诉讼。合同当事人以外的第三人不能依据合同向合同当事人提出请求或者提起诉讼，合同当事人亦不能向与其无合同关系的第三人提出合同上的请求及诉讼。① 合同当事人以外的第三人因其并不具有承受合同上负担的意思，故合同对其不产生效力，其不必履行合同所规定的义务，也无须承担合同上的责任。②

2. 内容的相对性

合同内容的相对性，是指除法律、合同另有规定以外，只有合同当事人才能享有某个合同所规定的权利，并承担该合同规定的义务，除合同当事人以外的任何第三人不能主张合同上的权利，合同规定由当事人承担的义务，一般也不对第三人产生拘束力。同时，合同当事人无权为他人设定合同上的义务，如果为第三人设定义务，只有在征得第三人同意之后，该义务方可生效。

3. 责任的相对性

合同责任通常被称为违约责任，是指合同当事人不履行合同债务时所依法承担的法律责任。由于违约责任以合同债务的存在为前提，而合同债务则主要体现于合同义务中，合同义务的相对性必然决定了合同责任的相对性。所谓违约责任的相对性，是指违约责任只能在合同关系的当事人之间发生，合同关系以外的人不负违约责任，合同当事人也不对其承担违约责任。合同责任的相对性具体包括以下三个方面内容：一是违约当事人应对因自己的过错造成的违约后果承担违约责任，而不能将责任推卸给他人。二是在因第三人的行为造成债务不能履行的情况下，债务人仍应向债权人承担违约责任。当然，债务人在承担违约责任之后，有权向第三人追偿。三是债务人只能向债权人承担违约责任，而不应向国家或第三人承担违约责任。③

---

① 王利明：《合同法研究》（第一卷），中国人民大学出版社 2002 年版，第 97 页。

② 吴文嫔：《第三人利益合同原理与制度论》，法律出版社 2009 年版，第 25 页。

③ 王利明：《论合同的相对性》，载《中国法学》1996 年第 4 期，第 63 – 73 页。

（二）本案中对于合同相对性原则的适用

合同相对性原则的以上三个方面在本案审理中得到了淋漓尽致的体现。首先，就主体而言，涉案特许经营合同系由张某与某贸易公司签订，故合同关系只能发生在该两个主体之间，张某只能向另一方合同当事人某贸易公司提出合同上的请求，而不能向非合同当事人某服饰公司提出合同上的请求。其次，就内容而言，由于仅有合同当事人才能享有合同规定的权利，并承担该合同规定的义务，故而涉案合同义务应由作为合同当事人的某贸易公司负担，某服饰公司作为合同当事人之外的第三人无须负担。最后，就责任而言，纵使某贸易公司不能履行合同义务系因第三人某服饰公司的问题，仍应由某贸易公司向张某承担违约责任。因此，在无证据证明某服饰公司授权某贸易公司签订合同的情况下，本案合同当事人仅为某贸易公司与张某，根据合同的相对性，张某只能向某贸易公司主张合同义务的履行及违约责任的承担。同时，根据《合同法》关于权利义务转移的规定，在未经张某同意的情况下，某贸易公司与某服饰公司所签订的承诺书对张某并不产生法律效力，故对于某贸易公司关于涉案合同中权利义务应由某服饰公司承担的主张，不予以采信。

（三）审理特许经营合同纠纷案件应考虑案件特点并积极适用《合同法》基本原则

商业特许经营的运营模式因其具有先天优势而得以在我国迅速发展。对特许人而言，其可充分利用他人资金及群体性经营进行商业扩张，并通过批量采购及统一宣传降低运营成本；对被特许人而言，其可直接取得经过市场认可的产品和服务，获得特许人在技术和管理上的支持与指导，并通过设立特殊的特许经营合同条款取得独家经营授权，避免激烈的市场竞争。截至目前，在商务部备案的特许经营企业已近 3000 家，涉及了零售、餐饮服务、教育培训、美容美发等诸多行业和业态。然而，由于特许经营模式形式较新，经营主体缺乏对该模式的深刻理解且经营水平良莠不齐，特许经营合同纠纷案件数量多年居高不下且审理难度较大。我国先后出台《商业特许经营管理条例》、《商业特许经营备案管理办法》、《商业特许经营信息披露管理办法》等有关规定，对商业特许经营主体及行为作出引导和规制，其中涉及的经营主体双方权利义务规定的备案制度、信息披露制度、冷静期制度等对商业特许经营模式的发展产生了极大影响。

值得注意的是，特许经营合同的被特许人在缔约能力、信息获取、分析商业价值、判断市场风险等方面始终处于相对弱势的地位，极易受到特许人不诚信行为或不公正合同条款的伤害。法院在近期司法实践中发现，特许经营合同的特许人在合同签订和履行时，经常通过以第三人名义开具收款凭据、指示第三人直接向被特许人交付货物、发生纠纷后与第三人签订债务转让协议的方式，试图混淆合同相对方，推卸履行合同义务的责任，为被特许人维权增加难度。更有部分不诚信特许人恶意利用有限责任公司成立门槛低、公司具有独立人格的特性，成立无实际资产的皮包公司，专门负责签订特许经营合同和收取、转移加盟费，特许经营的其他事宜则由其他公司履行。发生特许经营纠纷后，被特许人只能向皮包公司主张权利，但往往又因该公司无实际资产，造成被特许人的合法权益最终难以实现。法院在处理此类纠纷时，除了适用《商业特许经营管理条例》等专项法规，亦应积极适用《合同法》的基本原则，剥离案情支线，寻根问源，快速准确地解决合同主体之间的矛盾，并积极发挥司法审判的价值引导功能，督促特许人切实履行自身义务，诚实守信、合法经营。

编写人：万　迪*

* 万迪，北京市丰台区人民法院知识产权庭副庭长，中国政法大学法学学士。